广东省优秀社会科学家文库（系列一）

詹伯慧自选集

詹伯慧 ◎ 著

中山大学出版社
· 广州 ·

版权所有　翻印必究

图书在版编目（CIP）数据

詹伯慧自选集/詹伯慧著．—广州：中山大学出版社，2015.11
［广东省优秀社会科学家文库（系列一）］
ISBN 978-7-306-05411-1

Ⅰ.①詹…　Ⅱ.②詹…　Ⅲ.①汉语—文集　Ⅳ.H1-53

中国版本图书馆 CIP 数据核字（2015）第 199120 号

出版人：	徐　劲
策划编辑：	嵇春霞
责任编辑：	廖泽恩
封面设计：	曾　斌
版式设计：	曾　斌
责任校对：	廖丽玲
责任技编：	何雅涛
出版发行：	中山大学出版社
电　　话：	编辑部电话 020-84111996，84113349
	发行部 020-84111998，84111981，84111160
地　　址：	广州市新港西路 135 号
邮　　编：	510275　传　真：020-84036565
网　　址：	http://www.zsup.com.cn　E-mail：zdcbs@mail.sysu.edu.cn
印刷者：	广州家联印刷有限公司
规　　格：	787mm×1092mm　1/16　20 印张　330 千字
版次印次：	2015 年 11 月第 1 版　2015 年 11 月第 1 次印刷
定　　价：	60.00 元

如发现因印装质量问题影响阅读，请与出版社发行部联系调换

詹伯慧

1931年7月生,广东饶平人。暨南大学教授、博士生导师,汉语方言研究中心名誉主任,香港大学中文学院名誉教授。曾任暨南大学文学院院长、中国语言学会理事、全国汉语方言学会理事、中国语文现代化学会副会长、广东省中国语言学会会长、第七届全国人大代表、第八届和第九届全国政协委员、广东文史研究馆副馆长。长期从事汉语方言调查研究及汉语应用研究。早年参编袁家骅主编的《汉语方言概要》,曾任《汉语大字典》编委和《中国大百科全书·语言文字卷》汉语方言分支副主编。出版专著近40部,多部著作获得国家级、省级优秀成果奖;发表论文400多篇。1992年、1997年两度获评全国语言文字先进工作者,2006年获暨南大学授予的"终身贡献奖"。先后受聘到日本东京大学、法国高等社会科学院、新加坡国立大学、美国加州大学(柏克莱)以及我国台湾"中央研究院"、香港大学等著名学府讲学。现正作为首席专家主持国家社科基金重大项目"汉语方言学大型辞书编纂的理论研究与数字化建设"工作。

"广东省优秀社会科学家文库"（系列一）

主　任　慎海雄

副主任　蒋　斌　王　晓　李　萍

委　员　林有能　丁晋清　徐　劲

　　　　魏安雄　姜　波　嵇春霞

"广东省优秀社会科学家文库"（系列一）

出版说明

　　哲学社会科学是人们认识和改造世界、推动社会进步的强大思想武器，哲学社会科学的研究能力是文化软实力和综合国力的重要组成部分。广东改革开放30多年所取得的巨大成绩离不开广大哲学社会科学工作者的辛勤劳动和聪明才智，广东要实现"三个定位、两个率先"的目标更需要充分调动和发挥广大哲学社会科学工作者的积极性、主动性和创造性。省委、省政府高度重视哲学社会科学，始终把哲学社会科学作为推动经济社会发展的重要力量。省委明确提出，要打造"理论粤军"、建设学术强省，提升广东哲学社会科学的学术形象和影响力。2015年11月，中共中央政治局委员、广东省委书记胡春华在广东省社会科学界联合会、广东省社会科学院调研时强调："要努力占领哲学社会科学研究的学术高地，扎扎实实抓学术、做学问，坚持独立思考、求真务实、开拓创新，提升研究质量，形成高水平的科研成果、优势学科、学术权威、领军人物和研究团队。"这次出版的"广东省优秀社会科学家文库"，就是广东打造"理论粤军"、建设学术强省的一项重要工程，是广东社科界领军人物代表性成果的集中展现。

　　这次入选"广东省优秀社会科学家文库"的作者，均为广东省首届优秀社会科学家。2011年3月，中共广东省委宣传部和广东省社会科学界联合会启动"广东省首届优秀社会科学家"

评选活动。经过严格的评审，于当年7月评选出广东省首届优秀社会科学家16人。他们分别是（以姓氏笔画为序）：李锦全（中山大学）、陈金龙（华南师范大学）、陈鸿宇（中共广东省委党校）、张磊（广东省社会科学院）、罗必良（华南农业大学）、饶芃子（暨南大学）、姜伯勤（中山大学）、桂诗春（广东外语外贸大学）、莫雷（华南师范大学）、夏书章（中山大学）、黄天骥（中山大学）、黄淑娉（中山大学）、梁桂全（广东省社会科学院）、蓝海林（华南理工大学）、詹伯慧（暨南大学）、蔡鸿生（中山大学）。这些优秀社会科学家，在评选当年最年长的已92岁、最年轻的只有48岁，可谓三代同堂、师生同榜。他们是我省哲学社会科学工作者的杰出代表，是体现广东文化软实力的学术标杆。为进一步宣传、推介我省优秀社会科学家，充分发挥他们的示范引领作用，推动我省哲学社会科学繁荣发展，根据省委宣传部打造"理论粤军"系列工程的工作安排，我们决定编选16位优秀社会科学家的自选集，这便是出版"广东省优秀社会科学家文库"的缘起。

　　本文库自选集编选的原则是：（1）尽量收集作者最具代表性的学术论文和调研报告，专著中的章节尽量少收。（2）书前有作者的"学术自传"或者"个人小传"，叙述学术经历，分享治学经验；书末附"作者主要著述目录"或者"作者主要著述索引"。(3) 为尊重历史，所收文章原则上不做修改，尽量保持原貌。（4）每本自选集控制在30万字左右。我们希望，本文库能够让读者比较方便地进入这些岭南大家的思想世界，领略其学术精华，了解其治学方法，感受其思想魅力。

　　16位优秀社会科学家中，有的年事已高，有的身体欠佳，有的工作繁忙，但他们对编选工作都非常重视。大部分专家亲自编选，亲自校对；有些即使不能亲自编选的，也对全书做最后的审订。他们认真严谨、精益求精的精神和学风，令人肃然起敬。

在编辑出版过程中，除了16位优秀社会科学家外，我们还得到中山大学、华南理工大学、暨南大学、华南师范大学、华南农业大学、广东外语外贸大学、广东省社会科学院、中共广东省委党校等有关单位的大力支持，在此一并致以衷心的感谢。

广东省优秀社会科学家每三年评选一次。"广东省优秀社会科学家文库"将按照"统一封面、统一版式、统一标准"的要求，陆续推出每一届优秀社会科学家的自选集，把这些珍贵的思想精华结集出版，使广东哲学社会科学学术之薪火燃烧得更旺、烛照得更远。我们希望，本文库的出版能为打造"理论粤军"、建设学术强省做出积极的贡献。

"广东省优秀社会科学家文库"编委会
2015年11月

目录

詹伯慧小传 / 1

我跟语言学的六十载情结
　　——为"广东省优秀社会科学家文库"而作 / 1

第一部分　语言综论

汉语言与中华文化漫谈 / 3

三十年来中国语言工作的一些情况
　　——在日本中国语学会演讲会上的讲话 / 17

语言规范与语言生活的多样化 / 34

试论方言与共同语的关系 / 45

普通话"南下"与粤方言"北上" / 51

社会语言文字应用的现象值得重视
　　——广东语言文字应用调查的一些启示 / 59

谈谈对外汉语教学
　　——在澳门世界汉语教学研讨会上的讲演 / 65

对香港语言问题的几点思考 / 71

跟进语文发展，善待语文资源
　　——跟青年朋友谈语文学习 / 78

汉语字典词典注音中的几个问题 / 85

第二部分　方言论析

留住方言留住根
　　——杂议推广华语与汉语方言 / 97

汉语方言研究的回顾与前瞻
　　——在台湾"中央"研究院历史语言研究所的讲话 / 101

二十年来汉语方言研究述评 / 106
汉语方言的研究及其应用
　　——纪念吕叔湘先生 / 124
汉语方言分区问题再认识 / 133
汉语方言词典编纂中的几个问题 / 150
汉语方言语法研究的回顾与前瞻 / 164
关于方言词的用字问题
　　——以粤方言为例 / 177
粤语研究与粤语应用 / 190
关于闽方言研究的几点思考 / 201
客家方言研究之我见 / 217
加强海外汉语方言研究之我见 / 227
粤语是绝对不会沦陷的
　　——对出现"废粤推普"风波的一些思考 / 231

附录

詹伯慧主要著述目录（1950年至今）/ 237
视学术为生命，以服务社会为己任
　　——詹伯慧教授的成功之路（张晓山）/ 271
谈詹伯慧先生对台湾学术界的影响（竺家宁）/ 285
詹伯慧：一生献给方言学（江一河、江丽芝）/ 297

詹伯慧小传

　　詹伯慧教授，1931年生，广东省饶平县新丰镇人。1953年毕业于由王力教授创办的中山大学语言学系，师从中国语言学大师王力教授和著名方言学家袁家骅教授。在武汉大学任教30年，历任武汉大学助教、讲师、副教授、教授；1983年调入暨南大学任教授，1985年任暨南大学复办后首任文学院院长，兼任汉语方言研究室（1994年更名汉语方言研究中心）主任。现为暨南大学中文系教授，汉语方言研究中心名誉主任，兼任香港大学中文学院名誉教授。1990年被国务院学位办评为博士研究生导师，在暨南大学中文系建立第一个博士点——现代汉语博士点，1991年开始招收汉语方言学博士研究生。迄今詹教授已培养博士研究生29人、硕士研究生9人，其中包括来自港、澳、台的博士生5人、硕士生2人。1994年我国首批5名攻读汉语方言学的博士研究生毕业，获授博士学位，其中出自詹伯慧教授门下的就占了4位。如今詹教授的门生都已成为汉语方言学界的骨干力量。语言学界把这支富有活力的汉语方言研究团队戏称为"詹家军"。

　　詹伯慧教授从教62年（1953—2015）来在汉语方言、汉语辞书、汉语应用和汉语规范等领域做了大量的研究、教学工作，取得了许多令人瞩目的成就，在海内外学术界享有崇高的声望。他早年参加由北京大学袁家骅教授主持的《汉语方言概要》的编写工作，负责编写粤方言和闽南方言两章，编写内容约占全书50万字中的1/3。此书为中国历史上第一部全面论述汉语方言的著作，在海内外学术界影响很大。他在辞书的编纂方面也有卓著成绩，曾担任《汉语大字典》编委多年，主持该字典的收字审音工作。他还是《中国大百科全书语言文字卷》中方言分科的副主编，撰写了许多方言方面的条目。近期他正主持国家社科基金重大项目"汉语方言学大型辞书编纂的理论研究与数字化建设"，负责主编《汉语方言学大词典》（约400万字），这部词典为我国历史上最大型的方言及方言学大词典，预计近三年内便可完成。20 世纪 80 年代以来，詹教授屡屡应聘到境外一些著名的学府讲学。1980 年至 1982 年，他作为教育部推荐的首位学者受聘到日本东京大学讲学两年，为中日两国语言学界的学术交流开了先河。他的《现代汉语方言》一书被译成日文在东京出版，当年他在日本培养的学生，如今都已成为日本汉学界的知名学者。此后，詹教授先后在法国高等社会科学院（1990）、新加坡国立大学（1998）、美国加州（柏克莱）大学（1998）、香港大学（1986、2000、2004—2015）、香港中文大学（1987、1992）、香港科技大学（2005）以及台湾"中央"研究院（1995）等著名学术机构担任客座教授或开设讲座。他所授的课和他所作的学术讲演都给听讲者留下了深刻的印象，获得了普遍的赞誉。

詹伯慧教授已出版著作近 40 部，发表论文逾 400 篇。先后出版过《汉语方言文集》（日本东京龙溪书舍，1982）、《语言与方言论集》（广东人民出版社，1993）、《方言·共同语·语文教学》（澳门日报出版社，1995）、《漫步语坛的第三个脚印——汉语方言与语言应用论集》（暨南大学出版社，2003，2006 增订本）、《詹伯慧语文评论集（1953—2008）》（暨南大学出版社，2008）五部个人论文选集。近期他还主编了一套通俗性、应用性的《大家小书》，他自己的《语文杂记》（2010）出版，赢得语言学界的普遍赞誉。他主编的广东省社会科学"七五""八五""九五"规划重点研究项目成果《珠江三角洲方言调查报告》（三卷本，1987、1988、1990）、《粤北十县市粤方言调查报告》（1994）和《粤西十县市粤方言调查报告》（1998）等多次获评国家教育委员会（简称"国家教委"）和省社科优秀成果奖。他主编的全国高校通用教材《汉语方言及方言调查》获评国家教委第三届普通高校优秀教材二等奖。进入 21 世纪以来，由他主编、粤港澳三地一批粤语学者共同编纂的《广州话正音字典》（2002）以及由他主编、他的几位博士生协力完成的《广东粤方言概要》（2002）相继出版，受到学术界的高度赞赏。《广州话正音字典》为我国第一部方言正音字典；《广东粤方言概要》于 2005 年 5 月荣获广东省首届社会科学优秀成果一等奖（政府奖），这是广东语言学科大量著作中获此殊荣的唯一一部著作。詹教授 1992 年获国务院颁发有突出贡献证书，享受政府特殊津贴。1992 年和 1997 年他连续两度被国家语言文字工作委员会评为全国语言文字先进工作者，1997 年暨南大学授予他"八五"（1991—1995）期间杰出科研工作者称号，2001 年获评为暨南大学优秀研究生导师，2002年又被评为暨南大学"十佳先进个人"。2006年，暨南大学授予他终身贡献奖。2011年6月，他更获评为广东省首届优秀社会科学家，成为全省获此殊荣的16位社会科学家中唯一一位中国语言学家。他的业绩被海内外许多名人辞典所刊载。

　　詹教授于1988年当选第七届全国人民代表大会代表，1993年和1998年又连续两届出任第八届、第九届全国政协委员。他连续15年在全国"两会"中积极参政议政，建言献策，获得过第九届全国政协优秀提案奖。詹教授是中国民主同盟成员，自1988年起连续两届被选为中国民主同盟中央委员会委员及广东省委员会副主任委员。他又被推举为暨南大学首任老教授协会会长，现任该协会名誉会长。目前，詹教授仍担任一些相关学术团体的领导职务，如广东省中国语言学会名誉会长、广东省社会科学联合会顾问、中国语文现代化学会顾问、全国汉语方言学会理事等。他还是广东省语言文字工作委员会委员，曾任第一、第二届广东省学位委员会委员，并曾被广东省人民政府任命为广东省人民政府文史研究馆副馆长达10年（1991—2000）之久。

我跟语言学的六十载情结
——为"广东省优秀社会科学家文库"而作①

詹伯慧

岁月如歌,正值神州亿万人民乐享国泰民安、齐心追逐中国梦之际,我这老头儿已不知不觉地进入到来日无多的暮景残年了。按照国人的平均年龄,我早已越过了临界线,多"赚"了好几年了。可时至今日,我始终没有退出工作前线的倦意,我总觉得自己还有许多该做而未做的事情,总想争分夺秒去完成、去实现。这应该算是不自量力吧。三年前在我踏入八十高龄之际,《中国社会科学报》的记者采访了我,以"一生献给方言学"为题发表了专访,当时我想到的是:我这一生还没到终点,说成"一生",一是溢美之词,二是对我多少也有点鼓励的作用。这些年来,我始终"退而不休",继续干我热爱的语言研究工作。我多么希望能在有生之年,再发挥一点余热,为我毕生从事的语言学事业再献一点绵薄之力啊!学习、学习、再学习,我仍然本着边学边干的精神,时刻关注语言学领域中出现的新事物、新现象,尽量吸取新鲜的学术营养,使自己能够不掉队,能够与时俱进,跟上我国语言科学前进的步伐。

回顾 60 年来我走过的学术历程,打从年轻时期开始接触"学问"这两个字以来,就一直跟语言打交道,语言研究的情结长期缠绕着我,让我一辈子离不开它。直到今天,尽管我已垂垂老矣,但既然退而未休,想的做的也还都是语言专业的事。近期接受主持国家社科基金重大项目"汉语方言学大型辞书编纂的理论研究与数字化建设"的任务,又得三五载泡在方言工作上面,说明我对语言(方言)的研究依然那么执着,总该会"从一而终"吧!

我和语言研究的情结如此深厚,还得从我的语言背景说起。我生长在粤东潮州一个兼容闽、客两大方言的双语家庭中。父亲是饶平县的客家

---

① 本文以"我与语言学结缘六十载"为题刊于《中国社会科学报》2014 年 10 月 27 日。

人，母亲则是潮州市郊著名瓷都枫溪人，他们是百年名校韩山师范学院的师生。我出生在潮州城内，属于闽语的潮州话自然也就是我儿时的第一母语了。老家饶平县的山区，到处是一座座圆形的客家土楼。抗日战争时期，日军入侵粤东，潮州难免于难，我们连同外公外婆就都避难到饶平山区的老家，由此我的童年语言环境开始有了改变，除了和母亲及外公外婆依旧说潮州的闽语外，跟父亲和饶平家乡人，尤其是一起玩耍的小朋友，又都习惯于说饶平客家话了。从那时起，我的语言交际就一直是闽方言和客家方言交错使用的双语格局。抗日战火遍地燃烧之际，父亲执教的中山大学从云南迁至粤北坪石，他就把我从老家接到身边，让我在坪石广同会馆办的用粤语教学的小学上高小，这又使我有机会很快熟悉了粤语，能顺利用粤语和老师同学交谈，并为我"抗战"胜利后到广州上高中上大学，以至毕业后长时间从事语言的调查研究，打下了粤语习得的基础。语言生活的多样化，三种方言同为母语使用的习惯，对我半个多世纪以来所走的学术道路产生了很大的影响，也为我长期跟语言研究结缘创造了条件。

我在1949年进入大学，读的是由语言学大师王力教授在广州中山大学创办的、全国唯一的语言学系。那时候，语言学在中国是冷门，人们只知道在大学里有主要研究中国文学的中文系，却很少想到会有专门研究语言的语言学系。在法国留学专攻语言学的王力先生，当年在西南联大回迁北京途中经过广州，留下来担任中大文学院院长。这时他有意改变大学中文系重文学轻语言的偏向，大力倡导培养语言学的专门人才。在中山大学校长的大力支持下，很快就在中大办起了语言学系，聘请了同是留法专攻语言学的岑麒祥教授出任系主任。语言学系开设了涵盖语言学各个方面的课程，如语音学、现代汉语语法、语法理论、方言调查、少数民族语言调查以及涉及传统语文学的中国语文概论、音韵学、中国文字学等，还有由岑麒祥教授主讲的选修课"世界语"。我在1949年入学时，全班有7个同学，加上此前已入学的同学，全系就只有13个学生；而教师呢，一共有10位之多，大多数是知名的教授。记得我们毕业那年，师生的毕业聚餐就在王力先生家里的客厅摆上两大圆桌，全系师生加上师母热热闹闹，商承祚老师还即席清唱京戏助兴呢！母校语言学系当年为我们所提供的优越学习条件和师生一家亲的深厚情谊，60年来一直刻印在我的脑海里，实在难以忘怀！我们这些有幸负笈于中大语言学系的学子，毕业后大都兢兢业业地走在建设我国语言科学的大道上，这跟求学时期比较系统全面的专业学习、高素质名师的教导和浓郁的语言学术氛围是分不开的。对于我这个从小具有特殊语言背景的学生来说，语言学的情结更由此而生，逐渐在心中生根发芽。

大学毕业那一年，王力先生为了使我们通过实践掌握语言调查的基本技能，特意跟时任中南民族学院副院长的严学宭教授联系，让我们七个人到那里去调查少数民族学员的语言。七个人分成三个组，我就和唐作藩兄一起，调查了广西仡佬族的语言。通过两个星期的记音整理，我们完成了这份作业，提交了调查报告。在撰写毕业论文时，我对当时国家进行的语文改革很感兴趣，加上在学期间曾积极参加拉丁化新文字的工作，有意在这方面写篇论文。王力先生得知我的想法，建议我就以"文字改革"为题撰写毕业论文，并主动承诺担任我的指导教师，还把他早年出版的专著《汉字改革》拿来给我参考，使我深受感动。毕业离开中大时，王先生谆谆叮嘱我，要珍惜我拥有多种方言母语的条件，今后多做方言的工作；他还提到国家要进行语文规范化工作，推行共同语也离不开方言的调查研究。我知道当时王先生自己也写了为方言地区学习"国语"（普通话）用的书。他的教诲给了我很大的启示，我大学毕业后一直投身于方言调查研究和语言规范、语言社会应用的工作，走的正是王先生当年给我指引的道路。

为了让我的方言学基础打得更扎实，1955年王先生在北大又把我推荐给方言学大师袁家骅教授，让我到北大去跟随袁先生进修方言学。我在那里一待两年，在袁先生的指导下参加了我国首部系统论述汉语各大方言的著作——《汉语方言概要》的编写，期间家骅师还让我随少数民族语言调查队远赴海南岛调查黎语半年，体验在少数民族地区进行田野调查的专业需求与生活磨炼。这两年的业务实践，为我此后矢志不移地走语言研究之路奠下了重要的基础。我一头栽进各种稀奇古怪的语料中，却始终没有忘记王力先生在我离开大学生活时给我的教导：坚定不移地把方言研究和语言应用紧密结合起来，和贯彻、实施我国的语文政策紧密结合起来，和亿万人民的社会语言生活紧密结合起来。紧紧抓住这几个结合，方言工作就会充满活力，就会产生积极的社会效益，就会摆脱"冷门"的困境，焕发勃勃生机。

我这几十年来的学术活动，虽然始终以方言学为主线，实际上一直是汉语方言研究与语言应用研究并举的。例如，对于辞书的编撰，我一直认为既是传播科学文化、普及各类知识的重要举措，也是解决语言应用中各种问题的重要途径，是应该受到高度重视的。因此，我对辞书的编纂可谓情有独钟。从20世纪70年代中开始，我就先后加入编纂大型辞书《汉语大字典》和《中国大百科全书·语言文字卷》的行列，忝为这两部辞书的编纂人员。80年代初我应聘在东京大学讲学时，日本学者为我出版的第一本选集是《汉语方言文集》（日本东京龙溪书舍，1982），选入的是我早期撰写的方言研究论文；但自90年代以后，我陆续出版的几部选集，内容就都是语言的论述与方言的论述兼备的了。如1993年的《语言与方言论集》（广东人民出版社），1995年的《方言·共同语·语文教学》（澳门日报出版社），2003年初版、2006年增订的《漫步语坛的第三个脚印——汉语方言与语言应用论集》（暨南大学出版社），以及2008年的《詹伯慧语文评论集（1953—2008）》（暨南大学出版社）等。

总之，在我历来所发表的文章中，属于描写、探讨、论述方言问题的，其实只占其中的一部分。就我的方言研究来说，要说有什么特色的话，我自己认为是：比较重视方言的理论探讨，比较重视方言的应用研究，在方言研究中同时重视这两个方面。这一思想明显体现在我已发表的许多著述中，本书选入的文章和附录的相关评论，同样有所反映。这或许就是我在长期的学术实践中形成的学术路向、学术风格吧！

60年来的学术生涯，我接触过的方言很多，但我并没有对每个接触到的方言本体问题，包括语音问题、词汇问题和语法问题等等，一一进行微观的深入探讨，而是比较着力于根据接触到的方言现象，进行有关方言问题的理论探索。我觉得这类具有宏观视野的理论探讨，对于加深认识丰富多彩的汉语方言，推动方言学科的建设具有更重要的现实意义。在方言学界，做方言本体微观研究的很多，做有关方言理论探讨的却比较少。有鉴于此，我在自己的方言研究中，就有意多思考一些理论上的问题，也撰写了一些综合论述的论文。例如，关于方言和共同语关系的问题，关于汉语方言分区的问题，关于语言规范化和语言应用多元化的问题，关于共同语和方言的双语并用问题，等等，都常常在我的脑子里打转，诱发我动笔为文的念头。

从20世纪50年代起，我就积极参加贯彻推行我国语文政策的各项工作，视之为新时代语言专业工作者责无旁贷的职责；但同时，我又始终以汉语方言的调查研究作为我学术工作的主线。我深知实行汉语规范化与调查研究各地方言是互不矛盾的两件事，两者都是建设中国语言学的重大课题。民族共同语的推广并不以消除方言在社会上的流通为目的。在大力推行共同语的同时，仍然要保留各地的方言，让我们的社会出现既大力推广共同语，又继续发挥方言作用的双语并用、生动活泼的语言生活格局。这样的社会语言环境，对于构建当今人们常说的"和谐社会"，自然也会产生积极的作用。语言的运用牵涉到社会上每个人，但是，并非社会上所有的人都能明白方言和共同语这种"推广一种（共同语），保留多种（方言）；有主有从，并存并用"的关系。在雷厉风行推行普通话的时候，由于语文知识不够普及，人们对语文政策又缺乏足够的认识，往往难免出现一些误解，错以为"推普"是要让方言在社会上消失，是要把方言扫地出门。面对种种误解，我多年来陆续就方言和共同语的问题发表了不少意见，阐明我作为一个语言专业工作者的看法。这方面的论述自然也就在我的方言研究中占有相当大的比重了。

　　近期，随着人们对方言作为国家重要语言资源的认识逐步加深，方言资源的发掘与运用、方言在社会语言生活中享有的地位、方言在地域文化承传中所发挥的作用等许多有关方言的问题都深受社会关注，我们从事方言研究的人，自然更应该就这类问题多做理论上的探讨和引导了。方言的社会关注度日渐增长，我对方言的应用问题也倍加关切。我经常想到我们老一辈语言学家，像吕叔湘先生、王力先生等，总是谆谆嘱咐我们，要关注语言的社会应用，要让我们的语言研究产生社会效益，要多多普及语文知识。他们身体力行，在从事高层次语言学术研究的同时，也写了不少通俗性、应用性、普及性的语文"小册子"。语言研究要为语言应用服务，前辈大师们的学术实践使我深受教益，铭记在心。我想，语言研究要为语言应用服务，难道作为我国语言资源重要组成的汉语方言，就可以不考虑它的应用问题？

　　如前所述，在举国上下大力推行民族共同语的时候，人们产生对地方方言的误解，以至误认为方言只存在研究、存古的价值，在社会应用上并不发挥作用。这种对方言的错位认识，现在到了应该认真反思的时候了。为此，打从20世纪90年代以来，我着意在方言的应用方面多做文章，以至于汉语方言的应用研究成为我晚年学术思考中的主要着力点。这一情况集中反映在我于2005年《语文研究》第2期上发表的《汉语方言的研究及其应用——纪念吕叔湘先生》和2008年6月《粤语研究》第3期上发表的《粤语研究与粤语应用》这两篇文章上。其实,围绕着方言的应用开展学术活动早就在我的学术生涯中有所体现。例如,我一直把编写方言教科书看作方言学建设的重要一环。从20世纪50年代参加袁家骅师编纂《汉语方言概要》到90年代组织几位同道编写《汉语方言及方言调查》(被国家教委推荐为全国高校方言学教材),这几十年间,我都把编写方言学教材,为年轻学子提供方言学入门用书当作方言研究为方言应用服务的一个重要环节。20世纪末,鉴于粤方言读音存在分歧,影响到粤方言的应用,我用了十年的时间组织粤、港、澳的粤语学者开展了粤语的审音工作,并在此基础上于2002年出版了《广州话正音字典》,这本书被认为是历史上第一本为方言正音的辞书。这类为方言的应用提供服务的工作,我是一直坚持在做的。跳出只单纯钻牛角尖做方言本体研究,把视野扩大到方言的应用研究上来,既要深入研究方言的本体,细心发掘方言的特色,也要为方言的社会应用多做研究,这可说是我晚年主要的学术思想。前几年,我为出版社组织约请一批语言学界的知名学者协力编写一套《大家小书》。我作为主编,自己先汇集一批应用性、通俗性的小文编成《语文杂记》出版,反应相当不错。我自己认为,这正是承传吕叔湘、王力等前辈学者的良好学风,在语言研究为语言应用服务的道路上迈出的步伐。为了使前辈学者重视语言应用的学风代代相传,我希望我们的语言学者都来关注语言的社会应用,特别是常为人们忽视的方言应用问题。

在这本选集付梓之际,我边想边写地录下了自己60年来走过的学术历程,杂乱无章,就算是一篇极不完整的学术回忆录吧!

第一部分 语言综论

詹伯慧自选集

汉语言与中华文化漫谈①

一、语言和文化的性质

语言是什么？提这个问题好像有点可笑。连小学生也都明白：语言不就是我们嘴上说的话吗？可是，要清楚说明语言的性质，要全面理解语言的方方面面，却是一件不简单的事。从事语言工作，把语言作为一门学科来研究的语言专业人士，长期以来不断在探索许多涉及语言的问题，对语言到底是怎么一回事，语言的性质是什么，众说纷纭，迄今仍然存在一些不同的见解。语言跟我们人类，跟我们生活着、工作着的人类社会关系实在太密切了。语言作为一种自然的现象，它又具有某些物理的性质，把语言放到自然科学中来研究，也不是没有根据。因此，可以说从不同的角度、不同的感受出发，都有可能对语言做出科学的解释，当然，也会给语言的性质做出种种不同的结论。

通常人们对语言较为直觉、较为普遍的认识大都是从语言的社会性方面入手的。说语言随社会的产生而产生，语言不能脱离社会，社会不能没有语言。语言随社会的发展而发展，语言随社会的崩溃而崩溃——实际上社会从没有崩溃过，因而语言也从没有消失过。但这也不是绝对的。这是就语言的总体而言。对于具体某种语言来说，如果说着这种语言的人因为某种原因越来越少，甚至到了在社会上没有人说的地步，那么，这种语言自然也会有消失（或称消亡）的可能。我们不是常常听到有所谓"濒危语言"的说法吗？指的正是这类现象。这就把语言的存在与使用语言的人紧密联系到一块儿来认识了。说到底，语言是人类不能缺少的东西，没有人类的存在就没有语言的需要，也就没有语言存在的前提。这就自然使语言跟人类、跟人类社会紧紧结合起来了。人类社会从原始社会一步一步地走过来，语言也伴随着社会一步一步地发展过来。这样一来，把语言的

---

① 此文原载于《华侨大学学报》2012 年第 4 期。

性质看作一种社会现象，一种离不开社会，随社会的产生而产生，随社会的发展而发展的社会现象，无疑也就是准确的、无可厚非的了。正因为语言的这一社会属性，语言就成为人与动物区别开来的重要因素。只有人类才能组成社会，动物是不可能组织起社会来的。语言这一社会属性从语言的生理构成与物理属性中也可以得到很好的印证。我们今天所接触到的语言，都是有声的语言，没有什么不具备声音组合的语言，也就是不存在无声的语言。而声音必然要与意义结合才能形成有确定意义的语言。什么声音组合表示什么意义——所谓语言的词，这又显然是具有社会属性的。由此可见，自然发出的人类的声音，只有赋予了社会公认的意义，才有可能成为我们通常所说的"交际工具"，可见语言要能够在人类社会中发挥它的应有的作用，也离不开它所具有的"社会性"这个前提。因此，人们对语言的最朴素的、最直观的认识就是它的社会性。从社会性入手来理解人类的语言，也才能得出"语言是交际工具"这样最简单而又最准确的结论来。在一些研究语言的著述中，我们也会看到对语言的生理现象、语言的物理现象、语言的心理现象等等的论述。这说明语言在属于社会现象的同时，也确实存在着某些跟社会属性无关的特性，这或许可以说语言也是一种自然现象。在我国学术界的学术分类中，语言的研究一向都被列入"人文学科"，因为各种文学创作都离不开语言，语言被看作文学创作的基础，因而通常也总是把语言和文学结合在一起来说：语言文学。大学里有语言文学系，中小学有语文课，这些一般也都是语言文学的统称。当然，有的时候说"语文"并不指"语言文学"，而是指语言和它的书面形式——文字。在西方的学术序列中，语言学又常常和人类学联系在一块，语言的研究是人类学研究的一个内容；大学里的人类学系，是不能不研究人类的语言的。这也正好印证了我们前面所说的：语言是社会现象，是人类社会不可或缺的东西。语言除了指口语外，也指口语的书面形式——文字。狭义的语言只指语言的口头形式，广义的语言却兼指语言的口头形式和它的书面形式，甚至还可以扩大到一些所谓"准语言"，涵盖了听觉语言（音乐语言及其他声响符号）、视觉语言（各种目视的表情、体态、图表以至舞蹈语言、绘画语言和其他视觉符号）和触觉语言（盲文等）。通常人们既使用口语交际，也使用文字交际。语言文字是人类最常用的交际工具。但文字不是随社会而来，文字是语言发展到一定阶段的产物，也是人类文明进步的一种体现。有了能够突破时空限制的书面语言，才有可能加速人类社会发展的进程。在人类社会发展的漫长历程中，并不是每一个历史阶段，也并不是每一个人类的群体——部落、部族以至民族都有条件创造自己语言的书面形式，都能够享用属于自己的书面语言——文字的。当今世界上还存在许多没有自己书面语言的民族，但却不存在任何一个民族，哪怕是最落后的民族会没有自己的口头语言。因为如前所述，语言是社会赖以存在的不能缺少的东西，没有语言的社会是不可能存在的；而文字，并不是任何民族、任何社会都必须拥有的。今天生活在我们祖国大家庭中的50多个民族中，没有哪个民族缺少自己的民族语言，却还存在一些民族迄今并未拥有自己民族语言的书面形式——文字。

至于文化的性质，历来有许许多多的议论。据说在20世纪中叶，正当文化概念的争议沸沸扬扬、众说纷纭之际，西方就有人出来做过统计，发现社会上给"文化"所下的不同定义竟达100多种。可见，"文化"实在是包罗万象，人们对它的认识也实在是悬殊，以至于无法进行规范。不过，近期我们常常听到有所谓"物质文化"和"非物质文化"这样的说法，也许这就是人们认为可以囊括所有文化的概念了吧！有时候，在现实生活中，又隐隐约约感到在我们这个社会中，人们总是偏向于把文化归入和"物质"范畴相对的"精神"范畴来理解的。比如我们常提到"物质文明"和"精神文明"，政府的文件和领导人的讲话又总是强调要"两手抓"，既抓物质文明建设，又抓精神文明建设。这时候，凡属被理解为"文化"的东西，大致就都被归入"精神"的范畴中来。不管怎么说，文化总不能跟"精神"画上等号，这一点应该是可以肯定的。在学术界，论及文化学，往往总要涉及社会学和人类学。因而界定"文化"这个概念，其内涵与外延的伸缩性自然也就比较大。时下从广义方面来理解"文化"还是较为普遍，也就是不把"文化"单纯看作只是精神方面的文化，而是包括精神文化和物质文化两个方面，即广泛到将"文化"看成人类的所作所为。因而我们往往在判断某些事情的是是非非时，动不动就会想到"是不是有不同的文化背景"，而所谓"物质文化"和"非物质文化"的区别，自然也是建立在这种包罗万象的广义文化概念之上的，跟确认两类文化的概念有关。著名语言学家邢福义教授在他主编的《文化语言学》（增订本，湖北教育出版社，2000）中就明白宣称："本书赞同广义的文化定义，把文化看作是为社会成员共同拥有的生活方式和为满足这些方式而共同创造的事物，以及基于这些方式而形成的心理和行为。"

国外学者对文化的界定,影响较大的如"文化从广义上讲,就是人类创造的结果的总和……"(苏联·萨哈罗夫);"整个人类环境中由人所创造的那些方面,既包含有形的也包含无形的。所谓'一种文化',它指的是某个人类群体独特的生活方式,他们整套的'生存式样'"(美·克鲁柯亨)等。这些界定和邢著对文化的理解是很相似的。根据对"文化"的广义理解,《文化语言学》认为"文化"可分为以下三类,也就是三个层次:物质文化、制度文化和心理文化。物质文化都是看得见摸得着的,是各种由人类创造的物质文明,如我们经常接触到的生产工具、生活用品以及各种人类行为所必须具有的物品等等。制度文化和心理文化则是不可见的"隐性文化",一般人们所理解的精神文化,都属于这类"无形"的文化。例如,各种人类群体都有各自不同的生活制度、家庭制度和社会制度,包括婚姻礼俗、饮食习惯、娱乐方式、亲属关系,还有教育、道德、宗教、法律等等,以及为这些制度而建立的理论体系。至于心理文化,那是更为虚化的深层次的文化,如不同族群都各有自己独特的思维方式、价值取向、宗教信仰等等,都属心理文化之列。

其实,一般人在言及我们未接触过或只是听说过而并未接触到的具体文化时,脑子里并没有一个很明晰的关于文化的概念,也不冀求要有一个十分确切的文化定义,总是在一种笼笼统统、模模糊糊的状况下来使用"文化"这个使用频率极高的语词的。比方说,我们常言某某人"文化程度不高",这个"文化"你说是广义的吗?显然不是。尽管这里所说的文化比较含糊,但大家都明白,这分明是属于比较狭义的文化概念。一般而言,"文化程度"主要是着眼于一个人身上的"知识摄取量"和对事物、行为的认知程度及判断能力而言,与之相伴的就是学历和资历,如此而已。因此,往往就有人直接把学历的高低、读书的多少乃至文凭的高低有无看作衡量文化程度的标尺。又如我们经常说到"××文化",有比较具体的,如"饮食文化""茶文化""酒文化"等,一看就明所指何物,但有的也是比较笼统、比较模糊的,推敲起来,就觉得含义有欠明晰了。说"中华文化""华夏文化""中国文化"等都好理解,说"外国文化"指的是哪个外国,哪些外国?如果只是一个标题,说话者自然会在内容中有所说明;如果不仅仅是题目,读者就难以猜测所言"外国"具体是何所指了。可见"文化"的概念不仅可宽可窄,关键的问题还在于使用起来有相当大的随意性和灵活性。约定俗成,含糊性往往也就寄生在这约定俗成之中。文化交流的双方有时还真得有共同的"文化背景"才较易沟通，才较能彻底明了对方的所指呢！

二、语言和文化的关系

前面我们略述了语言和文化的性质。实际上，只有把语言和文化放在一块儿来考察，从语言和文化的联系入手，把两者之间的关系弄清楚，才能更进一步地深入认识语言、认识文化。语言作为人类表达思想感情、传递信息最重要的工具，它的这些功能是随社会的产生而产生，随社会的发展而发展的。但这只是就语言整体而言，对于每一个具有正常语言能力的个人而言，他的语言能力仍然是后天逐步学会，逐步积累而习得的。牙牙学语的小孩儿不可能掌握复杂的语言，年纪大了，才逐渐扩大、增强自己的语言应用能力。而文化呢？文化更是后天获得的，文化并不像语言那样随社会的诞生而诞生，而是在有了语言这个工具以后，人们才有可能认识世界，改造世界，才有可能把认识世界、改造世界的成果保存下来，巩固下来，也才有可能出现反映人类社会发展和文明进步的各种文化。文化总是需要一定的符号系统来记录它、承载它的。所有文化都基本上依赖符号，而人类语言正以其最典型的形式表现出不同人类群体经常发生的文化活动。可见语言及其书面形式——文字在记录、承载文化中发挥着多么重大的作用。因此，人们一提到语言和文化的关系时，首先想到的自然就是"语言是记录文化的符号系统"，"语言是文化的载体"。此外，人们也经常提到，语言是传播文化的重要工具，是文化传播交流最重要的媒介手段。尽管新的媒介手段在现代信息化社会中层出不穷，但人类语言始终是最方便、最常用的媒介手段。文化的生命力就在于传播，语言对文化的传播起着必不可少的作用。从这一点看，甚至可以说，语言是文化赖以生存的力量。没有语言，就谈不上有文化存在。

语言记录文化，但并非只是客观记录文化，在记录文化的过程中，语言还可能会影响文化。而文化呢？文化是需要语言来记录和表现的，但文化也不只是被动地让语言来记录它、表现它，在语言记录文化的过程中，文化同样也是会影响语言的。因此，我们在看待语言和文化的关系时，还应该看到语言与文化存在的这种相互影响、相互制约的双向关系。对这种相互制约、相互影响关系的考察和认识，必然会促使我们从更深的层次来理解语言与文化之间的关系。相互制约在很多场合实际上就表现为一种"互限",这种"互限"在人们的社会语言生活中的体现是非常普遍的。拿语言影响文化来说,在我们的汉语中,有一些同音的语词,它们的应用就往往会影响一些特殊的生活习俗、文化心态的产生和发展。"人生自古伤离别",由于作为水果的"梨"和离别的"离"同音,影响到有的地方在某种和睦欢聚的场合,就不大愿意以"梨"飨客,甚至忌讳把"梨"切开来吃;同样的心态,由于"苹果"的"苹"与"平安"的"平"同音,人们在上医院探视病人时,送上的水果又总是首选苹果。在当今语言(或方言)应用多元化的社会中,我们强调必须有一种大家共同掌握、共同使用的社会通用语,其中最重要的原因就在于共同的语言会带来共同的文化,共同的凝聚力。同一个民族、同一个国家的人民,在使用同一民族共同语的过程中,总是会不断赋予该民族语言以独特的民族文化特征,使之能够更好地适应本民族人民的风情习俗和心理状态。与此同时,共同的语言又约束着、影响着使用该语言(或方言)的每一个成员,形成一种维系民族统一的凝聚力和归宿感,从而形成一种共同的思维模式和认识世界、改造世界的共同方式,促进了独具特色民族文化的产生和发展。可见,语言对于文化的制约和影响是不能等闲视之的。另一方面,文化对于语言的影响和制约,更是处处可见,不胜枚举。拿我们历史悠久的汉语来说,从古代汉语发展到今天的现代汉语,记录着和反映着不断发展的中华文化,在记录文化、反映文化中,语言同样在接受着文化的影响和文化的制约,使不同语言(或方言)深深刻着不同文化的烙印。例如,在我们汉语丰富多彩的词库中,从各种不同类型的词汇中,都不难看到文化影响语言的影子。中古时期佛教文化东传来华时,我们的汉语就增添了不少反映佛教文化的词语;近代我国海禁大开,对外贸易和文化交往日渐增强之际,大批反映域外文化的外来语词又蜂拥而来,使汉语词汇中出现了不少新的面孔。当今语言研究中的比较语言学,无论是拿同一时期的不同语言作共时的比较,还是拿不同时期的同一语言作历时的比较,实质上语言的比较都包含着文化的比较。外国学生到中国来学习,首先必须过的是语言关。而在学习汉语时,往往遇到一些不容易理解的问题,这恰恰就是文化上的差异在语言上的反映。如果不考虑中华文化对中国语言的影响和制约,语言的教学就难以达到理想的效果。因此,我们在给跟我们在文化上有较大差别的外国学生教授汉语时,就非把中华文化在汉语这一载体中刻下的烙印作必要的阐述不可。近期我国在海外兴办了许多孔子学院,其目的自然是传播、弘扬我们传统的中华文化,而中华文化是通过汉语来传播的。在孔子学院的入门课程——基础汉语的教学中,更非特别注意汉语受中华文化的制约与影响不可。实践证明,在文化对语言的制约与影响的问题上认识越深刻的教师,就越有把握能够在孔子学院的入门教育——汉语的教学中取得更好的教学效果。

文化对语言的影响是多方面、多层次的。它既反映在文化对语言体系的影响方面,也反映在文化对语言应用的影响方面。就文化对语言体系的影响而言,在语言三大要素——语音、词汇和语法各方面都有所表现:拿我国今天通行于全国的汉民族共同语来说,它的基础方言之所以是北方方言,它的标准音之所以是北京语音而不是其他任何地方的语音,只要回顾一下这个民族共同语及其标准音的漫长发展历程,就不难清楚地看到,社会文化始终是影响汉民族共同语从萌芽到成熟、定型的重要因素。从春秋时代出现的初步具有共同语性质的"雅言"到经历四百年南北分裂、"正音"一时无所适从再到隋唐以后以至宋元明清,民族共同语始终沿着既定的轨道不断地发展。值得注意的是,每一个历史阶段,共同语都是在作为华夏文化发源地的北方方言的基础上向前发展的。尤其是自公元1153年以后的800年间,北京一直是政治、经济、文化的中心,这更扩大了北京话的影响,逐步奠定了北京语音成为共同语标准音的地位。新中国建立以后,国家明文正式确立了以北京语音为标准音的民族共同语作为全国通行的普通话,并且在全国范围内推广普及,迅速取得显著的效果。从这里也可以看到,社会文化的因素在确立和推广汉语标准音中所发挥的重要作用。文化对语音体系的影响表现在因语言接触产生语言借用,对语音体系的变异的影响也是十分显著的。例如,在广西壮语的声调中,有33、31、53、55四个声调就是因为借入汉语语词后才出现的,没有两种语言的接触和交融,是不可能出现这种改变音系构成的现象的。仔细观察语言中词汇语法的表现,也常可发现文化影响的影子。在运用带有表区别成分的"有标式"和没带表区别成分的"无标式"时,例如在表达男人和女人方面,文化取向就影响着语言的表达。在表示同一身份的男人和女人之间,表男人的一般都用"无标式",用不着加上"男"字,可是,在表女人时,却往往要用"有标式",加上一个"女"字:教师—女教师,运动员—女运动员,司机—女司机,作家—女作家……但也有一种情况,在医院里，女护士用不着加上"女"字，而男性的护士，人们却常说"男护士"，这同样是文化取向的影响，因为护士一般都是女的充当，所以不必用"有标式"，偶尔出现了男性的护士，人们自然就想到要加上"男"字来表示了。再如，我们的语言很重视语序，在比较不同语言的语序差异时，也不免存在着文化心理上的因素。计算时间我们习惯于从年到月到日，这跟中国传统文化"从大到小"的观念是相联系的。我们总是说"没有国哪有家，没有家哪有我"，这种观念也是从大到小的心态。西方的时间排序是日—月—年，这大概又是另外一种从小到大的文化心理的反映吧！

  文化对语言应用的影响无处不在。最明显的是语言使用者存在着不同的社会特征，包括性别、年龄、职业、经历、修养、性格等等，这些反映不同文化素养、不同社会心态的因素时刻制约着、影响着语言的运用。同一个概念的表达，在不同人（或人群）的嘴里说出来，所用的语言形式可以有很大的差别，人们往往可以从中得出说话者是文化程度高的人还是缺乏文化的人，是城市人还是乡下人，是知识分子还是普通市民。言语形式的选择应用多少也能反映出说话者的社会地位和职业，以至于脾气好坏、道德高低、性格类型等等，因为正是每个言语使用者的社会文化特征左右着他在言语交际中对语言形式的选择，这些都是文化制约语言应用的明证。此外，长期积淀形成的思想意识，以及由此而产生的种种社会制度、宗法制度等对人们的社会心理、价值取向关系至大，这些也都是直接影响语言应用的文化因素。拿我国来说，在长期的封建社会制度下，以儒家思想为主宰而形成的一整套忠孝仁爱道德礼教几千年来深入人心，成为人们根深蒂固的社会心态，也都必然直接影响着语言的应用。一些所谓避讳语、敬语和谦语的出现，都是这类基于儒家思想而产生的社会文化心理在语言中的反映。

  语言是发展的，文化也在不断发展。随着语言和文化的发展，语言与文化间的关系日益多样化，我们必须不断跟进语言与文化的发展，从动态中认识语言与文化，剖析语言与文化。

三、汉语言文字的发展与中华文化的发展

  如前所述，中华文化的主要载体是汉语言文字，汉语言文字的发展，

也就必然反映出中华文化的发展。就语言而言,汉语从上古阶段经过漫长的历程发展到当今的现代汉语;就汉字而言,我们要认识古代的文化,要领略古代文化的精髓,有效途径之一就是剖析汉字、研究汉字。我国是世界上仅有的几个有几千年传统的古老文字的国家,古老的汉字绵延发展了好几千年,始终保持它的表意文字的体系。这种表意文字具有超越不同方言的特点,这对于自古存在方言分歧的社会,更有其增进社会联系、突破语言交流障碍的特殊功能。表意文字以形表意,传达出深厚的民族文化讯息,从中可以看到古代人民所特具的社会背景及其心理状态。因此,历代学者往往通过剖析汉字的形体结构来阐释蕴含在字形中的人生哲理、生活经验以至文化心态和道德取向等等。汉字借助表意形体诱发人们的联想活动,从而达到对人潜移默化的功能,在焕发汉民族传统意识、增强民族凝聚力方面产生了不容忽视的作用。与此同时,我们通过对汉字形体的分析,也可以看到古代物质生产方式发展进步的情景,了解到我们的先民如何从最早的狩猎活动——从以猎取大型动物作为主要活动方式逐渐过渡到产生畜牧业。早期的古文字——商代的甲骨文,在这方面就有不少生动的例子。例如甲骨文的"逐"字,字形就像一个猎人在追赶奔逃的野猪或野鹿;"狩"字从犬,说明在家畜中,"犬"已用于狩猎。又如"罗"字,甲骨文的字形就像张网捕鸟。再如商代畜牧业的发展导致祭祀所用多为家畜,因为牛羊皆为家畜,甲骨文中"牢"字意为牛羊之圈,因而字形就像牛羊等在圈中畜养的形状。种种迹象表明,汉字的产生对于中国古代文化的发展起着十分重要的作用。从汉字的内涵和汉字发展的历史,可以看到古代文化的特色,历代学者正是通过汉字这扇橱窗来窥视它所承载的、所反映的中华古代文化的面貌。

不过,表意汉字的使用,在战国时期并没有统一。所谓"言语异声,文字异形",只是到了秦始皇统一中国以后,才进行"书同文"的重大改革,"罢其不与秦文同者",实施以小篆作为全国标准文字,以简易的隶书为全民通用文字的政策。这一文字应用规范化的措施反映出秦始皇高度重视文字在治国安邦中的重要性,后人评价秦始皇的丰功伟绩时,往往把修筑万里长城和统一文字并列。汉代许慎编撰《说文解字》,提出文字的产生为"王政之始",可以说是对秦始皇统一文字的极高评价。汉字从甲骨文、金文等古文字发展到当今的现代汉字,只要我们对每个时期的语言文字及其所记录的文献做认真的分析研究,包括口头语言中的种种历时变异和书面语言中种种从形体到内容的变化，特别是仔细观察以汉字书写的大量文献数据，必然会看到许许多多显示中华文化发展的现象。事实证明，汉语言文字的发展和中华文化的发展是相伴而行、相得益彰的。汉语言文字的发展刻着中华文化发展的烙印，中华文化的发展又制约着汉语言文字的发展轨迹。总的来说，汉语言文字的发展路向总是要反映中华文化发展的路向的。

拥有几千年悠久历史的中华文化，在早期的古汉语古文字中就开始有所反映了。古文字学的研究告诉我们，古文字显示古文化的事实是十分明显的。在出土的古文字中，其内容不少都是关于祭祀活动的记载。而祭祀的方式往往又以巫术的礼仪活动来表现。祭祀活动反映古代人民力图与超自然的神灵进行交际以至对话的意愿。实际上就是先民对神灵产生敬畏，担心未能和神灵建立良好关系而采取呈献供品的行为，这种行为在当时逐渐形成一种带有制度性、规范性的风俗文化。由对神灵的敬畏进而发展到对逝去先人——祖先的追念之情。我国这一古代的祭祀文化，包括祭祀的仪式、祭祀的方式、祭祀的供品等等成为中华传统文化的一个部分，代代相传，而早在古老的汉字——甲骨文中就已经有一系列的文字形体对其加以生动表现。例如"示"字，甲骨文的字形就像为先人制作的神主牌，"祭"字从手从肉从示，像是手持肉类供品搁在神主牌前以祭祀神灵。看看甲骨文中有关祭祀的系列文字形体，我们不难领略到那时候人们乞求神灵恩眷保佑的思想和为此而形成的具有特色的祭祀活动方式。中国远古时期这种以祭祀活动为主的、寄托广大人民的情感和期望的社会礼俗文化，可以说是当时全民关注、全民参与的，直接影响到社会群体的大小事务的一种"祭祀文化"，也堪称是当时最大的政治。

汉语言文字的历史发展始终离不开传统文化的发展，每当古老的文化出现明显的发展，我们的汉语汉字总会跟着有所发展，跟着呈现新的面貌。表意的汉字从秦始皇统一文字以后，其形体就一直保持着，经久未衰。通过这些长期稳定地保存下来的汉字形体，远古时期就已形成的中华文化自然就会栩栩如生地展现眼前，并且绵延发展下来。就拿传统中华文化的核心价值——自古形成的哲学观来说，由于这些哲学观念根深蒂固，在它的载体——汉语汉字中也就必然有所反映，绵延至今也没有消失。中国人自古就对人和自然、人和神仙鬼怪的关系存在着跟西方完全不同的观念，形成了以人为世界中心，大自然和神仙鬼怪跟人平等相处的"天人合一"思想，这种思想长期占据中国人的心灵，体现出与西方哲学完全不同的哲学观。西方的哲学观认为世界是由神——上帝来主宰的，人只不过是带着与生俱来的"原罪"来到世界上向上帝赎罪。因此，对于芸芸众生来说，上帝就成为至高无上的神明了。这种人神有别、泾渭分明的神权思想，直到进入现代文明社会，在西方仍然是神圣不可逾越。而作为我们中国古代"天人合一"哲学思想的标志，则早在中国历史上第一部字书——2000多年前许慎所纂的《说文解字》中，就有了确切的诠释。例如，"三"字所代表的并非仅仅是简单的数字，而有它更为丰富的文化内涵。《说文解字》说它是"天地人之道也"；许慎这一对"三"字的解释反映了古人对天、地、人三者并列的认识。又如"王"字，许慎解作"天下所归往也"，这个字是将代表"天、地、人"的三字贯穿起来，也就是孔子所说的"一贯三为王"，意思是倘能三者贯通一体，就应该是王者了。与此相关的还有汉字中"大"字由"人"而来，天大地大人亦大，所以"大"字像人形；而"天"字的解释是"颠也，至高无上，从一大"。天中有人，人在天中，人与天地一样，均为大者。汉语通过其书面形体显示出中华文化中自古视天地人为等量齐观的"三大"哲学思想，再清楚不过了。这一天人合一的思想，在不断丰富发展的汉语词汇中，还不断有所反映。这就进一步印证了天人合一的哲学思想在华夏人民心中早已深深扎下了根，世世代代传承下来。例如我们使用的汉语及其方言，在称呼一些自然界的现象，特别是涉及天上的一些事物时，往往喜欢人性化，在这类语词前加入表示性别或表示亲属称谓的字眼，给人一种天人融合的感觉，例如天公、老天爷、月娘、月亮姑娘、牛郎星、织女星、雷公、春姑娘等等；在表示人的时候，有时人们又会想到天来，例如把一国之君称为"天子"，把生活美满、春风得意的人形容为"天之骄子"；等等。在人和神仙鬼怪的关系方面，汉语中也用了一些具有人性化特点的字眼来称呼，甚至干脆采用人间的姓名来称呼，这同样显示出神仙鬼怪与人并列、融为一体的思想，例如土地公、城隍爷、财神爷、观音娘娘、灶君爷、阎王爷、河伯、龙母、妈祖、嫦娥、吕洞宾、张果老、何仙姑等等。

　　汉语发展的历程跟中华文化的发展历程相伴而行。在每一个汉语发展阶段中出现的语言现象，总会在文化发展中有所反映。就以在华夏文化中最受瞩目的中国文学来说，每一个历史时期的中国文学，都具有它的独特之处。而这些独特之处，又总是跟当时的语言发展情况相配合，受当时用来创作的语言文字所制约。因为文学作品是语言艺术的体现,文学的第一要素毕竟是语言。汉语史学者告诉我们,要了解、研究上古时期的汉语音韵,一般得从《诗经》《楚辞》的语言研究入手,《诗经》的语言被看作能够反映上古时期的汉语音韵。而这两部不朽的上古时代文学佳作,又被公认为是当时最具代表性的中华优秀文化精品。中国文学发展到了唐诗宋词以至元曲等文学形式依次先后盛行,更是离不开汉语音韵的发展及记录汉语音韵的韵书的陆续出现。没有记载汉语音韵的系列韵书出现,中国文学的发展不可能进入以讲究平仄押韵的诗词曲等诗歌发展的时代。我们现在提到传承中华优秀文化,少不了要触及唐诗宋词的杰出篇章。而这些诗词名作,也都是汉语发展到了中古时期,可供诗词创作用韵依据的韵书出现以后才产生的。后来明清小说的再创辉煌,同样也离不开汉语进一步从古代汉语向着近代汉语发展,进而逐渐形成以北方官话为基础的民族共同语这一前提。到了中国文学发展进入现代文学兴起的阶段,能够产生像鲁迅这样的优秀文化巨匠,并且持续不断地出现繁花似锦的文学繁荣局面,那就不能不归功于"五四运动"提倡白话文,让文学创作建立在汉语发展的最新阶段——现代汉民族共同语的基础之上了。通过对中国文学发展漫长历程的简略回顾,我们更进一步深深体会到:汉语的不断发展是中华文化不断发展的前提,而中华文化的发展又折射出汉语历史发展的轨迹。汉语发展和中华文化的发展,就是这样相依相伴地从古代走到现代来的。

四、地域文化在汉语方言中的反映

方言是通行于某一地点或某一地区的社会交际工具,也就是人们常说的"地方话"。语言学家们通常把方言看作"语言的地域性变体",正是着眼于它的地域性。社会语言学的研究也涉及方言,认为方言有地域性也有社会性,因此把属于社会性的方言叫作"社会方言"以区别于地域性的方言。时下人们对待方言这个术语时,只要它的前面未加"社会"字眼,在单说"方言"的情况下,这个"方言"自然就是指的地域性方言了。

汉语一般可分七大方言。近十多年来,也有主张将汉语方言划为十大方言区的。汉语各方言之间的关系可以说是"同中有异,异中有同","你中有我,我中有你"。它们都是古老汉语在漫长的历史发展过程中先后形成的。汉民族共同语是在北方方言的基础上形成的，并非无源之水、无根之木，但是，汉民族共同语一经形成，就在整个民族的社会语言生活中占主导地位，而使其他方言从属于自己。从这个意义上说，汉民族共同语既在汉语方言之中，又在汉语方言之上。汉语方言之间的差别表现在三大语言要素——语音、词汇、语法之中。其中尤以词汇的差别最为显著。究其原因，一是由于词汇是语言中最活跃、最易变的部分，我们说语言随社会的发展变化而发展变化，反映在语言的词汇上最为直接、最为敏感。社会上一出现新的事物、新的现象，作为这个社会交际工具的语言或方言，很快就会在它的词汇中反映出来，可以说毫无例外。我们身边的例子俯拾即是，不胜枚举。二是由于地域文化依靠地域方言来表现、承载，地域文化中种种具有特色的东西，从物质文化到精神文化，从有形文化到无形文化，自然都会在地域方言中反映出来。而反映的方式，最直接、最明显的也就是通过方言词汇来反映了。因此，我们在列表比较汉语各种方言的词汇时，表面上是词汇的差别，实际上也是文化的差别。例如，同时形容人的外貌"美"，在不同方言中就有种种不同的词汇——好看、标致、受看、好瞧、俊俏、袭人、俏、雅、靓、俊、水、帅……同是称呼父亲，不同地域方言中就出现好几十种不同的词汇——爸爸、爸、爹、爹爹、伯、伯伯、爷、阿爷、叔、阿叔、大、阿大、大大、伯爷、阿哥、老豆、老父、依爷……地域方言词汇上的差别，其中不乏表现出文化差异的内容。下面不妨略举数例，以见一斑。

各地方言都有一些反映不同地理环境的词语，体现地理文化特色。例如粤方言中，就有一些与水相关的词，如涌、滘、沥、凼等，用在地名上就显示出粤语地区的水乡特色。光是广州市，就有好些带"滘"的地名，如新滘、厦滘、沥滘等等。同样是用于地名的词汇，闽语中常见"厝"字，北方话中常见"堡"字、"庄"字。在农村里，到定期定点进行买卖交易的街市逛逛，北方话叫"赶集"，南方粤方言却叫"趁墟"，这类不同的用词，无疑都有一定的历史地理文化背景；众所周知，北京城里有无数"胡同"，上海市内有许多"弄堂"，广州市里又有不少"小巷"，这属于同一事物的"胡同""弄"和"巷"，不同叫法也必有不同的缘由。再说，有些地名，明摆着有一定的来历：拿香港的地名来说，新界的"火炭""沙田""马尿水"，九龙城内的"界限街""宋王台""天光墟"，以至鼎鼎大名的繁华地带"旺角""尖沙咀"，这些香港粤语承载下来的本地地名，要问起老香港来，准会给你道出饱含地域历史文化的答案。我们不是把清明扫墓叫作"拜山"吗？这也是一个因应南方多山，祖坟都安葬在山上而产生的方言词，北方的祖坟没条件都上山找个坟地，往往就在田头屋角找块地方下葬，也就不会有"拜山"一词出现了。

地域文化中大量属于不同地区人们在长期的社会生活实践中积累下来的对世界、对自然、对事物的不同认识，以及由此而形成的不同心理状态和风土习俗，都必然会在地域方言中得到反映。例如，人们常常谈到语言中的忌讳问题，有的方言忌讳的词语较多，有的方言却很少，同样的忌讳各地方言又有不同的用词，这些都是不同心理文化的体现。例如，粤语中忌"血"用"红"，把家畜家禽的血都改叫"红"，这在别的方言中就没听到；而粤语把"舌头"改称"脷"，北方话却改叫"口条"，这倒是用不同的方式表示同一避讳的例子。由于我国大多数人长期以来没能过上富裕幸福的日子，渴望美好生活的愿望特别强烈，因而各地方方言中，都会有一些当地人民习用的、代代相传的吉祥词语，反映出他们祈求吉祥如意、发财接福的心态。有的本是地域性的吉祥词语，也可以发展成为超越地域的、大家共享的吉祥语。例如，山东有的方言地区在婚礼上一定要吃豆腐，因为"豆腐"的"腐"与"富"同音。又如，粤语区过年兴吃"发菜"与"蚝豉"，就因为"发菜"与"发财"同音，"蚝豉"与"好事"同音。当今在数目字中，"八"字格外吃香，也是因为粤语中"八""发"音近，电话号码、车牌号码中能多用几个"八"，也就经常满嘴"发发发"，可以发财发个够了。这个本是来源于"八""发"音近的粤语词，由于在其他方言以至共同语中也都音近，已在全国范围内被广泛应用了。上面略举的一些例子，足见地域文化在地域方言中处处可见。近期出版的一部《香港社区词词典》，许多"社区词"就反映出香港这个中西文化交融、富有独特文化色彩的特区，在它全社会通用的粤语中，蕴含着许多引人瞩目的特色词语，对于研究香港社会历史地理文化的人来说，实在是不可或缺的素材。

三十年来中国语言工作的一些情况①
——在日本中国语学会演讲会上的讲话

会长先生，各位教授先生，各位朋友：

首先我要感谢会长先生安排这样一个难得的机会，让我能够和这么多中国语学界的专家朋友们欢聚一堂，交流学术，畅叙友情。我认为：学术事业是不分国界的，是人类共同的崇高事业。学术研究的成果，无疑应该作为人类文化的宝贵财富而为大家所共享。

我是在樱花盛开的美好季节踏上你们充满友谊的国土的。两个多月来的所见所闻，使我深深感到贵国对于汉语的研究有着雄厚的力量和坚实的基础。你们的研究工作劲头很足，功力很深，成绩很大。众所周知，咱们两国有着悠久的历史文化联系，两国语言文字之间的关系更是异常密切。你们长期以来在汉语研究中所取得的丰硕成果，所积累的宝贵经验，所珍藏的大量文献，一直受到我国语言学界的高度重视。已故仓石武四郎教授、吉川幸次朗教授等著名汉学家的著作，在我国学术界是很熟知的。波多野会长先生和刚从中国访问归来的藤堂明保教授的许多大作也都是我们很熟悉的。今天到会的许多学者，都对汉语研究造诣很深。你们的研究成果大大地丰富了汉语的学术宝库，对我们的研究工作也是个有力的促进。作为新中国第一个应邀到贵国大学从事汉语教学研究的人，有幸和各位相处在一起，共同切磋学术，交流心得，发展友谊，我感到特别高兴。希望在今后的工作中，能够多多得到各位的指教和帮助。

在我动身来日以前，曾经拜访过几位老一辈的语言学者，如吕叔湘先生、王力先生等。他们都嘱咐我向日本语言学界的学者朋友们致意问好，祝愿大家在学术研究中不断取得丰硕的成果。王力教授已经八十高龄了，但他还没有退休，仍然在著书立说、培养人才。今年年初，他老人家在北京的报纸上发表了一首很能体现他的心情的诗，请允许我在这里给各位念一念：

---

① 原载于日本《中国语学》1980 年 6 月 21 日第 227 期。

> 星移斗转又新年，酒饮屠苏意盎然。
> 漫道古稀加十岁，还将余勇写千篇。
> 从知大难能添寿，喜见中兴复尚贤。
> 前路光明远景美，河山壮丽艳阳天。

王先生诗中抒发的这种"人老不服老"的精神，可以说我国许多老一辈学者都具备。国家要实现现代化，科学文化事业非急起直追不可。许多年逾古稀的学者，就是这样恨不得自己能多活几年，能够"还将余勇写千篇"，为发展学术事业多做贡献，为四个现代化多做贡献。

波多野会长要我在这里谈谈我国汉语研究的情况，我接触的情况不多，了解得不全面，只能根据一鳞半爪的材料，结合个人的点滴体会，给各位作个粗略的介绍。中华人民共和国成立已经 31 个年头了。30 年来，我国的语言研究工作，也和其他学术领域一样，走过了曲折起伏的道路。在这 30 年的漫长岁月中，语言研究和语文工作有过比较繁荣发达的阶段，也有过备受摧残、停滞不前的阶段，而现在正处在重整旗鼓、恢复发展的阶段。回顾 30 年来中国语言学的历程，也许可以大体上归纳为蓬勃发展、备受摧残和恢复发展三个阶段。

一、蓬勃发展，一片兴旺

新中国成立后的头 17 年，是我国语言学蓬勃发展、取得显著成绩的阶段。在这 17 年中，语言学工作受到中国共产党和人民政府的高度重视。从毛主席、周总理到中央的许多领导同志，都非常关注我国的语言工作。中央领导部门还专门制定了各项语文工作的政策，为大力开展语文工作创造了良好的条件。

早在新中国成立初期，《人民日报》就发表了题为"正确地使用祖国的语言，为语言的纯洁和健康而斗争"等的重要社论，号召举国上下都来关心语言工作，给语文工作者以极大的鞭策和鼓舞。从 20 世纪 50 年代初到 60 年代前期，我们在语言研究和语言实践方面陆续开展了大量的工作，这些工作大都是在党中央的领导下有组织、有计划、有目的地开展起来的。其发展速度之快，取得成绩之大，远远超过新中国建立前的几十年。下面我们举几个方面的事例来看。

（一）加强领导，充实机构

新中国成立后不久，我国就先后成立了中国科学院语言研究所（现为中国社会科学院语言研究所）和少数民族语言研究所（现为中国社会科学院民族研究所民族语言研究室），成立了直属国务院领导的中国文字改革委员会（简称"文改会"）[①]。随着文字改革、汉语规范化和推广普通话等工作的开展，1956年年初又在北京分别成立了中国科学院语言研究所普通话审音委员会和中央推广普通话工作委员会（主任陈毅，副主任郭沫若）。有了这些专门的机构，有关语言文字方面的一系列工作得以在全面规划、统一领导下有目的、有步骤地顺利开展。

（二）开办专业，培养人才

新中国成立初期，为了迅速培养语言研究和语文工作的人才，教育部门首先在高等院校的语文系（科）中普遍开设语言学方面的课程，设立语言（或汉语）教研组（室），加强语言教学，逐步扭转中文系（科）一贯重文学、轻语言的倾向。综合性大学中文系和师范院校的中文系（科）都把"现代汉语""古代汉语""语言学概论"等列为必修的基础课程，外语系（科）也大都开设了"语言学概论"和"现代汉语"。有条件的高等院校还开设了"汉字改革""汉语方言学"和"汉语史"等专门课程。为了适应语言工作的急迫需要，新中国成立初期北京大学中文系就办起了语言专修科，随后在全国高等学校院系调整中，教育部又把全国唯一的中山大学语言学系合并到北京大学，集中雄厚的语言学师资力量，在北京大学中文系开设了汉语专业。在十年左右的时间内，北京大学汉语专业向全国输送了一批批语言学的生力军，在各地语言教学和研究工作中发挥了承前启后的骨干作用。与此同时，各民族学院也在语文系中加强语言学方面的训练，培养从事民族语文工作的人才。

根据粗略估计，到20世纪60年代中期，全国已经有了一支1000人左右的语言研究队伍，大部分散布在各高等院校从事语言研究和教学工作。

---

① 1952年成立中国文字改革研究委员会，1954年2月改组为中国文字改革委员会。

（三）三大任务，方向明确

新中国的语言工作特别重视理论联系实际，要使语言研究能够直接或间接地为社会主义建设服务。新中国成立后不久，党和政府就明确提出了语文工作的三大任务，这就是我们常说的汉语规范化、文字改革和推广普通话。围绕这三大任务，从 20 世纪 50 年代起，语言学界就开展了一系列的工作，对有关的具体问题进行了一些讨论和研究。为了交流情况，制定规划，研究措施，把三大语文工作任务搞好，1955 年秋天在北京连续召开了"全国文字改革会议"（1955 年 10 月 15 日开幕）和"现代汉语规范问题学术会议"（1955 年 10 月 25 日开幕）。这两次会议对于语言工作的开展有着重大的推动作用。会议通过的决议和制定的措施迅速得到贯彻落实，《人民日报》和各地报刊也密切配合，大力宣传，使三大语文工作任务深入人心，语文运动蓬勃开展。在这以后不到十年的时间里，语言工作在各个方面都取得了一些成果。其中，汉字改革、推广普通话、汉语方言普查、语文书刊出版等方面成绩比较突出，后面分别略作介绍。

（四）文字改革，阔步前进

1955 年 10 月全国文字改革会议以后，文字改革工作迅速发展，汉字的简化工作和汉语拼音方案的讨论、推广工作双管齐下，上下结合，全面开花，收效很快。

在汉字简化方面，中国文字改革委员会早在 1955 年 1 月 7 日就公布了《汉字简化方案草案》征求意见。在全国文字改革会议期间，代表们广泛讨论了来自各方面的意见，会后上报国务院审议。国务院于 1956 年 1 月 28 日第二十三次全体会议正式通过公布了《汉字简化方案》，1 月 31 日《人民日报》为此发表社论。从 2 月 1 日起，简化汉字分批在全国推广使用。据 1964 年文改会编写的《简化字总表》，前后分批公布使用的简化汉字共有 2238 个。

在汉语拼音方面，1955 年 10 月全国文字改革会议通过《汉语拼音方案（草案）》以后，初步征求了各方面的意见。三个月后，1956 年 2 月 9 日文改会正式发表了《汉语拼音方案（草案）》和《关于拟订汉语拼音方案（草案）的几点说明》。经过广泛试用和征集意见以后，同年 8 月，文改会拼音方案委员会又发表了关于修正《汉语拼音方案（草案）》的初步意见。9月,文改会主任吴玉章同志在中国共产党第八次全国代表大会上做了"关于中国文字改革问题"的发言。10月10日,国务院成立了一个汉语拼音方案审订委员会,由郭沫若任主任,张奚若、胡乔木任副主任,对《汉语拼音方案(草案)》进行了认真的审订。1956年11月21日,审订委员会通过了《修正草案》。1957年11月1日,国务院全体会议第60次会议通过了《关于公布汉语拼音方案的决议》。12月1日,《人民日报》发表了《当前文字改革的任务和汉语拼音方案》的社论,随后《文字改革》月刊发表了文改会关于《汉语拼音方案(草案)》的说明,以及关于《汉语拼音方案(草案)》的解释和资料,中央人民广播电台于12月16日开办了拼音字母教学讲座。一个宣传汉语拼音方案、学习汉语拼音方案的热潮迅速在全国各地掀起。1958年1月,全国政协派出六个宣传组到各大城市宣传《汉语拼音方案(草案)》;2月8日,吴玉章主任在第一届全国人民代表大会第五次会议上作了"关于当前文字改革工作和汉语拼音方案"的报告之后,就在这次人大会议上,正式通过了《汉语拼音方案》。至此,前后经历三年,反复征求意见,反复审议讨论,终于完成了制定《汉语拼音方案》的历史任务,把《汉语拼音方案》作为国家一项重大文教措施付诸实行。

(五)推广普通话,声势浩大

推广普通话是三大语文工作任务之一,又是汉字改革中不可缺少的一项重大工作。周恩来总理1958年1月10日在全国政协作"当前文字改革的任务"报告时,一开始就明确提出简化汉字、推广普通话、制定和推广《汉语拼音方案》是文字改革的三大任务。

自从1955年10月全国文字改革会议以后,推广普通话工作就在全国上下一呼即应,全面铺开了。1956年2月10日,中央推广普通话工作委员会成立;2月12日,《人民日报》发表题为"努力推广普通话"的社论;接着,中央推广普通话工作委员会在陈毅同志的主持下,于3月12日举行了第一次全体会议,全国各省、自治区、直辖市相继成立了推广普通话的工作机构,有关部门如解放军总政治部、高等教育部(简称"高教部")、教育部、文化部、交通部、铁道部、广播事业局、总工会、团中央等都分别发布指示,要求所属单位贯彻文字改革精神,大力推广普通话。新闻、广播、出版等宣传部门大力配合,由教育部、广播局、中央人民广播电台联合举办的"普通话语音教学广播讲座"也在1956年5月开始向全国播讲。与此同时，为了培训推广普通话的骨干力量，教育部和中国科学院语言研究所联合举办的普通话语音研究班也在1956年2月开学。各地响应中央号召，纷纷办讲座、编读物，学习普通话、推广普通话蔚然成风。一些方言比较复杂的地区迎难而上，创造出不少优异的成绩来。地处福建山区的大田县属于闽方言区，该地的方言语音与普通话差别很大，可是由于领导重视，措施得力，广泛发动了群众，在学习普通话、推广普通话中成绩显著，成为推广普通话的一个榜样。1958年8月25日，《人民日报》发表了《是奇迹，也是宝贵经验》的文章，报道了大田县的先进事迹。8月26日，福建省在大田县召开了推广普通话的现场会议，大田县的先进事迹迅速在全国广泛传播，推动了方言地区推广普通话的工作。

为了及时交流总结教学普通话的经验，表彰先进，树立榜样，从1968年起，中央每年召开一两次"全国普通话教学成绩观摩会"。第一次于1958年7月25日在北京开幕，陈毅副总理到会作了讲话，周恩来总理接见了全体代表。第二次、第三次观摩会分别于1959年和1960年夏天在上海、青岛举行。随后停了几年，1964年夏天又在西安举行了第四次观摩会。每次全国观摩会举行以前，各省、自治区、直辖市都先期举行全省的普通话教学成绩观摩会，有的地方还在省观摩会前召开了地区、县的观摩会，层层选拔，把最优秀的代表和成绩送到全国观摩会上去。这些观摩会上表演的节目大都录了音，在中央和各地广播电台广播，有的还拍了新闻纪录片，扩大了宣传的效果。

（六）方言普查，成绩不小

为了做到"知己知彼"，了解方言和普通话的异同，以便更有效地开展普通话推广工作，从1956年起，在全国范围内开展了汉语方言的普查工作。中央高教部和教育部于1956年3月20日联合发出了《关于汉语方言普查工作的指示》，要求各地在1956—1957年两年内抓紧完成方言普查任务，以促进普通话的推广工作。随后，中央各省（自治区、直辖市）相继成立了有关领导机构，制订汉语方言普查工作计划，迅速开展了以高等院校中文系师生为主力的汉语方言普查工作。这次方言普查虽然只是初步的调查，主要调查方音情况，但其面之广，规模之大，都是汉语方言研究史上没有先例的。为了充实这次普查的力量，教育部和中国科学院语言研究所联合举办的"普通话语音研究班"第一、第二期的培训内容，都把方言调查的训练作为重要的一环，要求学员认真学好调查方言的技能，每人记录整理一遍自己的家乡话。这批学员经过比较严格的方言调查训练以后，回到本地，既是推广普通话的骨干，也是方言普查的重要力量。

这次大规模的汉语方言普查工作，大致只花了两年的时间，基本上完成了以一个县（市）为一个点的普查任务，并在此基础上运用普查所得的材料编写各地学习普通话的手册。随后又转入总结普查成果，综合整理普查材料，编写各省（自治区、直辖市）汉语方言概况的工作。据有关方面的了解，当时全国除西藏外有县（市）2298 个，已普查汉语方言点 1849 个，各省（自治区、直辖市）随后编出 300 种以上的"学话手册"（或"××人怎样学习普通话"）。其中已由各地方出版社出版的有 72 种；各省（自治区、直辖市）编出的"方言概况"一类综合性调查报告有 18 种，除少数几种已公开出版或发表在刊物上外（江苏、上海、河北、四川、安徽），其余有 11 种是未正式出版的石印本或油印本（个别也有铅印的），有 3 种已写成稿本而尚未印行。这一批方言普查的成果，对于进一步深入开展汉语方言调查，也是很宝贵的资料。拿上、下两大册字数达 100 多万的《福建省汉语方言概况》来看，其材料之丰富，在闽方言研究史上可谓空前，对于深入研究在汉语方言中有着非常重要地位的闽方言来说，其参考价值是比较高的。

（七）语文书刊，大量出版

新中国成立后不久，在北京、上海等地就陆续办起了十多种语文刊物，其中最早出刊的要算上海新文字工作者协会主编的《新文字周刊》（1949 年 12 月 10 日创刊，1951 年 5 月改为《新文字》半月刊，1952 年改为《语文知识》月刊）。1952 年 7 月中国文字改革研究委员会和中国科学院语言研究所合办的《中国语文》杂志创刊，是迄今为止中国语言学界最有影响的一份期刊。在它的创刊号上，吴玉章同志题词："广泛地征求意见，虚心地研讨学术，切实地解决问题，通俗地说明道理。力求真实，切戒浮夸。"这大概就是当时《中国语文》的编辑方针。随后，陆续创办了《语文学习》《语文研究》《文字改革》等刊物，《光明日报》也在 1954 年 3 月创办了《文字改革》双周刊。此外，还出版了一些不定期的"丛刊"，如北京大学中文系主编的《语言学论丛》、中国语文杂志社编辑的《方言和普通话丛刊》、文字改革出版社编辑的《方言与普通话集刊》，以及《语言学论文选译》等。据统计，到"文化大革命"前为止，全国共有语文刊物十多种，发表在各种刊物上有关语文方面的论文在8000篇以上。

在语文著作的出版方面，17年来共出版发行了上千种各种类型的语文著作，其中有不少专著具有较高的学术水平。为了提高语言教学水平，从1956年起，高等教育部组织部分高等院校语言学教师，陆续编出各门语言学课程的教材及教学大纲。"现代汉语""古代汉语""语言学概论"等语言方面的基础课，到20世纪50年代后期，都有了经过集体编写、反复讨论修订后出版的通用教材。

新中国成立前我国没有专门出版语文书刊的出版社，新中国成立初期语文著作分散在商务印书馆、人民教育出版社、东方书店、五十年代出版社以及各地出版社出版。随着三大语文运动的蓬勃发展，语文书刊的出版量不断增加，文字改革委员会办起了一个专门出版语文书刊的文字改革出版社。自1958年6月成立以来，10年间文字改革出版社出版了大量语文著作，从薄薄的汉语拼音课本到50万字的《汉语方言概要》，深受国内外读者的欢迎。

上面粗略介绍了新中国成立后17年中我国语言研究和语文工作蓬勃发展的一部分情况。在此期间，围绕着三大语文工作的开展，语言学界还对一些语言理论问题和语言具体问题开展过热烈的讨论和研究，取得了不少的成绩。例如，对汉语语法中的词类问题、主语宾语问题，对语言理论中的语言有没有阶级性的问题，语言发展的内因外因问题，以及对汉语规范化中异读词规范问题，普通话词汇规范问题等都有过一些探讨。此外，对中国传统语言学的研究，对语言学史、汉语史、古文字、古音韵等学术领域中的一些问题的研究，也都取得了一些成果，出版了一些专著。

二、备受摧残，停滞不前

1966年"文化大革命"开始，由于林彪、"四人帮"的倒行逆施、胡作非为，整个科学文化领域遭受了空前的浩劫，语言工作自然也备受摧残，不能例外。"文化大革命"期间，语言研究和语文工作陷于停顿，万马齐喑。"四人帮"一个黑干将在"文化大革命"初期跑到某大学去"放毒",竟对学习汉语专业的学生说:"中国人还学什么汉语?"这是什么话,中国人不学自己祖国的语言,难道专让外国人学习,专让外国人研究?在那样一个"四害"横行的时期,我们的语言学家不能从事研究,不能从事教学,当时的情景,各位可想而知。我只想举出一点,就是前面谈到过的,20世纪50年代那次全国大规模方言普查所得的素材,无疑是相当丰富的,可是,据最近的了解,那些材料大部分在"文化大革命"期间散失了。这是多么遗憾的事啊!"四人帮"毁灭文化,祸国殃民,他们的罪恶真是"罄竹难书"。关于这十年间语言工作备受摧残的情况,《中国语文》编辑部1978年4月在苏州召开的语言工作者批判"两个估计"、商讨语言科学发展规划的座谈会上有过不少反映。那次会议的一些发言,用活生生的事实说明了"文化大革命"期间语言研究工作遭到灾难性的破坏,语文水平普遍下降的情况,有力地揭发、批判了"四人帮"的滔天罪行。当时有的语言学家身体受到折磨,资料大量损失,甚至连几十年呕心沥血研究的成果也付之一炬,多么伤心啊!王力先生诗中有"从知大难能添寿,喜见中兴复尚贤"两句。这"大难"二字是很概括的了。王先生在"文化大革命"期间自然也是备受折磨的,要不是乐观豁达,又怎能活到今天,有幸在晚年"喜见中兴复尚贤"呢!我们这些五十上下的人,"文革"期间正是30多岁,做学问的"黄金时代""锦绣年华"啊!可就是这样白白地糟蹋了不可挽回的十年宝贵光阴。十年,对于一个人来说,已经不少了;对于整个语言学的发展来说,丢掉了十年的时间,损失之大就更不用说了。我们这样大的国家,这样悠久的历史文化,从事语言工作的人本来就是很不够的,经过这十年的浩劫,自然难免带来青黄不接、后继乏人的困难。"文化大革命"以后,老一辈的语言专家已经越来越少,可以说是屈指可数了。中年语言工作者像我们这样岁数的稍多一点,但由于十年没有钻研业务,有很大的一块"空白",得费相当大的力气才能补上啊!拿我自己来说,前几天看到东京大学开列了一张我的"著述"的清单,看来我发表过的东西算是不少的,可是把这张清单仔细看看,那里面绝大部分都是50年代后期、60年代前期那几年写的。那时候年纪轻,精力足,更重要的是学术研究氛围浓厚,自己脑子里经常想些语言上的问题,有一孔之见,就动笔写起来。但毕竟还是学识浅薄,羽毛未丰,写出来的东西实在谈不上什么学术水平。令人痛心的是正当自己想认真多读点书、多研究点学问的时候,就来了个"文化大革命",不但读不成书、做不成学问,还因为过去写了几篇文章,被打成"白专道路"的典型,这真是啼笑皆非,不知从何说起。总之,这一段难忘的历史,这一个重要的教训,是永远也要记取的。要不是打倒了"四人帮",要不是中国共产党拨乱反正,给"文化大革命"做了正确的结论,我们的语言学,我们的三大语文工作任务,恐怕从此休矣!今天咱们恐怕也不可能欢聚一堂,交流学术,畅叙友情了。

这备受摧残十年的情况,恕我就谈到这里吧!

三、恢复发展,日渐繁荣

打倒"四人帮",全国喜洋洋。我国语言学重新获得了生命,语言工作迅速得到恢复发展。三年多来的事实充分说明有了党的正确领导,有了党的正确政策路线的指引,充分发挥社会主义制度的优越性,我们的语言科学就一定能够迅速发展起来。如果"四人帮"不打倒,任由他们横行霸道、为所欲为,哪还有什么语言学的发展可言呢!

这几年我们首先深入开展了揭发批判林彪、"四人帮"摧残破坏语言研究和语文工作的罪行。分清了是非,肃清了流毒,激发起语言工作者重整旗鼓、迎头赶上的热情。在这个思想基础上,三年来整个语言学界是比较活跃的,主要表现为:文字改革工作逐步开展,恢复增设了一些语言研究机构,充实了语言学的专业队伍,扩大了语言研究领域,恢复并新办了一些语文刊物,发表了不少研究成果,开展了许多学术活动,提高了学生的语文水平,制定了学科发展规划,加强了组织领导,进行了国际交流,等等。目前语言研究的风气日渐浓厚,社会上对语文工作也更加重视。可以这样说,经受十年风霜的中国语言学,已是枯木逢春,新枝再发,有了繁荣发展的良好开端。

下面就其中几个方面向各位介绍一点几年来恢复发展的情况。

(一)文字改革工作的继续开展

打倒"四人帮"以后,文字改革工作及时排上议事日程。1976年年底和1977年年初,《光明日报》的《文字改革》副刊连续发表了几篇揭发"四人帮"破坏文字改革罪证的文章,《人民日报》也在1977年2月发表了文改会文章《批判"四人帮"破坏文字改革的罪行》。就在这一年里，文字改革委员会草拟了《第二次汉字简化方案（草案）》，于1977年12月20日在《人民日报》《解放军报》和省（自治区、直辖市）一级报纸上发表，广泛征求意见。《人民日报》同时发表了《加快文字改革工作的步伐》的社论。全国政协也在1978年4月组织部分在京委员座谈了这个草案。草案第一表的248个字即在报刊上试用。经过近一年的试用，各方面提出了许多建设性的意见，需要对草案进行修订改善。后来就停止试用，进入研究修订的阶段。据了解，目前草案的修订工作已经接近完成，待报国务院审议后便可发表。

在草拟和修订《第二次汉字简化方案（草案）》的同时，推行汉语拼音方案和推广普通话的工作也逐步开展。1978年5月22日，文改会和中央人民广播电台联合举办了"汉语拼音广播讲座"，开播前由王力、周有光、徐世荣三位语言学专家讲话，介绍文字改革工作的方针和推行汉语拼音的意义。8月，教育部向各省、自治区、直辖市教育局、高教局发出了《关于加强学校普通话和汉语拼音教学的通知》，普通话的推广工作也恢复开展起来。从1978年年底到1979年3月，先后有湖北、山东、浙江等省恢复举行了全省普通话教学成绩观摩会。文改会、教育部于1979年4月在杭州联合召开了各省、自治区、直辖市推广普通话工作汇报会。经过一番准备，中断了15年的第五次全国普通话教学成绩观摩会终于在1979年8月于北京胜利召开了。这标志着推广普通话工作已进入一个新的时期，50年代"人人学习普通话"的风气将继续提倡、继续发扬。为了培训推广普通话的骨干，1979年2月文改会、教育部和社会科学院语言研究所又在北京联合开办了普通话研究班，第一期于6月30日结业，接着又在1980年8月开办了第二期。

近几年来，我国文改会和国家测绘总局合作，参加了联合国地名标准化会议，1977年9月联合国第三届地名标准化会议通过了我国提出的关于用汉语拼音字母拼写的中国地名作为国际罗马字母拼写标准的决议。在这以后，我国地名标准化工作迅速开展。从1979年1月开始，我国对外文件译文均改用汉语拼音方案拼写中国人名、地名。

为适应文字改革工作发展的需要，不久前国务院做出了加强文字改革委员会的决定，增补了马大猷、王竹溪、朱德熙、陈翰伯、张友渔、张志公、周有光、钱伟长、倪海曙、曾世英十人为中国文字改革委员会委员，并决定由董纯才任文改会主任委员，胡愈之、张友渔、吕叔湘、王力、叶籁士为副主任委员,倪海曙为秘书长。

总的来说,目前我国文字改革工作正在有计划地逐步开展。汉字拼音化的研究实验也逐渐引起大家的注意,各省(自治区、直辖市)的文字改革机构也已恢复组建,高等学校的文字改革课程也在加强协作,正在编写一部通用的汉字改革教材供教学使用。

(二) 研究机构的恢复和增设

近几年来,各地原有的语言文字研究机构纷纷恢复,还新设了一些研究机构:中国人民大学语言文字研究所、安徽师范大学语言研究所、复旦大学语言研究室、南京大学语言研究室、山东大学语言研究室、厦门大学汉语方言研究室、中山大学古文字研究室、吉林大学古文字研究室、新疆语言研究所、吉林省社会科学院语文研究所、山西省社会科学研究所语言研究室等,连同中国社会科学院语言研究所、民族研究所民族语言研究室,共有语言文字专门研究机构 13 个。其中以中国社会科学院语言研究所历史最久、规模最大,可说是全国语言研究的中心,该所所长是著名的语言学家吕叔湘先生。社会科学院民族研究所民族语言研究室规模也较大,该室对国内几十种民族语言进行研究,由傅懋勣先生主持。

(三) 语言学会及专科研究会的建立

近两三年来,随着语言工作的恢复和发展,全国各地纷纷筹建语言学会或语文学会。到目前为止,已成立学会的有上海、天津、黑龙江、河北、山西、安徽、湖北、湖南、广东、广西、陕西、甘肃、新疆、山东和北京。山东和北京的语言学会都是最近才成立的。此外,尚未成立语言学会的吉林、江苏、浙江、福建、河南、四川等省都在积极筹备,预计今年年内大部分省(自治区、直辖市)都可以成立语言学会。全国语言学会也在酝酿之中,决定年内成立。

中国民族语言学会已在 1979 年 4 月成立,傅懋勣先生任该会会长。

近年来还成立了一些全国性的专科研究会,如古文字研究会、嗓音研究会、中学语文教学研究会、民族院校汉语教学研究会、文字现代化研究会等。训诂学研究会、音韵学研究会、汉语方言学会、高等院校文字改革学会、民族文字学会、全国小学语文教学研究会等也在筹建之中。

各种语言研究学术团体的建立,对于组织开展本学科的学术交流活动,协作进行某些科学项目的共同研究,起到了积极的推动作用。

（四）研究队伍的扩大

据不完全统计,现在全国从事语言文字研究工作的专业人员有300多人,分布在各高等院校从事语言教学及研究工作的人员约1000人。此外,还有大约300人的业余语言研究者。

从1978年全国恢复招收研究生以来,1978—1979年两年内全国共招收了语言文字方面的研究生200多名,这是语言学界一支重要的后备力量。目前,这批经过比较严格选拔的研究生正在中国社会科学院语言研究所、民族研究所和各高等院校相关的研究室（所）的语言学专家指导下认真钻研学习。

（五）语文刊物的恢复和增办

近几年来,除《中国语文》停刊11年后已于1978年复刊外,还新办了好几种语文期刊,如《方言》《民族语文》《语文现代化》《辞书研究》《语言教学与研究》《中学语文教学》等。《方言》和《民族语文》分别是中国社会科学院语言研究所和民族研究所主办的学术性季刊,向国内外发行。目前全国已有语言文字方面的刊物20多种,超过了"文化大革命"前。一些不定期的语言学丛刊也恢复或兴办起来。如北京大学中文系汉语专业编辑的《语言学论丛》,"文化大革命"前出过五辑,现在第6～8辑都已编好,不久将陆续和读者见面;湖北省语言学会新办的《江汉语言学丛刊》第一期也已在去年年底出版。

（六）学术会议的召开

几年来,我国语言学界举行过不少学术会议,对于活跃学术空气、交流工作经验、调动积极因素起了促进作用。已成立语言学会的省（自治区、直辖市）大都举行过语言学年会。设有语言教学研究机构的高等学校大多举行过规模或大或小的语言学术讨论会,请有关专家报告研究成果,开展百家争鸣,内容比较广泛,涉及的范围包括现代汉语、古代汉语、汉语方言、民族语言、语文现代化、古文字、古音韵、语文教学、语言教材、辞书编纂等等。据我所知,其中比较有影响的就有：中国语文杂志社召开的"语言工作者批判'两个估计'、商讨语言学科发展规划座谈会"（1978年4月，苏州，在此以前还在北京召开过一次规模较小的同类座谈会），"现代汉语协作教材编审会"（1979年2—3月，兰州、郑州），"第一次中国地名工作会议"（1979年3月，北京），"全国民族院校汉语教学经验交流会"（1979年4—5月，南宁），"部分高等学校汉字改革教材协作会议"（1979年5月，上海），"厦门大学汉语方言科学讨论会"（1979年6月，厦门），"著名语言学家罗常培先生八十诞辰座谈会"（1979年7月，北京），"语言学概论教材讨论会"（1979年8月，乌鲁木齐），"第五次全国普通话教学成绩观摩会"（1979年8月，北京），"嗓音研究协会成立大会暨学术报告会"（1979年9月，北京），"古文字研究会第一届、第二届年会"（1978年12月，长春；1979年12月，广州），"全国中学语文教学研究会成立大会暨第一次年会"（1979年12月，上海），"中国科学技术情报学会第一次年会机器翻译专业分组会"（1979年12月，昆明），以及今年年初召开的"第三次民族语文科学讨论会"（北京），"汉字编码问题会议"（北京），等等。此外，两部大型辞书（《汉语大字典》《汉语大词典》）几年来也分别在上海、青岛、黄山、苏州、武汉、成都等地召开过多次规模较大的编写工作会议，研究辞书编纂中的问题。这么多的语言文字学术会议接连不断地举行，在中国语言学史上是少有的。这说明打倒"四人帮"后，中国语言学界是活跃的，是朝气蓬勃的。

（七）辞书编纂工作的发展

近几年来，辞书编纂工作在我国整个语文工作中占有相当大的比重，投入这方面工作的人力很多。周总理生前非常关心辞书编纂工作，在他亲自批示的辞书编写出版规划中，明确提出要在1985年以前编纂和修订出版160多种中外语文辞书，以适应社会主义现代化建设的需要。其中，中小型的汉语辞书如《现代汉语词典》《古汉语常用字字典》《汉语成语词典》《四角号码词典》等都已在近年内分别编成或修订出版；《新华字典》也已编好，不久即可出版；《作文词典》《现代汉语小词典》《古汉语词典》《同义词词典》等正在编纂中。修订后的《现代汉语词典》是一部具有较高学术水平和实用价值的规范化词典，已印了80万册，深受读者欢迎；《新华字典》近三年来就重印了2250万册，加上历年的印数，累计印刷量达8055万册，这是相当惊人的数字。我国第一部方言与普通话对照词典《普通话闽南方言词典》的定稿工作正在紧张进行，争取尽快和读者见面。

大型辞书的编纂工作在近几年有了较大的发展。《辞海》的修订前后断断续续经历了22年，直到1976年10月粉碎"四人帮"以后，恢复并充实了编委会，加快了修订的速度，终于在1979年新中国成立30周年前夕完成了修订的任务，出版发行。《辞源》的修订工作几年来抓得很紧，修订本第一分册已于去年9月出版，其余三个分册不久也将陆续问世。近年来国家还重点抓了两部新编大型辞书《汉语大词典》和《汉语大字典》的编纂工作。《汉语大词典》由华东五省一市负责编写，《汉语大字典》由湖北、四川两省负责编写。这两部大型辞书都已进入紧张的编写阶段，《汉语大词典》计划收词30万条以上，《汉语大字典》计划收单字6万左右，规模之大都是空前的。与此同时，中国社会科学院语言研究所也在计划编纂另一部大型的辞书《现代汉语大词典》。此外，《中国大百科全书》的编纂工作也在积极进行，第一卷《天文学》将于明年春天出版。

（八）语言研究领域的开拓

近几年来，我国有些语言学工作者与其他学科如教育学、心理学、哲学、逻辑学等研究人员紧密配合，对某些语言学课题如社会语言学、儿童语言、语言与思维、语言与逻辑等加强了研究，还有一些语言学工作者与自然科学部门通力合作，着手对工程语言学、数理语言学、生理语言学、心理语言学等学科进行研究。这些方面的研究大大扩展了我国语言学的研究领域，填补了一些空白，加强了薄弱环节，使我国语言学在广度上向前发展了一步。

（九）语文教学问题的研究

语文教学的改进直接关系到千千万万在学青少年语文水平的提高，对于提高整个中华民族的文化水平有着重大的现实意义。为了提高语文教学质量，全国各省（自治区、直辖市）大都成立了语文教学研究机构，和教育行政部门及师范院校密切配合，开展有关语文教学问题的调查研究和学术探讨，组织语文教学讨论会，交流语文教学经验，举行语文竞赛，取得了不少成绩。1979年12月15日在上海成立了"全国中学语文教学研究会"，著名语言学家吕叔湘先生任会长，叶圣陶先生任名誉会长，语言学界对此是很重视的。

（十）语言学专著的出版

几年来随着语言研究工作的恢复发展，陆续出版了一些语言学的专著。各地学术刊物和高等院校的学报也发表了不少语言学方面的论文。其中影响较大的如吕叔湘先生的《汉语语法问题分析》、郭绍虞先生的《语法修辞新探》等，美籍著名语言学家赵元任教授的 *A grammar of spoken Chinese* 也已由吕叔湘先生翻译出版。此外，几年来还修订重版了一些"文化大革命"前出版的语言学专著及教材，如王力先生的《汉语史稿》和他主编的《古代汉语》、丁声树先生等著的《现代汉语语法讲话》、吕叔湘先生和朱德熙先生合著的《语法修辞讲话》、胡裕树先生主编的《现代汉语》等。近年来，由各地高等院校协作新编的一些汉语教材，如黄伯荣、廖序东主编的《现代汉语》和张静主编的《现代汉语》，也都在去年分别出版。与此同时，三年来各地出版社还陆续出版了一批通俗性、知识性的语文读物，其中以古代汉语和现代汉语方面的居多。据粗略统计，光是1979年，就发表了语言学论文约600篇，出版了语文著作上百种。

（十一）国际学术交流的开展

近两三年来，中国语言学界与各国同行朋友有较多的接触，加深了相互间的了解，交换了彼此的研究成果，促进了语言科学的发展。仅就1979年一年的统计，应邀访问我国和进行讲学活动的学者就有二十几批300多位，来自日本、美国、英国、法国、南斯拉夫、荷兰和澳大利亚等十多个国家，其中以日本和美国的语言学者到访最多。在座的波多野太郎先生、钟ケ江光信先生、樋口靖先生，还有藤堂明保先生、桥本万太郎先生、香坂顺一先生、望月八十吉先生、池田武雄先生、金一田春彦先生、牛岛德次先生等，都在去年访问过我国，给我们带来了学术，带来了友谊。在座的舆水优先生不久前还在我国度过了整整一年，为我们介绍了在日本教授汉语的许多宝贵经验，给了我们很大的启发。除此以外，单是去年一年，就有200多位各国语言工作者到我国进行汉语研究，如东京大学的研究生木村和岩田就分别在北京大学和南京大学进修现代汉语。

近年来，我国派出国外访问、讲学的语言学者也日见增多，去年一年就有七八批二三十人。去年这个时候，我国语言研究所副所长李荣先生就在这里做客，民族研究所副所长傅懋勣先生稍早一点也到这里访问过。去年 8 月在丹麦召开的第九届国际语言学会，10 月在巴黎召开的第十二届国际汉藏语言学会，我国都派出了语言学者参加，他们都在会上宣读了论文。

这次我应邀前来东京大学从事汉语教学研究工作，最近傅懋勣先生又应邀前来东京外国语大学亚非言语文化研究所，与贵国学者合作从事民族语言的研究，像这样频繁的学术交往，可以说是空前的。可以预见，今后我国和各国语言学工作者之间的交往必将更加频繁。我们热烈欢迎更多的日本语言学者到中国访问，交流学术，增进友谊。

上面拉拉杂杂谈了一些我所了解的点滴情况。今天主要是谈汉语文工作方面的，有关民族语文方面的研究工作情况，我知道得很少，这里就不谈了。傅懋勣先生正在日本，他是这方面的专家和领导，以后有机会可以请他介绍介绍。

总的来说，当前中国语言学界是一派兴旺发达的喜人景象。据我所知，今年下半年还将有一些重要的学术活动要举行。例如，秋天将要举行音韵研究的学术会议，筹备成立音韵学研究会，古文字研究会已预定在秋高气爽的时候于成都召开第三届研究会年会。全国语言学会正在积极筹备，定于年内成立。还有，我国语文学界正在筹备庆祝著名语言学家王力先生八十寿辰的学术活动，以叶圣陶、胡愈之、吕叔湘、叶籁士、周有光、倪海曙等 15 人为发起人，准备于 8 月 26 日在北京隆重召开"庆祝王力先生学术活动五十周年座谈会"，已发函国内外征集论文，准备编印《纪念王力先生学术活动五十周年论文集》。王力先生的几部专著《龙虫并雕斋文集》《同源字典》《汉语语音史》《诗经韵读》《楚辞韵读》，都将在不久出版。

我国语言学在前进的道路上也还存在着不少问题和困难，我们的研究人员还比较少，设备和方法还比较陈旧，学术水平还不够高，研究成果还不够多。一句话，还不能适应社会主义现代化的需要，和国外语言学先进水平相比，我们还有不小的差距。我们正在采取各种措施，虚心学习各国语言学方面的先进方法和先进经验，争取早日赶上先进水平。我们希望通过全国语言工作者的共同努力，逐步实现我国语言研究的现代化，使我国的语言研究工作更好地为实现四个现代化做出贡献。

我的话讲完了。谢谢大家。

语言规范与语言生活的多样化[①]

一

语言作为社会交际工具，作为社会上传递信息、承载文化最重要的手段，对社会发展和进步无疑产生着显著的推动作用。语言的规范化是语言发展中必然会遇到的现实问题。在现代社会里，人们往往把语言的规范看作一个民族、一个国家文明水平的标志之一。一种具有明确规范、能够充分发挥其社会功能的语言，被认为是民族意识增强、民族文化高涨的重要体现。

汉语是高度发达的语言，也是世界上使用人口最多的语言。汉语的规范化工作，包括具有特殊体系的汉字规范工作，长期以来一直受到有关部门和社会各界人士的深切关注，在我国语言文字工作中占有突出的地位。1949年，中华人民共和国成立以来，更把大力开展汉语规范化工作看作是贯彻、实行国家语言文字政策的重要一环。语言文字专业工作者围绕着汉语言文字的规范问题进行了卓有成效的研究工作，取得了显著的成果。随着社会的发展和语言的发展，随着汉语的应用越来越受到国外人士的重视，汉语在世界上地位的急速上升，汉语规范化工作不断出现新的情况，产生新的问题。如何与时俱进，从实际出发不断做好新时期的汉语规范工作，是摆在我们语言文字专业人士面前的重要课题。

二

语言生活多样化是现代社会的普遍现象。当今社会中人们的生活多彩多姿，表现在各个方面，经济生活、文化生活以至家庭生活都会有所反

---

① 原载于教育部语用所社会语言学与媒体语言研究室编《语言规划的理论与实践》，语文出版社 2006 年版。

映。而在人们的语言生活方面，作为社会交际工具、社会文化载体的语言，同样显示出日益多样化、日益丰富多彩的应用格局。语言应用多元化包括各式各样的形式和内容。在基本上普及全民共同语——普通话的地区，全民通用的共同语正随着社会的发展不断丰富、不断发展。在存在着多种语言或多种方言同时作为社会交际工具并存并用的地区，社会语言生活自然是多样化的格局：或双语并用、多语并用，如瑞士、新加坡等；或双方言、多方言并用，如我国南方一些方言众多的地区；或地方方言与全民共同语并用。我国大部分存在着方言的地区，过去是、现在是、将来也可能仍然是这样的语言应用格局。在各种类型的多样化语言生活中，都存在着并存并用的各种语言（方言）之间的关系问题。如何结合语言应用的实际，给社会中并存并用的语言（方言）以恰当的定位，是正确处理它们之间关系的前提。瑞士这个经济发达、现代化水平很高的小国，同时使用着几种不同的语言，政府规定法语和德语都属于官方语言，都具有"国语"的资格。加拿大的主要通用语言是英语，但魁北克省却明文规定以法语为官方语言，被称为"法语省"。新加坡是以华人为主体的小国，但出于历史的原因和政治上的考虑，英国人、马来人和印度人也是新加坡社会中的成员，所以在新加坡独立时，就宣布"华语"、英语、马来语、印度语四种语言并存，同时决定以英语作为工作语言及对外的官方语言。新加坡这种给国内多种语言定位的做法，显然是基于新加坡社会语言应用多元化及文化多元化的现实状况而采取的符合新加坡国情的政策，其模式与格局都不同于瑞士和加拿大。它们的共同点则都是从语言多元化、文化多元化的现实出发而采取积极面对的做法，结果都没有给这些国家的经济发达和社会进步带来阻力或造成影响。众所周知，瑞士属于欧洲经济比较发达的国家，加拿大属于西方七大工业国之一，而新加坡则是亚洲经济最为发达的"四小龙"之一。事实证明，语言应用的多元化、语言生活的多样化反映文化生活的多元化，是不会影响经济的发展、不会拖社会进步的后腿的。

　　刚才举了几个国外的例子，国内的情况又如何呢？在咱们伟大的祖国，出现双语（多语）并存、双方言（多方言）并存以及国家通用语和方言并存的地区，语言应用的多元化和语言生活的多样化又会带来什么样的结果呢？这就要视乎我们的国情和我们的语情了。首先，我们必须肯定：像我们这样一个幅员广阔、人口众多、历史悠久、拥有几千年灿烂文化的中华民族，是不能没有一个全社会通用的共同语言的。这就决定了长期以来我们国家始终不渝地贯彻大力推广社会通用语，人人学会普通话的"推普"政策。这是维护民族团结，齐心协力建设现代化社会，并大力提高文明水平不可缺少的条件。但与此同时，在少数民族地区，除了要尽力帮助当地人民学会掌握全国通用的共同语，使之在社会语言生活中能够发挥作用外，还必须充分保障各民族人民使用本民族语言的权利。这就实际上形成了在少数民族地区的社会语言应用是"国家通用语言（普通话）＋本民族语言"的双语应用格局。毫无疑问，两种语言都是社会通用语，对于未能掌握普通话的少数民族同胞来说，本民族语言可能就是他们唯一的交际语言。只有在学会了普通话以后，他们才能够达到时而用本族语言、时而用普通话的双语交替使用境界。至于在汉族人民居住的广大地区，特别是东南各省方言繁多、语言生活多样化现象比较突出的地区，一方面要花很大力气推行全国通用的普通话，使之不断巩固其作为社会上"主导语言"的地位；另一方面，在主导语言之外，仍然得让长期以来流通于当地社会的地方方言拥有一席之地，能够充分发挥其应有的作用。在方言与共同语并存的格局下，方言既不可能自动消失，也不可能完全丧失它在当地社会语言生活中的地位和作用。既然方言不可能消失，既然方言还有它发挥作用的余地，在国家通用的共同语进入方言地区并取得社会语言生活中的主导地位以后，方言在这个社会中继续服务于一定范围内的广大人民群众，继续发挥交际工具的作用，也就顺理成章了。这就形成了在中国各地大量存在的双语（方言）并存并用的格局。在"普通话为主，方言为从"的框架内，社会通用语和地方方言各司其职，相安无事，有主有从地在社会上发挥着各自应有的作用。我国南方千千万万方言地区的人民大众，正是处于这样的语言环境下——习惯于普通话不断推广、地方话始终保留的社会语言生活。实际上，当前在方言地区进行"推普"的目标并非要方言完全退出语言社会，而是要使原来只会用方言作为交际工具，过着单一语言生活的人民群众改变语言运用的习惯，通过学会普通话过渡到"普通话＋方言"的双语并用，实现从只说方言的单一语言生活向既说本地方言又说国家通用语言的双语生活过渡。由此可见，"推普"不但不会阻碍社会语言生活的多样化，反而有利于语言多样化的健康发展。当然，这种多样化跟国外某些国家或地区的模式并不完全相同。就目前的情况而言，基于我国的国情和语情，突出的表现也就是"普通话＋

方言"的语言应用双语化现象在南方方言地区的普遍存在。具体的做法就是倡导一种（普通话），保留多种（方言），有主有从，并行并用。

下面我们不妨再补充一个语言生活多样化的例子，看看作为我国特别行政区、实行一国两制条件下的香港的社会语言生活是个什么样子。香港回归以后，实行的是"三语两文"政策。"三语"是粤语、普通话和英语，"两文"是中文和英文。香港700万居民大都来自大陆沿海粤、闽、琼、沪、苏、浙等省市，其中，尤以来自广东珠江三角洲的最多，只有少数来自华北华中各省。至于外籍人士，总共人口占全港人口不到1%。回归前在香港社会语言生活中占主导地位的是粤语和英语。回归后社会语言生活中增加了普通话，"两语"变成"三语"，这当然也是语言应用进一步多元化的体现。但香港这一多元化的语言格局是与特别行政区的"特"字紧密相连的，跟上述国内各地由于大力"推普"而在方言地区形成的"普通话为主，方言为从"的双语并用模式是不相同的。换言之，拿粤方言通行的地区来说，在语言应用多元化的格局中，香港地区的粤语和两广地区的粤语所处的地位是俨然不同的。当今，粤语事实上在香港社会的"三语"中处于首要地位，也就是流通量最大的社会交际用语，实际上等于是全香港社会通用的语言，它的地位远远超过英语，在社会通用率方面也大大超过普通话。然而，两广地区通行的粤语，尽管使用的人口大大超过了香港，但在两广的粤语地区，通过"推普"让普通话和粤语并行使用之后，我们就得让作为国家法定的全民共同语——普通话在社会语言交际中处于主导地位，尽管一时不一定都能做到，但我们也得朝这个方向努力。可见，同时存在汉语方言与汉民族共同语（普通话）并存并用的语言社会，中国大陆和大陆以外的华人社区情况是不大一样的。香港的情况是让使用率最高的方言——粤语具有全社会通用语言的功能。新加坡的情况是让华人使用的多种方言都汇合到中国国内所推行的普通话（"华语"）中来，然后以这个华语作为新加坡76%华人的共同语言，跟马来语、印度语、英语组成一个四语并用、和谐相处的多元化语言社会。事实说明，语言生活多样化是世界各地存在的普遍现象，但在不同的国家和地区，相关语言和方言在多元化语言格局中的定位却各有不同，各具特色。了解和分析语言生活多样化在国内外的一些表现，对于我们掌握语言生活多样化的实质是完全必要的。在这个基础上，我们才能够从业已形成的语言应用多元化的现实出发来考虑如何理顺语言应用与语言规范之间的关系，结合语言生活多样化的实际进行语言规范化工作。

三

语言规范化的宗旨是通过这一工作使语言有明确的规范，从而能够更充分地发挥它传递信息、交流思想、承载文化的功能，使语言的应用达到最佳的效果，并引导人们正确地、有效地运用语言。语言规范对于多元化的语言应用，存在着如何很好地协调的问题，而不存在哪种语言冲击哪种语言的问题。按一般的理解，通常人们论及语言的规范化，包括语言本身的规范和社会语言生活的规范。语言规范首先要抓的是应用中的各种语言或方言本身的规范。拿我国当前各种类型的语言社会应用多元化的情况来看，在多元中往往处于主导地位的汉民族共同语（普通话），本身就是一种经过长期发展，不断充实内容、不断进行规范的高度发达的语言。这个高度发达的汉民族共同语，处在由各种不同的语言和方言组成的多元化语言大家庭中，其规范化的精神必然会感染到与之共处的其他语言或方言，促使多元格局中的其他语言或方言各自进入规范化的平台。这样一来，在多语多方言组成的语言大世界中，语言规范就不仅仅是某个语言，或者说是某个占主导地位的语言规范问题，而是构成这一多元化语言应用格局中各种不同语言或方言，为了更好地发挥语言的威力，按着各自的实际情况进行必要的规范的问题。

拿号称"强势方言"的粤语来说，在两广粤语通行的地区内，当地的语言应用格局基本上是"国家通用共同语＋粤语"这样的双语应用状态。值得注意的是，尽管从理论上和政策上说，国家通用的共同语——普通话理应处于主导地位，但实际上在相当多的场合，如熙熙攘攘的商场市集，当地的粤语却在社会交际中明显处于主导地位。粤语是完全能够独立自主地发挥其社会交际功能的。如前所述，粤语在香港（还有澳门）的多样化语言生活中早就明显处于"第一交际语"的地位，成为700多万港澳同胞生活中不可缺少的日常用语。像粤语这样的方言，它在应用中的规范问题，也就必然引起社会人士，特别是文教界人士的关注了。正因为如此，我们粤、港、澳三地研究粤语的专业人士一向十分关心粤语的规范问题。面对粤语音读上存在的某些歧异现象，从1990年我们就组织了一个粤语的审音委员会，经过长达十载的努力，基本上完成了审音工作，并且把审音的成果反映到随后编撰、于2002年正式出版的《广州话正音字典》中来。这部方言正音字典出版以来,粤语社会反应相当强烈,这就说明我们的粤语规范工作是很值得做的。

在这个语言生活日趋多样化、语言现象时刻在变化着的新时代,无论是社会通用的共同语还是地区性的方言,在进行语言规范的时候,都有必要认真对待以下几个方面的问题,使规范工作建立在科学、合理的基础上。

(1) 语言(包括文字)的规范不是为规范而规范,而是为应用而规范。要在应用中发现问题,在应用中进行规范。语言的应用是随社会的发展而发展的。因此,语言规范就必然要贯彻"从应用中来、到应用中去"的原则。要十分明确:语言规范绝不是套在语言使用者脖子上的绳索,绝不能成为语言使用者的束缚。半个世纪以前,我国把难认、难写、难读、难记的繁体汉字进行必要的简化,公布了《汉字简化方案》,这一汉字改革也是对汉字进行整理规范的一项重大措施。几十年来的实践证明,汉字简化正是从应用中来、到应用中去的具体体现。它符合语言文字规范化的精神,符合广大汉字使用者的利益。简化汉字减少了学习汉字的难度,减轻了汉字学习者的负担,有利于文化教育的普及,有利于加速扫除文盲,有利于从总体上提高人民的素质。语言规范工作牵涉到千家万户,影响到每一个语言文字的使用者。无论在哪个方面进行规范化工作,都不能闭门造车,脱离实际。规范化工作每走一步都得考虑是否方便应用,要把方便应用、有利应用这一原则认真贯彻下去。为此就必须深入了解社会语言生活的真实情况,在了解语言实际的基础上再来考虑规范取舍的问题,必须树立起一个观念:一种语言现象能够在社会上广泛流通,能够得到社会上的认可,必然有它存在的理由和价值。在进行语言规范时,一定要充分重视社会上广泛应用的语言现象,这也是"从应用中来"的具体实践。

(2) 语言运用是多方位、多层次的。任何一种使用较为广泛的语言,都可能以多种形式和不同的面貌出现在不同的场合和不同的环境中。语言规范一定要结合实际,以实事求是的态度来对待。不能一见语言中出现新奇的现象,或稍有偏离常规之处,就怀疑是否有损规范,应该加以摒弃,加以清除。当语言应用中出现新事物新现象时,我们应该不忙于判断是非;要冷静地观察,仔细地分析,耐心地等待;要意识到在当今多样化的语言生活中,不同语言或方言之间相互影响、相互吸收的现象比比皆是。

拿汉语来说，共同语与方言并存并用，共同语多彩多姿，方言也多彩多姿。来自不同方言地区的人相聚在一起，大家说起社会通用的语言——普通话来，也都难免"南腔北调"，不那么纯正。之所以有普通话水平等级测试的划分，正是考虑到不同方言区人民学习普通话的实际情况。广东人、福建人所说的普通话，带有浓重的乡音是可以理解的。南方方言区的人民运用普通话的词语时，总是难以百分之百地符合社会通用语言的规范。如果规范化硬性规定只能说"堵车"不能说"塞车"，只能说"稀饭"不能说"粥"，那就难免令京城以外的千千万万南方民众深感说起普通话来动辄得咎，信心不足。我们在海外华人社区中所能听到的华语（普通话、"国语"）乡音夹杂、不够标准的现象，那就更为普遍了。特别是在词汇的运用方面，一大批本地特有的"社区词"渗进方言区人民所操的共同语中来也是不足为怪的事。我们认为，在这种情况下，汉语规范化工作，一方面固然要坚守语音、文字、词汇、语法等固有的规范准则；另一方面对出现在不同社会语言环境中的一些差别，大可以视为无伤大雅，不必视为背离规范，觉得难以接受。换言之，同一语言在发展中由于所处社会环境不同而产生一定程度的"变异"现象，是语言应用走向多元化的必然趋势，我们应该以"规范中有所灵活"的心态来看待。例如，在新加坡使用的"华语"（普通话）中，有一些深具本地特色的华语语词，像"巴刹""组屋""德士""罗厘"之类，在华人的日常生活中经常要用到，就可以视为汉语应用在特定环境下的适当灵活，不必笼统地说成"违反汉语规范"。当然，如果新加坡华人到了北京，在北京使用华语交际时，自然应该改"德士"为"的士"、改"巴刹"为"市场"了。这种在特定环境下灵活使用语言规范的做法，不会构成对语言规范整体的破坏，更谈不上有损语言的纯洁和健康。语言规范要对应用中的语言现象有所选择、有所舍弃、有所提倡、有所反对的原则，绝不会因为在具体实践中有了一定的弹性而受到削弱。总之，在不同环境中使用具有明确规范的民族共同语时，仍需采取"可宽则宽，该严则严"的态度，别忙于在五花八门的语言现象中"拨乱反正"，别随便扣上语言污染的大帽子。对待新词新语的规范，一定要多看多分析，不能有急躁的情绪，要明白规范始终是滞后于语言的发展的，不能匆忙下结论，不能急于求成，而要用心汇集各种来到身边的丰富多彩的语言现象，耐心地进行爬梳剔抉，归纳整理，然后仔细看看每一种语言现象、每一个新出现的词语，到底在社会语言交际中，在信息的沟通和思想的交流中发挥着什么样的作用。我们最终总会有可能发现某些语言现象明显属于多余累赘的，甚至是有碍语言健康发展的，到那时再来提出语言规范的取向也不迟。只有通过一个审慎取舍的过程，才能够真正达到规范得当、去芜存精的目的，也才可以避免由于规范工作的粗疏而导致把语言发展中涌现出的许多异彩纷呈现象当作"脏水"一股脑儿泼掉的失误。与此同时，我们还要特别关注文艺作家笔下某些看似不大符合语言规范，但有助于增强艺术感染力的语言现象，同样要以灵活的态度来宽容对待，这才不至于令作家们感到语言规范给他们的创作带来太多的束缚，妨碍他们施展艺术才华。如果我们在语言规范化中始终板起一副语言卫道者的面孔，坚持民族共同语的运用在任何情况下都要"纯之又纯"的原则，不允许在任何条件、任何环境下有半点灵活的余地，那就不仅会使本来有可能表现出更加多彩多姿的语言趋于刻板无华，也可能影响语言规范在社会上的传播和普及。总之，语言规范化既要达到克服语言文字运用中的混乱现象，促使语言文字健康发展，又要使规范化的语言在实际运用中能根据不同的情景具有一定的灵活性和宽容度，使之能充分适应语言生活多样化的特点，体现出绚丽多彩的语言风貌来。

（3）在大力推广普通话而方言仍然在社会上广泛流通的情况下，面对这类"共同语（普通话）+方言"的双语（方言）格局，语言规范问题更应该结合共同语与方言的关系来考虑。汉语方言和汉民族共同语的关系本质上是"同源异流"的关系，具体表现就是"你中有我，我中有你"。汉民族共同语是在汉语北方方言的基础上发展起来的。在共同语形成、发展的过程中，也不断吸收方言中有益的成分来充实自己。在方言地区大力推行共同语的形势下，自然形成了"双语（方言）并用，有主有从，一种推广，一种保留"的语言应用总格局。在这个总格局中，方言所发挥的作用是不容忽视的。《现代汉语词典》近十多年来在修订和补编中就录入了不少生动活泼的方言词语。近期陆续出版的许多新词新语词典中，来自方言的词语也占相当大的比重。事实证明，在普通话的应用中，无区别地一味排斥方言词语的进入，动辄对其挥动干戈、口诛笔伐，凡方言词语皆扫地出门的做法是幼稚的、不明智的，既不适应当今语言发展的大趋势，也不符合语言应用多元化、语言生活多样化的时代精神。我们认为，规范化的全民通用共同语当然不能敞开大门，让形形色色的方言土语蜂拥而入。但是，如果不是无条件地蜂拥而入，而是有选择、有条件地把一部分方言词语"请"进共同语中来，那就是合情合理、值得提倡的了。有必要强调的是，方言植根于一定地域的广大人民群众之中，生动活泼的方言词语是人民群众在语言实践中长期积累下来的。方言还记录着、承载着本地区社会生活、民俗风情、文化历史等多方面的情况，是民族共同语所不能代替的。多元语言反映多元文化，绝不能低估方言在地域文化的承传与发展中所发挥的作用，体现地方文化特色的方言词语是语言宝库中具有强大生命力的一部分，在语言规范化中，理应加以好好保存，绝不能随意糟蹋。新加坡自1979年起连续在华人社会中大力推行规范汉语（"华语"）20多年，取得了举世瞩目的成效。后期意识到在规范、普及华语的同时，必须加强对华族历史文化的认识和传承，因而又对华人所使用的各种方言采取了比较宽容的态度，鼓励华人在学会规范华语的同时，保留对华语方言的掌握，这明显就是从华语方言与华族文化传承的关系方面来考虑的。

　　（4）语言生活的多样化往往也体现在各种不同的人群使用着各自长期积累下来的语言习惯中。这些语言习惯有的似乎不大合乎语言规范，却是约定俗成、不能随意改变的。这就牵涉到如何正确看待某些语言习惯跟规范化之间关系的问题。毫无疑义，语言现象的形成一般都是约定俗成的。可以说，约定俗成是语言最具普遍性的一个特征。有一些语言现象，尽管不合逻辑，一旦成为习惯，大家都愿遵守，习惯成自然，也就难以扭转乾坤了。这方面的实例在各种语言中都有，可谓不胜枚举。在纷繁的各种语言现象中，并非一切语言现象都是可以理喻的。支持某一语言现象产生并使之流通开来，甚至可以是某个偶然的原因。"约定俗成"几乎可以说是一条放之四海皆准的语言规律。不是也有什么"积非"可以"成是"的例子吗？约定俗成的"约"是什么？"俗"又从何而来？这就跟使用语言或方言的人民大众所处的社会历史文化背景、民族心理状态等不无关系。事实上，研究语言规范、推行语言规范是语文职能机构、语文研究机构、语文专业人士的事，而约定俗成、自然沟通却是千百万语言或方言使用者的习惯行为。要使语言规范与语言习惯能够水乳交融、互不抵触，语言规范就一定要充分尊重约定俗成的语言习惯，把人民群众应用中的语言习惯科学地提升为语言规范，再回过头以语言规范来引导人们正确运用语言习惯。这样一来，语言规范就能够充满活力，就能够在人们的语言实践中充分发挥威力。约定俗成是要相当时间的。今天还未能"俗成"的，也许过些时候就"俗成"了。一些现在人们可以接受的语言现象,一二十年前可能接受不了。如房地产业中常用的"广场""花园"这类词,十多年前我曾写文章反对过,如今似乎已经约定俗成,我也就犹豫起来了。又如字母词要不要"放行",要不要规范?这是近期语言应用中深受关注的一个热门话题。从规范化的角度来看,不能不审慎考虑,草率表态是不行的。诸如此类的问题,一旦达到约定俗成的地步,也就自然为大家所接受,没有什么考虑的余地了。

四

语言随社会的发展而发展。社会发生急剧变化的时候,语言的发展变化自然会比较明显。由于社会和语言都处于不断发展的状态,语言规范自然也应该是动态的、发展的,而不能是静态的、一成不变的。当今语言生活多样化的势头也迫使语言规范工作必须持发展的眼光,不能墨守成规,动辄"看不惯"。在语言发展变化比较迅速的时期,语言规范工作往往跟不上语言应用的需要,这也是不足为怪的事情。我国实行改革开放政策以来,社会各项事业迅速发展,经常出现一些反映社会发展的新词新语,不少引人注目的新奇语言现象令人耳目一新。电脑的普及更带来了形形色色前所未见的语言现象,语言生活的多样化不断有了新的内容。因特网上的语言在广大网民中流传,这里面有的可能是不符合一般语言规律的,对语言规范化既是挑战又是压力!我看也还是得冷静对待,切不可火上心头,大动干戈。有人说网上的语言大都是垃圾,更有人认为语言学家于根元教授不应该编垃圾字典(他编的是《网络语言词典》),摆出一副语言卫道者的面孔,我看这也大可不必!不是常说语言没有阶级性吗?网上的语言我看也是没有阶级性的,作为网民们通用的网语,同样也是一视同仁地为所有在网上聊天、交流的网民服务的。把能够在一定范围内发挥社会交际作用的语言一概视为语言垃圾,就大有商榷余地。总之,时代在前进,语言在发展。新鲜的语言现象不断来到身边,自然会给语言规范带来新的问题。我们只要本着"原则性与灵活性相结合"的精神,紧跟语言的发展,在语言发展中审慎对待语言规范问题,在千变万化的语言现象面前多看多思、冷静分析、耐心等待、静观其变,不忙于评头论足,不急于给众多的语言现象判断是非,这样就有可能与时俱进,以客观、科学的态度来处理好语言规范化与语言应用多元化、语言生活多样化之间的关系，使人们的语言生活在语言规范的指引下永远充满活力，永远丰富多彩。

　　上面拉拉杂杂谈了有关语言规范化和语言生活多样化的一些问题。说到底，要做好这方面的工作，关键还在于面对现实，加强调查，加强研究，才能心中有数，沉着应对。在结束这篇文章时，我想再重复几句我在许多场合都说过的话："在语言规范化工作中，要防止乱挥警棍的'警察行为'；语文工作者要少当语言的法官，少当语言的警察，多当语言的导游。让广大的语言使用者能够在绚丽多彩的语言大世界中遨游，尽情享受语言中的乐趣。"

试论方言与共同语的关系[①]

方言是民族语言的地方分支。汉语方言与汉民族共同语——普通话之间存在着种种关系，这些关系从不同的角度表现出方言与共同语的实质和异同。认清方言和普通话的种种关系，无疑将有助于我们正确地看待和处理当前语言生活中的一些问题。

本文试从五个不同的角度来考察和剖析方言和普通话之间的关系：

（1）从语言渊源方面看，汉语方言与汉民族共同语都是汉语历史发展的产物。它们之间的关系可比作兄弟姐妹的关系，却不能比作父子之间的关系。语言是民族的一个构成因素。汉民族有着悠久的历史，在汉民族发展的历史长河中，由于不同时期的不同社会历史条件和人文地理条件，汉族人民所操的语言自然会不断有所变化，时而分化、时而统一。各种不同的地方方言正是在这分化与统一的过程中先后产生的。有的方言形成于很早的时期，有的方言却是较晚时期的产物，这早已为研究方言发展史的学者所阐明。2000多年前扬雄编著的《方言》一书，已经反映了当时错综复杂的方言现象。秦始皇统一中国，实行"书同文"。文字的使用是统一了，可是，方言不可能因此就统统消失。在民族统一、国家统一的情况下，方言众多而又缺少统一民族共同语的局面毕竟不可以长久维持下去，确定一个全民共同使用的语言，总是有利于治国安邦，有利于社会发展的事情。对于汉语来说，共同语的形成正是以长期作为政治经济文化中心的北方汉语作为首选对象的，这个北方汉语实际上也是一个方言，只不过它是汉语中最具影响力、通行范围最广的一种大方言罢了。一个方言要成为共同语当然还得有所加工，有所规范，而不可能把原汁原味的方言原封不动地拿来作为整个民族的共同语。因此，我们现在使用的民族共同语——普通话，就明确界定了它的内涵：以北京语音为标准音，以北方话为基础方言，以典范的现代白话文著作为语法规范。在这三句话中，除了语音指明是以北京语音为标准外，词汇、语法提的是以北方话为基础，以典范的

[①] 原载于《语文建设》1997年第4期。

现代白话文为规范。把这三句话合起来看,显然就不是简单地把一个方言当成共同语了。正因为如此,我们现在还经常提到普通话不等于北京话,北京音虽然是普通话的标准音,但北京话中一些土音土词仍然被排除在普通话的门外,被作为"北京方言成分"来看待。北方方言既然作为共同语的基础,发展成为民族共同语,这就使它从方言的大家庭中上升到居于各个方言之上的地位,成为"老大""兄长",而其他方言也就安在弟弟妹妹的位置上了。正是因为汉民族共同语是在一个方言的基础上形成的,所以我们断定汉民族共同语与各地方言本是同源异流的关系,它们同是古代汉语发展的产物,说它们的关系是兄弟姐妹的关系,也就比较确切了。一个民族只能有一个共同语,既然汉民族共同语已在北方方言的基础上形成,其他地区的各种方言,也就不再有发展成为汉民族共同语的可能了。

(2) 从语言的性质和内涵看,方言和共同语都具有语言三要素——语音、词汇、语法,都具有语言所必需的完整体系。换句话说,方言和共同语都是能够独立运用的语言工具。我们说方言是民族共同语的地方分支,并不意味着方言只是共同语中的一个部分,而不是完整的独立的语言。正是由于方言与共同语有着共同的渊源关系,方言中的许多语音、词汇、语法现象自然也就跟共同语相同了。当然,除了相同的因素以外,方言中必然还会有一些跟共同语相异的地方。没有相同之处,我们就难以判断它们是有着共同渊源的方言和语言(共同语);而没有相异之处,我们也同样无法说明它们是共同渊源下的不同方言和语言(共同语)。因此,就语言本身的性质来说,方言和共同语既是各自具有语音、词汇、语法的完整语言体系,又是明显存在着"你中有我,我中有你""同中有异,异中有同"这种亲密关系的语言(或方言)。值得注意的是:方言和共同语都在发展变化,它们之间的关系也是动态地发展的。共同语形成以后,还会继续从其他方言中吸取有益的成分来丰富自己,例如20世纪30年代就有一些以上海话为代表的吴方言词汇被吸收到"国语"(普通话)中来。到了20世纪80年代以后,随着我国改革开放形势的发展,南方经济"先走一步"对北方产生影响,又有不少粤方言的词语被吸收到共同语中来。至于各地方言中不断涌入共同语的因素,那更是屡见不鲜、习以为常的事了。就这一点来看,方言与共同语并非相互排斥、相互对立的,而是相互吸收、相互补充的。在这双向影响的格局中,实际上是方言吸收共同语的因素很多,而共同语吸收方言的因素相对就比较少了。今天,举国上下正在花大力气推广普通话,在"推普"高潮迭起的方言地区,普通话对方言的影响尤为显著。普通话的词汇通过传媒影视等渠道进入方言的为数不少,有的方言甚至连语音系统也因经不住普通话的冲击而产生了变异。明显的例子就是吴方言上海话声调现在只有五个,而在老一辈市民的嘴里却是有七个声调的,这种声调的简化无疑是民族共同语对方言影响的结果。

(3) 从语言社会功能看,方言和共同语虽然同样具有作为社会交际工具的功能,但是,共同语一旦形成,它就向着作为全民族通用交际语的目标迈进,因为这正是共同语所应有的历史使命。这种作为全民族通用的语言必然要在全民族的每个地区得到普及,而国家和政府也必然会为推广和普及共同语而采取各种有力的措施,以保证共同语能尽快深入人心,普及到每个国民中去。要真正做到人人都会说共同语,处处都使用共同语,对于我们这样一个十三亿以上人口、方言复杂、地域辽阔的民族来说,自然是件很不容易的事。但是,建立共同语就是为了普及共同语,目标非常明确,立场不能动摇。经过长时间的努力,共同语的推广和普及,终究是一步一个脚印地在前进。目前,我国南方方言复杂的地区,"推普"已明显取得进展。就是在广州以至整个珠江三角洲这些方言习惯比较顽固的地方,近年来,会说普通话、愿说普通话的人也大大增加,社会语言环境已不再是只有方言独霸的局面了。共同语社会功能的充分发挥,当然就会相对削弱方言在社会上的作用和影响,这是一个统一的国家、一个发达的民族在社会进展中必然的结果,是符合国家民族的利益,也符合全体人民,包括方言地区人民的利益的。地方方言本来就只能作为地方性的社会交际工具,它的社会功能始终只在一个地区之内发挥,它跟全民通用的共同语在社会功能上的差别,实质上也就是语言应用中局部与整体的关系的体现。明确这一点,我们在看待方言地区的"推普"工作时,自然也就会因势利导,千方百计地为全民共同语在各方言地区的普及和推广鸣锣开道,会乐于做"推普"的促进派了。

(4) 从语言社会地位看,由于社会交际功能有所不同,方言和共同语通用的范围大小不一,这就决定了方言和共同语在语言社会中所处的地位有很大的差别。作为民族共同语,它是全民族乃至全国人民在一切公共场合和一切公务往来中共同使用的交际工具,这一公共通用语的地位,以国家的语文政策及其相应的语文法规为依据,并写进了《中华人民共和国宪法》以及有关的法律(如《中华人民共和国教育法》)中。国家还明确汉民族共同语——普通话对外代表我国作为联合国使用的六种工作语言之一。外国人要跟我们国家打交道，免不了要学会我们的普通话，因为只有普通话才能走遍全中国，只有使用普通话才能和中国的政府机构进行业务接触。普通话具有的这种资格和地位，自然是汉语各地方方言所不能具有的。众所周知，南方的粤方言一向被认为是汉语方言中最"强势"的方言，在两广地区、港澳地区以至海外许多华人社区，粤语的社会交际功能有相当充分的发挥，港澳地区甚至把粤语认作全社会共同使用的交际语，具有当地"共同语"的地位。但是，这毕竟只能看作局部的、个别的现象，跟港澳地区的特殊历史背景是不无关系的。就全国范围来看，尽管粤方言在两广地区拥有数千万的使用者，甚至外省也有人为了某种需要学习粤语，但这些使用粤语的人心中都非常明确：他们是在使用地方方言，而不是把粤语作为通用的共同交际语来看待。也就是说，许多说着粤语的广州人，也是意识到自己所说的是比民族共同语低一个层次的地方交际语，自己还需要学会比粤语作用更大、地位更高的全民共同语——普通话，才能走向更加广阔的社会，才能有立足中国、放眼世界的伟大胸襟。事实上，粤语不仅不可能跟民族共同语相比拟，甚至连作为广东省公共交际语的资格也不具备。因为广东省内的方言众多，东部、西南部、北部都有大片不属粤方言的地区，全省6000多万人口中，会说粤方言的大概还没有超过一半。因此，号称"强势方言"的粤方言，根本不可能成为广东的通用语，省内举行的各种大小会议和省内各地区间的业务往来，长期以来一直都是用民族共同语——普通话来进行的。由此可见，尽管目前普通话在粤方言地区的普及率还不够理想，还需大力加强"推普"的工作，但事实上任何方言在整个社会语言的格局中，其地位永远也不可能超越全民通用的民族共同语。任何一个民族和国家，只要是已经有了民族共同语，这个共同语在语言社会中就必然会处于主导的地位，而各地方言，大的也好小的也好，强的也好弱的也好，就只能处于从属的地位。有主有从，各就各位，这是符合语言社会应用客观需要的规律，是谁也改变不了的。在我国，除了由于特殊的历史背景和回归后将会实行特殊政策的港澳地区今后仍有可能保持以粤方言作为当地社会通用的"共同语"外，包括汉语南北各个不同方言区在内的全国汉族地区都将以共同语——普通话作为通用的主导语言，这是毫无疑义的。一个先进的民族和一个发达的国家都不能没有自己的共同语，民族共同语在国家发展、社会进步中所发挥的作用是任何地方方言所不可比拟的，明确共同语言和方言在语言社会中地位的不同，牢牢树立共同语为主、方言为辅的主从观念，就能把握住方言地区语言工作的正确导向，把方言地区的社会语言工作做好。

（5）从语言发展的前景看，语言是社会的产物，语言随社会的发展而发展，这是语言学中最基本的理论之一。方言和共同语言是语言大世界中两种不同类型的交际工具，它们同样都会随着社会的发展而有所发展。当前我国正处于经济建设蓬蓬勃勃，社会面貌日新月异的大发展时期，伴随着这种形势，汉语方言和汉民族共同语的发展前景如何？下面就这个问题略抒个人的管见。

第一，随着我国进一步贯彻改革开放的政策，社会主义市场经济日益发展，地区间的经贸往来不断增强，南来北往的频繁使共同语言的应用显得倍加重要。没有能够很好地掌握运用民族共同语的人将会感到诸多不便，甚至与这个时代格格不入。这种形势，在客观上必然有助于推动共同语的进一步普及。特别是在南方方言复杂地区，共同语的推广工作将会大大加强，以巩固和发展它在语言社会中的主导地位。与此同时，随着1997年、1999年的迫近，一向以粤语方言为通用语言的港澳地区，基于回归的认同感，和中央及内地兄弟省（市）之间的交往率的上升，也促使港澳同胞自发地掀起一个又一个学习普通话的热潮。这就使普通话在港澳社会中拥有一席之地，并且展示出进一步在港澳地区推广、普及普通话的美好前景。

第二，在一些方言处于"强势"的地区，共同语的推广只是立足于使普通话成为人人会说、人人爱说的一种共同交际工具，而并不存心要使方言从此消失。事实上，这类深深扎根于人民群众之中，历史悠久、流通较广的地方方言，是不可能因为共同语的进入而从语言社会中消失的。回顾我国推行共同语的历史，从早年的"国语运动"到近几十年的"推普"，绵延了将近一个世纪，多少仁人志士为此费尽心血，但从来也没有人提出过要完全"禁绝"方言的口号。"推普"的浪潮滚滚向前，方言区的人民会说普通话的越来越多，但谁也没有学会了普通话就放弃了方言。由此可见，今后在这些方言地区所要达到的理想境界，就是使共同语进入方言社会并取得主导地位，而同时保持方言作为配角与共同语并存并用。这实际上就出现一个"共同语得到普及，方言得到保存"的局面，以共同语作为社会公共交际工具和公务往来的语言，以地方方言作为乡亲交往、亲朋叙旧的语言。整个社会的语言格局就是以共同语为主，以方言为辅的双语并用的格局。对于当地人民来说，实际上是实现了语言生活中的一场大变革：每个人都从只会说方言母语的单一语言生活过渡到了既会说方言，又会说共同语的双语生活，并且能够自觉地运用共同语来作为社会公共交际的工具，自觉让自己最为熟悉的方言退到语言应用中的配角上来。

第三，在大力推广普及共同语的同时，某些方言之所以能够以配角的地位保存下来，是有它本身的条件的。除了这个方言具有比较强势的社会交际效能外，从文化历史的层面上看，地方方言作为当地民俗文化的载体，很可能承载着较为丰富的地方历史文化财富，这些财富是通过方言才得以保存下来的。这样一来，为了更有效地发掘乡土文化，更清楚地洞察民俗风情，往往就得借助于在社会语言交际中只是充当配角的地方方言了。例如，从事民间文艺工作的学者，发掘整理民歌民谣的音乐家，一向都很重视地方方言的作用，其原因也就在此。又如，客家人总爱强调发扬客家精神、弘扬客家文化，而客家文化往往就依附于客家方言之中。因此，也就有人提出"客家话应该保留""客家人要讲客家话"一类的口号来。不久前，笔者有缘出席在新加坡举行的一次世界客属恳亲大会，开幕式上几乎每个来自世界各地的代表都要说几句客家话，"客家人要讲客家话"的呼声不绝于耳。面对地方方言与维系宗亲之间的联系，与地方文化之间的联系如此密切的现实，在展望方言地区"推普"工作不断开花结果，而共同语与方言又以主从关系并存不悖的发展前景时，我们实在不能不关注到语言以外的许多因素，特别是地方历史文化的因素了。

综上所述，我们可以看到：方言和共同语的未来发展，必然是共同语越来越普及，而在共同语强大力量的冲击下，有的"弱小"方言可能就逐渐丧失自己的特点而融入共同语中去；另外，有些流通较广、文化历史基础深厚的方言，就可能原地踏步，在共同语的推广普及中偏安一隅，继续作为从属于共同语的辅助语言和共同语并存下去，在保存乡土文化、凝聚乡亲情谊方面发挥它一定的作用。毫无疑问，主次分明的状况将始终在这并存并用的语言格局中显示出共同语和方言不可逾越的永恒关系来。

普通话"南下"与粤方言"北上"①

一

在当前中国大陆的语言生活中,确实存在着"南下"与"北上"的现实。最近,香港《语文建议通讯》发表的文章《汉语方言势力探微》,分析了汉语各方言的状况后做出以下结论:"只有粤方言和北方方言是当今势力最强的方言。北方方言以北京话为中心,以传统的政治势力为基础,向异方言扩张,形成北方方言势力圈。粤方言则是以新兴的经济势力为基础,不断向周围施加影响,形成粤方言势力圈。这南北两大方言势力,在将来对立会更明显。"围绕着这个结论,有一些现象值得追踪,有一些问题值得分析,也有一些论点值得探讨。

二

说到追踪"南下"与"北上"的情况,我想首先还得重温一下人所共知的关于语言和方言的基本理论。

第一,语言是社会的产物。无论是当今的方言也好,共同语(普通话)也好,都是社会的产物,任何语言或方言都是社会性的,它的产生和发展,"强势"或"弱势",都要受到社会发展的制约。

第二,语言是交际工具。无论是当今的方言也好,共同语(普通话)也好,都是交际工具。共同语是全民的,自然会在全民族范围内流通;方言是地域性的交际工具,自然会在一定地域内流通。但交际并不限于在同一地域的居民之间进行,因此,有两种可能:一是这一地区的人到别的地区去时先学会别的地区的方言,用对方所习用的交际工具进行交际;二是不同地区的人齐齐都来学习共同语,碰到一块时都把自己习用的交际工具

---

① 原载于《学术研究》1993年第4期。

——地方方言暂时搁在一边,改用彼此重新学会的共同语来进行交际。这两种可能在现实社会中是同时存在的,使用前一种办法,遇到什么人就用什么方言交际,要学会多少方言才够用?显然难度比较大,但好处也不是没有,交际的对方听到你能用他的方言交谈,自然倍感亲切。但是,在当今这个社交日益频繁的现代化社会中,人们走南闯北,到处都会遇上陌生的方言,又怎能把自己有限的光阴和精力用来学习众多的方言呢?即使我们这些以方言研究为专业的人,能掌握多种方言作为交际工具的,也不过是寥寥无几。因此,只可能是后一种选择——大家都来学习一种全民族共同使用的语言,才是最有效的达到相互沟通、交流思想的好办法。而共同语的建立和推广,也就必然成为顺民心、合潮流的语言发展趋势了。

第三,共同语和方言之间的关系都是相互依存、相互吸收、你中有我、我中有你的关系,是长期共存,各司其职,而不是你死我活,互不相容。共同语一般是在一个方言的基础上形成的,但共同语的产生并不导致方言的消失,即使在共同语高度普及的情况下,方言也仍然会作为地方性的交际工具保存下去。共同语和方言是同源异流,共同语一经形成,其他方言就要服从于它,构成主从关系。任何一个主权国家,任何一个发达民族都必须建立自己的共同语,推行自己的共同语。中国的共同语就是建立在影响最大、威信最高、范围最广和人口最多的官话方言(北方方言)的基础上的,这是中国社会历史发展的必然,也是中国语言(汉语)历史发展的必然。只有长期以来作为中华民族政治、文化中心的北京,其北方方言和北京语音才能够有效地担任共同语(普通话)的角色,其他任何一种方言,都是不可能具备这一角色所需的条件的。普通话作为共同语,在全国范围内大力推广,已经经历好几十年的历史了。辛亥革命以后,就开始了"国语运动",与白话文运动一样,"国语运动"被看作五四运动中语文改革的重要内容,"书面语言白话化,口头语言国语化"。从那时一直到现在,推行"国语"也好,推行"普通话"也好,早期国民党政府和后来共产党领导的人民政府都是不遗余力的。推广普通话("国语")的政策建立在正确认识语言和方言的关系,正确认识语言发展的规律,正确认识语言工作促进社会发展的基础上,因而它必然会受到各方言地区人民的支持,也必然会受到海峡两岸人民的共同支持。

三

　　普通话"南下"是历史的必然，是共同语的使命，反映出中国社会语言生活的发展趋势。可是，就在这普通话大举"南下"，南方各省，特别是像广东、福建、海南等方言复杂，"推普"工作常常遇到不少困难的省份正在大力采取各种措施，促进"推普"工作持续健康发展时，却又在祖国大地上，响起了几声"粤方言北上"的插曲。一方面是广东粤语地区的许多群众正在掀起学习普通话的高潮；另一方面是广东省外的某些城市，包括首都北京和上海、南京、天津、武汉等地，却在悄悄地兴起一股学习粤语的风气。这种异乎寻常的"南北互学"的现象，是怎样产生的呢？我们应该怎样看待，怎样分析这种"南下"又"北上"的语言生活现象呢？

　　从实质上看，"北上"和"南下"都是语言生活的发展，都体现了语言流通领域的扩展，都是语言适应社会发展，语言服务社会需要的明证；既有"南下"又有"北上"，也说明了在充当交际工具时，方言和共同语是具有同样的职能的。能不能在更广阔的地域内充当交际工具，并不取决于共同语和方言本身的条件如何、内涵如何，而是决定于社会发展所引起的语言生活的需求，以及人们对该语言（方言）的推广所采取的态度。即便是社会发展明显需要共同语迅速扩展流通范围，而能否达到快速扩展的目标，仍然有赖于人们的积极学习和积极推广。同样是方言复杂的地区，有的地方"推普"成效大，有的地方却成效小、见效慢。拿广东来说，潮汕地区的闽方言跟共同语的差距绝不比珠江三角洲地区的粤方言小，但是，"推普"的情况，共同语在社会上流通的情况，潮汕地区就比珠江三角洲好一些。原因无他，只因为潮汕地区比起珠江三角洲地区来更为重视"推普"一些，潮汕人学习普通话、推广普通话的积极性比珠江三角洲人要高一些。语言（方言）是由人掌握、供人使用的。没有语言使用者自觉地掌握和使用某种语言（方言）的积极性，共同语也好，方言也好，都不可能充分发挥它作为交际工具的功能，尽管这种功能无疑是任何语言或方言都具备的。普通话在香港不可能像在内地那样发展成为香港社会通用的交际工具，也并不是因为普通话本身有问题，而是因为现时香港的社会生活中还缺乏对普通话的广泛需要，不会有很多人像中国语文学会、普通话研习社的朋友们那样来热心推广普通话。因此，我看目前普通话在香港也就只能作为一种补充的交际工具，而不能像粤方言那样作为主要的社会交际工具。有人预测到了1997年以后，香港的语言环境也许就会有较大的变化，借着政治的力量，普通话的地位会大大提高，普通话的流通范围会大大扩大。这种估计当然不无道理，因为从来语言的推广总要依靠一点政治、经济、文化的力量来帮助，拿中国的情况来看，长期以来总是以国家的强大政治力量来保证共同语（普通话、"国语"）的顺利推行（具体体现为政策的制定和自上而下的组织贯彻）。近期广东、福建、海南等省为了使普通话能够在省内迅速普及，相继采取了一些行政措施，发布了一些指令性的文件，督促有关部门认真贯彻，抓紧落实。敏感的香港朋友想到1997年香港回归后，香港特别行政区政府大概会采取类似广东、福建、海南那样的行政措施。果真如此的话，当然会有一定效果。但是个人认为，行政措施、政治力量始终还得和群众的自觉性、积极性结合起来才能充分发挥作用。广东省的"推普"经历了这么多年的工作，可谓三令五申，也有过不少的措施，但始终未能达到预期的效果，这跟广大群众学习普通话的主动性和积极性尚未能充分调动起来是大有关系的。语言是发展的，共同语在发展，方言也在发展。共同语（普通话）的发展路向是向全国各方言区普及，使之在全国范围内畅通无阻，使各地方言逐渐缩小流通的范围，最终只存在于亲友的交谈中，不出现在社会交往、公务办理的场合，也不作为教学、宣传的工具，或见诸书面的语言。方言的发展路向可就不能一概而论了。一般而言，大多数的方言难以抵挡共同语强大势力的冲击，在普通话推广工作做得较好的方言地区，方言会沿着逐渐缩小流通地盘，逐渐靠拢共同语的方向发展。但是，方言的情况千差万别，它们在社会生活中的地位和作用也很不一样。在社会发展的一定阶段，当一个方言具有某种特殊条件，社会上对这个方言的需求骤然增加时，这个方言的社会交际功能会迅速提高，此时它的发展路向也会有别于其他的方言，所谓"强势方言"大概就具有这种性质。"强势方言"不但不会急速向着趋同于共同语的方向发展，还可能在一定范围内由于自身的发展，形成跟共同语齐头并进，不断扩大流通、拓展地盘的局面。汉语各大方言中，有迹象显示出具有这种发展趋向的就是港澳地区通用的粤方言。所谓"粤方言北上"，我想就是针对粤方言这种发展路向而言的。其具体表现就是一部分粤方言区以外的人，包括省内和省外的，他们或为了个人的某种特殊需要（如有意移居通行粤方言的海内外地区等），或为了开展和粤方言地区的各种经贸往来，纷纷学起粤方言来。

　　粤方言这种"北上"的表现，引来了各种不同的议论。有的人对此有点担心，把它看作和语言发展的趋势背道而驰，是"开倒车"，难免要给"推普"带来一定的阻力；有的人却认为粤语"北上"并不值得大惊小怪，它反映出方言的作用不容低估，方言的力量不容忽视；也有的人持赞赏的态度，说粤语的"强势"打开了语言应用多元化的大门，符合现代语言生活的潮流。在一些人的心目中，粤语显然已成为有势力、有权威的汉语方言，非同一般的方言了。

　　对于粤方言这种向外扩展的现象，我们不能不认真地分析一下：产生这种现象的背景是什么？如前所述，语言和方言的发展总是要受到社会因素的制约的，从理论上说，政治、经济、文化都可以是影响语言和方言发展的重要因素。但是，由于中国的社会长期处于政治、经济、文化三位一体的格局，政治中心往往也就是经济中心和文化中心，经济的因素和文化的因素单独影响语言（方言）发展的情况很少见到。拿共同语的形成来说，从古代的"雅言""通语"到近代的"官话"，莫不以政治中心帝都京城的方言为基础。一旦国家处于分裂状态，出现了多个政治中心时，语言（方言）也就可能跟着出现多个不同的中心，形成一些语言（方言）的势力圈。近代海运大开，自从西方经济进入中国，打破了中国长期封闭式的小农经济体系以来，政治左右一切的情况稍有改变。上海在20世纪30年代已发展成为中国经济的中心，那时候上海话（吴方言）颇为吃香，某些上海方言的语词还进入共同语的词汇中（如垃圾等），显示出经济的发达对方言地位的提高也有一定的作用。但由于中国整体上仍是经济小国，政治、文化的力量仍大大超过经济的力量，属于弱势的中国经济，不能在社会的发展中起主导的作用，自然也就缺乏足够的力量来影响语言（方言）的发展路向了。雄踞全国经济中心地位的大上海，其方言除了在地方戏曲、说唱节目及部分江浙籍作家的作品中有所露脸外，就只能对同属吴方言区的周边县（市）方言产生一定的影响。例如，吴方言传统上一直是以苏州话为代表，后来就从苏州移到上海了，这跟上海经济地位提高，上海方言在老吴语的基础上有所发展都有关系。但那时上海的经济发达还没能达到使全国南北各地的人都"趋之若鹜"，感到非尽快学会上海话不可的地步。因此，20世纪30年代上海经济的繁荣仍然没有使上海方言（吴方言）在大江南北各地迅速扩展"地盘"，而作为普通话基础的北方官话地区，在各方言中始终处于主导的地位。当代中国政治、文化的中心依然是以北京为代表的北方。但自从近十多年来推行以经济建设为中心和改革开放的路线以来，南方粤方言地区珠江三角洲一带，经济发展突飞猛进，引起了海内外的瞩目。在这种新形势下，经济因素对整个社会发展所产生的作用，已非30年代所能比拟，而社会语言生活的变化，也越来越受到社会经济发展的影响。在粤方言地区，一方面由于大力发展外向型的经济，促使经济持续上升，必然要进一步拓展国内外的市场，各方言区人民的交往日益频繁，非加快"推普"的进程，使共同语尽快普及不可；另一方面，随着经济的发展，四面八方的人士纷纷涌向珠江三角洲，这些外来人为了克服方言的隔阂、方便工作的开展，又产生了学习粤方言的愿望，这就无形中提高了粤方言的地位，扩大了粤方言的社会交际功能。这股学习粤语风气的出现只不过是近十年八年的事，但发展的势头却很不小，它产生于改革开放带动经济迅速发展的形势下，近年更明确要在全国范围内发展社会主义市场经济，促使粤方言地区的经济更加迅猛发展，粤方言对外界的吸引力又随之更进一步增强，其结果就使得这样一个"普通话南下，粤方言北上"的双向发展语言生活格局日渐形成。事实非常明显，这样一个语言生活格局，只有在20世纪八九十年代才有可能形成，因为只有这样一个历史时期，中国实施了以经济为中心的政策，实施了对外开放的政策，并且首先以广东作为对外开放的经济改革试验区。珠江三角洲的经济起飞离不开外资的引进，而外资的涌入又跟几百万以粤方言为主要交际工具的港澳同胞和海外华人分不开。内地人要走珠江三角洲改革开放之路，也非努力掌握港澳同胞、海外华人交际的语言工具——粤方言不可，这就使粤方言不仅作为本方言区人民之间的交际工具，而且成为中国各地人民直接与港澳同胞、海外华人洽谈商贸，互通往来的重要交际工具。"入乡随俗"，全国各地近年来纷纷组团赴港举办各种招商、贸易活动，其中很多人都深感"会讲粤语跟不会讲粤语效果不一样"。说到底，还是工作的需要把许多外省人（以及部分省内非粤语区的人）吸引到各地开设的粤语培训班上来，正如工作的需要把不少只会说粤语的人吸引到普通话研习社的教室来一样。深入分析今天粤语能成为"强势"的方言，能吸引不少人来学习的原因，除了明显的社会经济发展因素外，还有文化的因素也在当中扮演着一定的角色。君不见近十年来粤语唱片、磁带充斥内地市场，令你走到哪儿都能听到香港艺人的歌声吗？这些年来，港制电视连续剧不断走上内地的荧屏，尽管有的也配上普通话对白，但其中的插曲仍是用粤语唱的，一曲《霍元甲》就把粤语带到了大江南北。更有甚者，粤方言词语经常出现在一些颇为畅销的粤方言区文艺作品中，并大量出现在港、澳、穗的报刊和广告语言中，这些都为粤语的传播推波助澜，对粤方言地位的提高、影响的扩大产生了不可低估的作用。20世纪30年代上海方言吃香之时，吴语并没有大量出现在书面上、影剧上或广告上，所以吴方言还难以传遍四方，这一点无疑也是形成今天的粤语跟其他汉语方言地位显著不同的重要因素。

四

分析了"南下"和"北上"的情况和成因，我们得出了以下几点结论。

（1）普通话"南下"和粤方言"北上"，反映出在"以经济建设为中心""大力发展市场经济"的形势下，政治、经济、文化诸因素正在全面影响社会语言生活的发展，长期以来主要靠政治因素左右语言（方言）发展的局面已经被打破，经济因素制约语言（方言）发展的作用在粤语"北上"中正充分显示出来。只要中国发展经济的方针政策不变，改革开放的形势不变，珠江三角洲经济发展的领先地位不变，作为中国经济最发达地区和港澳地区以及海外华人主要交际工具的粤方言，今后还有可能会进一步扩大影响，进一步为更多的外地人所乐于掌握。

（2）尽管经济因素对社会语言生活的发展能够产生影响，但在制约语言发展诸因素中，仍然是政治因素更为突出。大力推行民族共同语——普通话是国家制定的语言政策，它写进了国家的宪法，既符合了全国人民的利益，又是建设现代国家必不可少的语言条件，政府必然要从政治上采取一系列有力的措施来保证"推普"的顺利开展，这是任何一种地方方言不能与之相比的。"推普"是"大局"，方言的扩散是"小局"，粤方言怎么扩散、怎么"北上"，在中国的社会语言生活中始终只能是支流，绝不会导致普通话"地盘"的缩小，不会影响普通话普及的进程。随着国家现代化事业的发展，普通话的社会需求越来越大，"南下"之风将越吹越劲，这是我国语言（方言）发展的必然趋势。粤方言和普通话会同时得到发展，但它们将始终保持主从的关系：普通话是主导，"南下"是主流；粤方言是从属，"北上"是支流。

（3）语言生活多元化是当今世界语言发展中带有普遍性的趋势。双语并用或多语并用在许多国家中存在，众所周知的是瑞士一国通用多种语言，加拿大属英语世界却保留一个魁北克省通行法语。在东南亚地区，新加坡是有名的多语国家，有效地实行着双语政策；而南亚次大陆的一些国家，语言繁多却又未能很好地实行多语政策，以致常因语言争端出现流血事件。我们中国既有50多个民族各自的民族语言，又有一种各民族都乐于运用的汉民族语言——普通话作为相互沟通的交际工具；在汉语地区，一方面推广普通话，另一方面让方言流通，也有的地方除了普通话以外还同时通行两种地方方言。广东省内几乎处处都是双语、双方言的社会：潮汕人既说潮汕闽语又说普通话；客家人既说客家方言又说普通话；还有不少潮汕人、客家人也会说粤方言，能够用省城的方言交际，那又是"三语并用"了。香港地区情况特殊，既通行粤方言，又使用英语，相当多的人也会说一点普通话，同样是三语的社会。可是，即使每个国家都有自己的共同语，语言生活的现实也不可能保持"一花独放"的单调局面，多元化的语言生活不会妨碍社会的进步，不会影响社会的和谐。会说普通话的人不满足于只说普通话的单一语言生活，会说方言的人又以不懂普通话为憾事，这样的心态只会有利于我们社会的发展，有利于我们的现代化建设事业。绝不能把"推普"和学习方言对立起来，更不能把用方言交际看作"大逆不道"。我们的语言工作，目标应该是既大力推广普通话，又继续发挥方言的作用，要面对语言生活的现实，根据各地不同的情况，因势利导，把大力"推普"和发挥方言作用很好地结合起来，分清主次，明确目标。在广东这样方言复杂的地区，更要注意摆正方言和共同语的位置，要竭尽全力、千方百计使群众尽快掌握普通话。在这个前提下，也要关心方言运用的情况，做好粤方言审音正字的工作，以达到既普及共同语，又正确使用方言的目的。倘若大家都能用共同语作为社会主要交际工具，而又能以方言作为社会辅助交际工具，我们方言地区人民的语言生活，就算是相当美满的了。

社会语言文字应用的现象值得重视[①]
——广东语言文字应用调查的一些启示

一

在改革开放的大潮中,语言文字的应用牵涉到方方面面,也直接影响到我国社会主义现代化的建设。新中国成立后,国家制定了一系列的社会语言文字应用政策,在汉语规范化、推广普通话、推行汉语拼音方案等方面都做了大量的工作,取得了明显的效果。20世纪90年代以来,更采取了许多新的措施,加强了社会语言文字工作的力度。例如,建立了普通话等级测试制度,培养了一批国家级和省级测试员,推动"推普"工作登上新的台阶;从1998年开始,国家明文规定每年9月第二周为全国推广普通话宣传周;近期全国人民代表大会教科文卫委员会又起草了《中华人民共和国国家通用语言文字法(草案)》,正在广泛征求各方面的意见,准备提交全国人大常委会审议。与此同时,经国务院批准,教育部、国家语委等11部委于去年开展了全国范围内的语言文字使用情况调查。种种迹象表明,语言文字的社会应用问题越来越受到党和国家的重视。

全国哲学社会科学规划办公室制定的"九五"规划列入了由暨南大学詹伯慧教授等申报的课题"当前社会语言文字应用不规范现象调查研究",作为国家社会科学基金资助项目。这是一个富有现实意义的语言文字研究课题,在通过立项后,课题组成员立即制订计划,着手调查。考虑到人手和资金的条件,把调查的选点范围设定在广东省内几个不同方言区的代表城市中。经过三年的调查研究和归纳分析,这一项目已在去年完成预定计划,编写出《广东地区社会语言文字应用问题调查研究》一书,于2000年8月由暨南大学出版社出版发行。

---

① 原载于《学术研究》2001年第8期。

二

众所周知,广东是全国方言最多、社会语言应用情况最为复杂的地区之一。在广东省内,始终难以改变在不同地区使用不同方言交际的局面。只有省会使用的粤语(广州话),以其作为汉语方言中"强势方言"的地位,才在全省范围内有较大的流通"市场"。这样的语言生活环境给长期以来不断进行的推广普通话工作带来许多困扰。特别是在以珠江三角洲为基地的粤语地区,"推普"工作更是一大难题。在书面语言——文字的运用方面,广东地区也存在着一些外省少见的现象:方言字入文的情况相当普遍,文字规范意识比较淡薄,使用汉字的随意性较为突出。面对这样的实际,语言文字专业人士自然不能无动于衷。暨南大学汉语言文字学博士点的师生,本着语言研究为语言应用服务,语言理论与语言实际相结合的精神,抓住广东三大方言区在语言文字应用中存在的各种问题开展调查研究,掌握大量第一手材料,认真归纳分析,找出问题所在,提出处理意见,这不仅对广东省的社会语文工作会有明显的促进作用,对全国范围内的语言文字工作无疑也有一定的参考借鉴作用。

三

认识、研究广东社会语言文字的应用问题,不能脱离广东特殊的历史文化背景。我们经过调查,并参阅了一些有关文献,认为由于地理位置、社会历史、经济发展、居民构成等诸方面的因素,广东的文化具有明显的独特个性:第一,开放型的文化心态。第二,兼容性的文化品格。第三,超前性的文化意识。

这些个性对于广东社会语言文字的应用不无影响。特别是改革开放以来,广东作为"先行一步"的地区,经济上的迅猛发展更难免带来文化上的相应变化,而文化上的变化又难免在社会语言文字的应用上有所反映。通过现实的了解和历史的追溯,我们隐隐约约地感到历来广东在社会语言文字的应用上多少透露出以下几个方面的气息:

(1)一般人使用语言文字,以实用、达意为目的,不大讲究划一、规范,社会上对于语言文字的运用也较多持宽容的态度,语言文字研究者一般不大挑剔社会上语言文字应用中出现的问题，比较尊重社会上既成的语言文字习惯。

（2）历来广东学者的文化正统意识比较淡薄，而自主意识又比较明显，这就为方言文学的发展提供了特有的土壤。在方言文学中，方言词语、方言语法，以至方言特有的文字自然也就跟着入文入书。今天出现在粤语中的几百个有别于通用汉字的粤方言字，其根源就在于方言文学（地方俗文学）在广东一直通行无阻。

（3）广东浓郁的地域文化也给社会语言文字的应用带来了与众不同的语言风格。善于创造运用反映时代特色和地方特色的新词语，善于及时吸收外来词语，近期甚至发展到在汉字中夹入外国文字的语码混用现象也时有所见。对此，一般人似乎也大都见怪不怪，持宽容态度。

尽管如此，和以往相比，近20年来，广东社会语言文字应用的情况还是有了一些明显的变化。社会上对语言文字规范化的认识，特别是对在广东这样方言复杂地区开展"推普"工作的迫切性的认识，不断有所提高。上至政府领导，下至民众百姓，都从自身的生活实践中逐步意识到语言文字的应用对于促进广东的现代化建设，对于发展改革开放的大好形势，都是至关重要的。自从改革开放先走一步，社会主义市场经济蓬勃发展以来，省外民工不断涌入广东，高峰时一年有1200万人次。有的地方已经形成外来民工人口比本地原居民人口还要多的局面。操着外省口音的民工大量进入广东，迫使广东人不能不考虑社会语言交际问题。与日俱增的外来人群，给广东方言地区，特别是粤语地区的"推普"带来了极大的推动力。企业的管理人员不懂普通话，如何跟广大的工人群众沟通，如何在工厂里营造起和谐团结的良好氛围？调查统计表明：这些年来，在向来方言势力最大的珠三角粤语地区，大大小小各种类型企业的管理人员，都悄悄地学起普通话来。那些长期以来只习惯于用粤语做报告的大小干部，如今开起会来也都改说起不标准的普通话来了。经济发展直接推动"推普"工作，这不正是最好的明证吗？

在社会文字应用的规范化方面，经过多年来的大力提倡，省、市语委的督促指导和语言学界的紧密配合，在不断采取各种措施的情况下，社会上那种"无所谓"的心态也逐步有所改变，虽然这方面的问题还很多，近年来毕竟也出现了像"北京路一条街"这样招牌用字基本上符合规范化要求的样板。而曾经被认为屡劝不改的"广州火车站"上"广""车"

两个用繁体书写的大字，也终于换上简体汉字了。值得一提的是，广州市在抓社会用字规范化时，是结合市容的整顿和精神文明建设的工作来开展的。把社会语言文字的规范化工作放到精神文明建设中来考虑，看来是最能生效的一着。这使人想起从1987年开始广州市的公交车辆一直坚持下来的同时用普通话和广州话报站的措施，在服务乘客中推广普通话，深受广大乘客，包括外地不懂粤语的乘客和省内不懂普通话乘客的欢迎。当时这一举措正是为了迎接第六届全国运动会在广州举行，作为树立广州良好形象、做好精神文明建设的一环来抓的。从80年代中期以来，为了推动社会语言文字应用规范化的进程，广东的广播台、电视台推出了一套又一套学讲普通话的节目，省、市语委办起了一期又一期的"推普"干部培训班，举行了一次又一次的比赛评奖活动，这些对于唤醒全社会来关注语言文字应用问题，改变人们对语言文字问题的冷漠态度，无疑已经产生了积极的作用，取得了一定的效果。在看到这些年来广东在社会语言文字应用方面产生的一些良性变化的同时，我们更要看到当前存在的一些实际问题。通过调查我们了解到，一些入粤谋求经济发展的外地人士，他们不同于那些只是出卖劳力的民工，为了企业发展和经贸往来的急需，在广东人忙着学习普通话的时候，这些外地人却又悄悄地学起广东的粤语来。以粤语为载体的粤港通俗文化，特别是市场文化，也随着经济的扩展而往外扩散。这在客观上又难免扩大了粤语的影响，形成了所谓"普通话南下，粤方言北上"的局面。这种普通话和粤方言双向影响的局面，反映出语言的社会应用总要受制于人们的客观需要。对于只会说粤语的广东人来说，当今社会经济、文化的发展，南来北往的频繁促使他们非用只争朝夕的态度尽快学会普通话不可；而对于外地入粤发展的人士来说，他们大多已经熟练掌握了普通话，为了更快更好地融入通行粤语的当地社会，自然也就有迫不及待地学会粤语的愿望了。共同语和方言都是交际工具。只要在一定的场合有人用它进行交际，它就会存在下去，就不会从人们的口中消失。粤语作为"强势方言"，既然有那么多非粤语区的人也有兴趣在学在用，它的影响无疑有所扩大，这就难免给普通话的推广工作带来一定的冲击，更增加了粤语区"推普"的难度。而那些对"推普"的重大意义认识不足、地方观念较强的人，也就容易闯进认识的误区，对在粤语明显处于强势地位的情况下开展"推普"工作有无必要和能否奏效都产生了怀疑。而广东省内原先并不通行粤语的其他方言区，由于对"推普"缺乏正确的理解和坚定的信念，见到粤语备受青睐的迹象就连忙跟风，不积极学好普通话反而热衷于学起粤语来。有人甚至说粤语是省内的"普通话"，把地域方言和全国通用的共同语等量齐观，这实在是太糊涂了。在这种糊涂认识的指引下，粤语在非粤语区的传播，其势头并不亚于"推普"。据调查，粤东有的地区，近一二十年来，由于深受粤语区经济、文化的影响，学习粤语的劲头很大，如今大部分居民都会说粤语。再以深圳为例，居民来自全国各地，普通话自然成为社会交际的主要用语，但当地原说客家话的居民，一方面从大流学讲普通话，另一方面也都学讲粤语，这样就使深圳这个以外来人口为主、拥有300万人口的特区都市成为以普通话—粤语双语并用为主，兼容多种其他方言的语言应用多元化社会。深圳的现象有力地证明了语言的应用和发展跟社会经济文化的发展、人口的组成和变化是紧密相连的。面对这种双语乃至多语并存并用的局面，我们完全有必要多做语言规范化的宣传教育工作，因势利导使双语（多语）并用定位在"一语为主，多语并存"的格局中，牢固地树立起普通话在社会语言应用中的主导地位。

传播媒介对于社会用语用字的规范有着很大的影响。广东各地的大小报纸，在使用民族共同语为基本框架之外，大都或多或少夹进一点地域性的语词，并且使用了一些不懂方言的读者无法看懂的方言字，这对语言规范化难免产生一些负面影响。多年来报刊上对此有过不少的议论，我们在调查中深感这个问题不容忽视，建议报刊的编者和作者不要过多过滥地使用方言土语，更不要在报纸上随意出现不规范的汉字。近期，在全国范围内出现的一些乱造简体字、滥用繁体字的现象在我们调查的几个广东不同方言区的城市中都有所表现。整顿社会用字混乱现象是各级语委的重要工作之一，广东省及各市语委在这方面花过很大的力气，也取得了一些成效，但由于缺少经常性的监督和各方面的配合，迄今仍未得到彻底的解决。在这个问题上，我们认为对待方言词语和方言用字都应该有一个适当的尺度，我们并不反对在某些反映方言地区特有事物、特有现象时，适当使用方言区人民群众创造的富有地方色彩的方言词语，以增强文字的表现力。但如果你在民族共同语中可以找到很好的词语来表达，就得多多考虑，是不是还要用方言词语来表达呢。对于那些非出现不可的方言词语，如果估计一般本方言以外的读者不容易理解，就得加上必要的注释，这种对读者负责的态度，无疑是不可少的。

四

  如上所述，我们通过调查既看到了改革开放 20 多年来广东社会语言文字的应用在贯彻国家语文政策中取得的一些成绩，整个语言文字大环境有所改观的一面，同时也看到了在推行语言文字规范化方面仍然存在着许多有待我们去努力、去改进的问题。要解决好存在的问题，我们认为，关键还在于加大社会语言文字工作的力度，结合城乡精神文明建设，动员广大干部群众都来模范遵守语言文字应用的各种规范，认真克服对待语言文字的"无所谓"思想，彻底扫除粤语区干部群众中残留的"方言优越感"，真正把广东地区的社会语言文字应用当作促进社会主义现代化的一项重要工作来抓。报刊传媒更要加大对语言文字工作宣传报道的力度，切实把好语言文字关，不让那些毛病百出的语文现象进入读者和观众的眼帘。与此同时，要在整个社会营造一个人人重视语言文字规范、人人抵制语言文字运用混乱现象的良好氛围。语言文字职能部门，还要切实负起检查、指导、督促的职责，坚持经常举办各种语言文字工作人员培训班，经常开展生动活泼的交流、评比活动，使广东的社会语言文字工作能够更好地适应社会主义现代化的需要，为广东的精神文明建设做出应有的贡献！

谈谈对外汉语教学[1]
——在澳门世界汉语教学研讨会上的讲演

近十年来,随着改革开放政策的推行,我国和世界各国的交往空前频繁。在许多国家和地区,学习汉语蔚然成风,前来我国学习汉语的外国朋友络绎不绝,在这种形势下,对外汉语教学的担子越来越重,早已不是北京语言学院、北京大学等少数几所高等学校所能挑得动的了。目前,我国负有对外汉语教学任务的院校已遍布南北各地,面对滚滚而来的学汉语热潮,一些准备欠周的院校也只好匆忙上阵,搭起对外汉语教学的班子来。在这种情况下,如何把这一工作做好,不能不引起有关方面的关注,特别是语言学界的关注。这些年来,有了专门研究这方面问题的学术机构,有了专门发表这方面文章的刊物,还开过多次世界性的和全国性的对外汉语教学研讨会,显示出对外汉语教学事业正方兴未艾、蓬勃发展,也说明对外汉语教学问题还有许多文章可做,还需要大家更多的关心、更多的支持。

作为曾经在国外讲授过汉语的语言工作者,我很乐意借着这个机会,在这里谈点个人粗浅的想法。

一、对外汉语教学既传授语言又传播文化,必须既着眼语言的差异又注意文化的差异

语言是人类交际的工具,又是人类文化的载体。外国朋友学习汉语,无论在哪一个层次上学习,多少总会接触到我们源远流长、光辉灿烂的华夏文化,也总会了解到一些我国各族人民的生活习俗和风土人情。语言现象往往跟一定的文化背景联系在一块儿,在对外汉语教学中,就算是单纯为了教好语言工具,也不可能完全避开文化背景,明确这一点是非常重要

---

[1] 原载澳门中国语文学会学报《语丛》1989 年第 4 期,北京《语言教学与研究》1989 年第 3 期。

的。因为只有意识到我们既在传授语言也在传播文化,在教学过程中才会更主动地去关注语言教学中许多超出语言本身的东西,使我们的教学内容更丰富,教学效果更可观。

人们常说,对外国人的汉语教学跟对中国人的汉语教学是两种不同性质的教学。这里面包含许多方面的因素,除了语言的因素外,自然也包括文化方面的因素。同样把汉语作为语言工具来学习、来掌握,一个外国人和一个中国人一起上汉语课,可能提出来的问题就不大一样。对于外国人来说,学习掌握汉语这一工具,从一开始就会遇到不同民族文化、不同风土习俗,乃至于不同思想方式、不同心理特征所带来的各种问题。其实,这一点也不足为奇,我们中国人学习外语,不是也同样会遇到许多难以理解的问题吗?例如学习日语,打开课本就遇到日本人见面时的第一句话"初次见面"。这没头没脑的一句问候,中国人确实不好理解。然而,你要学讲日语,还非把这句"口头禅"学会不可。我们中国人有些说话习惯人家外国人同样也会感到诧异:"为什么你们中国人见面老问人家吃过饭没有?"这其实也就是反映在语言运用中的民族心理状态。这种心理状态是同一个民族的人在长期的生活实践中形成的,我们只好用"约定俗成"来解释了。又如,我们学习法语、学习俄语,对于这两种语言中一切名词都要分性别,不仅太阳属阳性、月亮属阴性,就是书呀,桌子呀,也都得记住它们属于什么性别,这岂不是有点近乎"荒唐"吗?其实人家同样也是"约定俗成"的语言习惯,完全没有"打破砂锅问到底"的必要。

既然不同的文化背景会给语言的学习带来种种问题,我们在教外国学生学习汉语时,就不能没有一套从教学内容到教学方法都适应外国学生需要的东西,这也是对外汉语教学的特殊性所在。我在日本东京大学任教时,面对的是对中国文化很有兴趣,甚至可以说是很有感情的青年,从大学前期基础部(教养学部)的学生到研究院的硕士研究生、博士研究生,无论是哪一个层次、哪一门课程,他们在听课中都经常会提出许多涉及面很广的问题。例如,上低年级学生的"汉语会话"课,他们对于反映在口语交际中的家庭伦理观念、待人接物方式倍感兴趣,我不能不给以适当的解释;上研究生的"汉语方言学"课时,他们提出来的问题同样不限于方言本身,往往是联系各种方言现象所反映的历史、地理、社会习俗等方面的问题。我想可以把这一切笼统称为语言(方言)的文化背景。我深深体会到,当好一个对外汉语教学教师确实很不容易,并不像某些人信口开河所说的:"找几个普通话说得好一点的教师来教就行了。"教外国人学汉语固然需要能说比较标准的普通话,但是,能说标准普通话的教师却不一定能胜任对外汉语教学工作。关键在于:要教外国人学好汉语,必须既着眼于语言的差异,又要注意文化的差异。没有这双管齐下的功夫,是很难满足教学需要的。

二、对外汉语教学要联系实际,对症下药

当今世界科技发达,语言教学方法也不断革新。我们国家的语言教学,无论是对内还是对外,也都在朝着革新的方向努力。就对外汉语教学来说,方法上的革新、教学手段上的日益现代化固然非常重要,但另外一方面,在教学指导思想上,还有必要再三强调"联系实际,对症下药"的重要性。只有在联系实际方面多下功夫,再配以先进的教学方法和教学手段,才能更有效地达到预期的效果。这里所说的联系实际,主要是指联系教学对象的实际。外国学生来自不同的民族、不同的国度,他们的母语情况、语言习惯自然是我们首先要考虑的实际,还有外国学生中不同的文化程度、年龄、职业等等,也不能不加以考虑。这些问题对于少数长期开展对外汉语教学的学校和富有对外汉语教学经验的教师来说,也许是不在话下的事,像北京语言学院早就按不同国别、不同母语来编班进行对外汉语教学了。但对于一些招收外国学生不久的院校来说,条件远不及北京语言学院,如何根据学生的实际进行汉语教学,以收到更好的教学效果,仍然是一个现实问题。

从理论上说,联系实际、对症下药的方法是学习任何一种语言都必须遵循的。我们在通行汉语方言的地区推广普通话,让方言区人民学会民族共同语,尚且要强调结合本地方言的实际,做到"一把钥匙开一把锁",更何况对于一些其语言系属和特征都跟汉语完全不同的外国人,那就更要结合他们母语的实际进行有的放矢、对症下药的教学了。拿日本人学汉语来说,就跟欧洲人、美国人学汉语大不相同。众所周知,日本文化和中国文化存在着千丝万缕的联系,中国语言文字对日本语言文字的影响更是由来已久。时至今日,日本还使用着近两千个"当用汉字",而中国古代汉语的语音和语汇,尤其是许多常用的语词,在今天的日语中依然随处可

见。保留在现代日语中的古代汉语语词，和今天发展了的现代汉语语词之间存在着相当大的差异。某些用汉字写出来的语词，形式相同，而词义在日语和汉语中却大相径庭，甚至到了风马牛不相及的地步。这种语言现象既不利于日本人学汉语，也不利于中国人学日语。

这类"同形异义"的实际情况，在我们给日本学生教现代汉语时，难道不应该加以着重指出？例如，日语的"大丈夫"是汉语"不要紧"的意思，日语的"汽车"是汉语"火车"的意思，日语的"面白"是汉语"有趣"的意思，日语的"勉强"是汉语"学习"的意思，等等，这些语词尽管用汉字表现出来，其内容却完全是日本民族心理状态的反映，可算是借用我们汉语的老酒瓶来装日本语的新酒吧！我在日本时接触过不少很有学养的汉学家，他们大都能说相当漂亮的中国普通话，可就是在用词方面，有时不免出点差错，这些差错多半是由于词义方面没有弄清日语和汉语的差别造成的，也有的是由于语法上的用法不同而引起的。如果对汉语某些语词的词义和使用的范围弄不清，往往就会闹笑话。例如，我们中国人"鸟"的概念和"鸡"的概念是完全不同的，可是中国人到了日本，在街头上就很容易遇到"鸟料理"这样的餐馆，其实这个"鸟"并非我们理解的飞禽——鸟，而是我们餐桌上的家禽——鸡。类似这种以"鸟"代"鸡"的现象，就是日语中扩大了原先汉语"鸟"所代表的词义的表现。又如，日语中的"馒头"是从汉语借入的，但它却包括了汉语中的"馒头"和"包子"；日语中的"教室"不仅仅指汉语"上课的地方"（classroom），还可以用来指"讲习班""短期学校"之类的意思。如此等等，也都是扩大了词义，扩大了词的使用范围的表现。我们在教日本学生学汉语时，无疑也应该把这类现象加以分析归纳，给他们指出。

记得我将要离开东京的时候，一位日本学生给我写了临别赠言，一开头就是"第一次我见面你的时候"，我看了不禁一怔，"见面"怎么能当成及物动词用？这里显然是把"见"和"见面"的用法搞混了。没想到这在中国连小学生也不容易弄错的区别，在日本攻读中文的大学生却把它混淆了。这不就是日本人学汉语跟中国人学汉语不同的具体体现吗？这件事不免叫我感到内疚，因为这位日本学生是我教出来的，他写汉语出现了这种常识性的错误，说明我的教学效果欠佳。问题就在于我还没能深入了解日本学生的实际，也还没能深入研究日语和汉语在词汇、语法方面有哪些系统的差别，并将研究成果及时反映到对外汉语的教学中来。看来要使对外汉语教学做到联系实际、对症下药,必不可少的工夫是进行语言间的对比研究。没有对比研究就看不到差别,也就谈不上抓住痛处、对症下药了。而对外汉语教学的成败优劣,我看在一定程度上取决于能否做到充分了解外国学生的母语和汉语之间的不同,从而根据这些不同采取对症下药的有效措施,避免采用不分对象的"一刀切"的教学方法。

三、加强师资队伍建设,适应对外汉语教学需要

十年耕耘十年艰辛,此刻我们回顾改革开放十年来对外汉语教学工作走过的路程,在任务重、人员少、问题多的情况下,从事对外汉语教学的教师确实是付出了异乎寻常的劳动,发挥了很大的积极性和创造性,取得了显著的成绩,赢得了国内外的赞赏。然而,我们也不能不看到,当前我国的对外汉语教学工作与日益发展的这一事业还不能完全适应,存在着一些亟待解决的问题。个人认为,其中最为突出的就是师资队伍的建设问题。没有一支既有足够数量、素质上也过硬的师资队伍,是很难满足不断提高的教学需要的。这些年来,随着学汉语热的升温,把汉语作为第二语言来教学,已经不是独家经营的"生意"了。我们面临着竞争和挑战,形势是相当严峻的。作为汉语的故乡,我们没有理由不在这场竞争中取胜,没有理由不为世界各地渴望学习汉语的人提供更多更好的服务。目前要大量充实师资看来还不大容易,所以对于现有师资队伍的优化,就显得更有现实意义了。希望国家教育委员会对此能够充分重视,能够在统一部署下采取得力的措施,以保证对外汉语教学的师资队伍得到不断的补充和提高。

个人认为,提高对外汉语教学的师资水平,宜从三个方面入手。

(1)语文修养的提高。这是最重要的基本功。没有很扎实的语文修养,不能随时剖析汉语的规律和特点,是很难在教学中做到面对各种语文现象而应对自如的。这里所说的语文修养当然也包括写作修养。做一个对外汉语教学的教师,本身就应该有较高的写作水平;否则,面对外国学生习作中的种种毛病,是不容易对付的。

(2)文化修养的提高。对中国几千年光辉灿烂的历史文化,对中国各族人民丰富多彩的生活习俗,对遍布神州的壮丽河山、名胜古迹,作为一个给外国人教汉语的教师,应该尽可能多涉及一些、多熟悉一些,这

样，才有可能在教学中熔语言传授和文化传播于一炉，也才可能满足学生不断增长的了解中国文化的渴望，了解中国人民的要求。对外汉语教学是我国对外文化交流的一个组成部分，教师本身也就是文化交流的使者。我们一定要通过汉语的教学达到既教会外国学生，又弘扬华夏文化的双重目的。当前我们的师资队伍中，确有一部分人中国文化的素养不是那么高，这就需要通过一定的途径来使他们迅速提高，以适应工作的需要。

（3）外语修养的提高。对外汉语教学的教师，如果完全不懂所教学生的母语，也是很难提高教学质量的。说是对比教学也好，对症下药也好，前提都是教师应有一定的外语修养。当然，我们也不能对教师提过高的要求，毕竟教的还是汉语，掌握外语的目的也是为了教好汉语。目前，对外汉语教学的师资很大一部分来自高等院校中文系，他们对汉语比较熟悉，但外语的水平却不理想。如果今后能够让有志于对外汉语教学的中文系毕业生，先把外语补充提高一下，再进行教学工作，或是从外语系毕业的学生中选拔一部分汉语基础较好的，再创造条件给他们以进修提高汉语水平的机会，然后补充到对外汉语教学的师资队伍中来，这样就有可能逐步克服外语水平偏低，难以胜任对外汉语教学工作的困难，逐渐达到优化教师队伍的目的。

在某些对外汉语教学师资奇缺的单位，为解决燃眉之急，不妨采用公开招聘的方式来网罗人才。应聘的条件仍然应贯彻上述三个方面的要求，从语文水平、文化水平、外语水平等方面来考虑。相信只要开门招贤，就会有更多的人愿意投身到对外汉语教学的事业中来。

对香港语言问题的几点思考[1]

1997年转眼即将到来,在香港主权移交的前夕,作为社会交际工具和知识传播、资讯沟通媒介的语言在社会应用中面临着如何与新的政治、文化、经济环境相适应的问题。眼下从政府到民间,都纷纷在考虑这个问题,一些相关的建议和措施已陆续见诸传媒,成为600万居民关注的大事。主权回归以后,香港的语言生活将发生什么样的变化?语言在社会各个领域、各个阶层的应用中将作怎样的调整?这无疑也是我们每一个从事语文工作的人应该关心和研究的重大课题。

一、对香港语言多元化现象的认识

香港是远东国际金融贸易中心城市,一向都是语言多元化的社会。说是多元化,实际应用基本上只是二元化,即英语与汉语粤方言并用。一方面,就生活用语而言,粤方言明显处于主导地位,除了不到1%的外籍人士使用英语作为生活交际用语外,绝大多数的华人,不论持有何种身份证件,一般都以粤方言作为生活交际用语。另一方面,就公务用语来说,官方政府机构及其下属单位,以及大公司大企业等,一般来往文书和通知告示等,又大都使用英语,这就使得掌握英语、运用英语成为跻身政府部门、进入上层社会必不可少的条件。华人中的中上阶层,许多人有机会接受英语教育的熏陶,一般都能够使用英语进行交际和办理公务,有的还能运用英语进行教学和著书立说。至于成千上万的民众百姓——"草根阶层",为了某种生计的需要,有时也得学上几句英语,主要是便于和洋人打交道,和政府部门打交道,也便于经商贸易、观光旅行,至于日常的生活沟通,基本上只需要粤方言就够了。因此,从实质上看,可以说香港长期以来一直都是以粤方言为主导的二元化语言社会。尽管殖民地政府一直把英语作为香港政府法定的公务语言,但在香港人心目中,粤方言始终是

---

[1] 原载于《中国语文》1996年第2期。

在语言生活中起主导作用的公共交际工具,香港人既视粤方言为本地的"母语",也视粤方言为理所当然的"香港话"。正因为这样,凡是需要广大香港市民了解的事情,有关当局除了用英语发布通告文书外,往往也同时使用汉语来补充英语的不足,这汉语在口头上就以粤方言的形式出现。我们从电视上常常看到当立法局或行政局开会时政府官员和议员们使用英语发言,同时又以粤方言同声传译,以便广大观众都能理解,足见香港社会从上到下始终是个粤方言和英语双语并用的社会,而粤方言的主导地位也始终是客观存在的现实。

众所周知,除了粤方言和英语之外,居住在香港的许多潮汕人、客家人、闽南人、江浙人以及少量的北方人,他们来自不同的汉语方言区,移居香港时自然也带来了各自的乡音。但是,当他们进入香港这个五方杂处的社会以后,很自然就认同粤方言是香港社会交际的主要语言,不懂粤方言的都自发地学习起来,其结果是许多来自粤方言区以外方言地区的香港同胞,都心安理得地把自己的家乡方言只保留在家庭之内、乡亲之间交际时使用,而把学会粤方言视作安身立命、融入社会必不可少的条件之一。拿客家方言来说,其实香港本地就有客家人,在新界大埔、上水一带,当地居民是说客家方言的,目下客家方言仍是当地的交际工具之一。但是由于整个香港地区的公共交际语是粤方言,大埔、上水等地的原居民也都学会说粤方言,他们意识到日常生活中不能没有粤方言,除了和家里人及本村乡亲交谈时客家话能派上一点用场之外,在大多数场合,他们也就乐于使用粤方言了。由此可见,粤方言在香港的主导地位无可争议。

或许我们可以拿香港粤方言的社会地位和新加坡"华语(普通话)"的社会地位来作比较。新加坡和香港有相似之处,那就是从总体上看都是英语与华语并用的社会。在占新加坡人口76%的华人也是来源于中国许多不同的地区,说着属于粤、闽、客家等方言区多种不同的地方方言。但是,在众多汉语方言杂处的华人社会中,新加坡采取了大力推广普通话作为华人共同交际工具的语言政策,并且使用了许多强有力的行政措施来配合这一"人人说华语(普通话)"政策的贯彻,十多年来"华语(普通话)"深入人心,已收到了显著的效果。而香港呢?在香港的600万市民中,长期以来都以粤方言作为全港华人的社会交际用语,用不着任何推广的措施,甚至用不着做任何的宣传,粤方言早就进入千家万户,为绝大多数港人所乐于接受了。在新加坡的多种汉语方言中,包括闽南方言、潮汕方言（属闽方言）、广府方言、客家方言、海南方言等，没有一种有可能像粤方言在香港一样成为汉语的代表，面对华人中方言杂处的现实，只好从上而下又从下而上地采取强有力的措施来推行一种超乎各种汉语方言之上，而又能够沟通全新加坡华人的汉民族共同语——华语（普通话）。香港粤方言之所以能够拥有无可争议的社会地位，之所以能够自然而然地为全港市民所接受，其原因首先是由于香港的历史地理背景和新加坡的历史地理背景并不一样，香港原本就是通行粤方言的地区。现在的香港居民，其先辈大多数来自广东珠江三角洲一带，特别是邻近的东莞、宝安一带，今天的新界在历史上是跟宝安连成一片，同属于共同的行政管辖区域的。在落户香港的同胞中，源自东莞、宝安等地的人远比源自其他地区的多，加上粤方言区人民在香港长期经营发展的结果，使得如今说粤方言的香港人无论是经济地位还是社会地位，都非来自其他方言地区的人所能比拟。近几十年来陆续从内地移入香港的新移民，仍以说粤方言的为多数，而那些来自非粤方言区的新移民，人数比较少，在实力上自然也无法与说粤方言的香港人一争高低。

香港这个色彩缤纷的国际大都市，长期以来在许多方面都具有较大的包容性。对于社会上语言的运用，除了官方文书和公务往来使用英语以外，其余一切场合的语言应用，政府从来不予过问。港英当局只注意在书面上保障英语的突出地位，以维护其殖民地统治的"权威"。至于香港市民应该使用什么语言作为公共交际工具，从来没发布过带指令性的政策法规，这跟新加坡政府一而再、再而三地连续发布推行"华语（普通话）"的方针政策完全是两种不同的态度。可见，粤方言之所以成为香港社会的公用语，完全取决于历史地理的原因和客观现实的需要，这是顺理成章的事。来自非粤方言地区的内地移民，能够心安理得地认同粤方言的主导地位，跟新加坡通过政府发动自上而下、上下结合，并带有强制性地树立"华语（普通话）"的地位，其性质也是完全不同的。新加坡被公认为语言多元化的国家，就新加坡的华人来说，这个多元化意味着既以"英语—华语（普通话）"为公务用语和公共交际用语，又保留各种不同的汉语方言作为家庭用语和辅助用语。今天的香港也是语言多元化的社会，但这个多元化的语言社会，其格局则是既以粤方言和英语作为公务的用语和公众的交际用语，又保留着各种移民背景不同的人士在家庭和乡亲之间使用各自不同的汉语方言作为交际工具。新加坡和香港各具特色却又异曲同工的多元化语言生活，并没有妨碍亚洲这两条"小龙"多年来引人注目的经济发展。以汉语普通话为公共交际工具的新加坡华人和以汉语粤方言为公共交际工具的香港同胞，能够很好地既运用自己熟悉的汉语，又运用国际通用的英语来为建设新社会、迎接新世纪不断做出自己的贡献。

二、普通话进入香港后香港社会的语言格局

长期以来，普通话进入香港社会总是通过两条不同的途径：一条是原先在内地习惯说普通话的人移民香港时把普通话带进来；另一条是通过近十年来在香港兴起的学普通话热潮中陆陆续续学会普通话的人"学以致用"地把普通话打入语言社会中去。就当前的现实情况看，通过前一渠道带进来的普通话尽管很可能是相当标准的普通话，然而，这些能说较为"地道"普通话的移民，一旦融入香港社会，他们都相当普遍地心怀尽快学会粤方言、争取早日运用粤方言进行社会交际的打算。在这种心态下，这些能够说相当漂亮普通话的移民，跟来自南方吴、闽、客家等方言区的移民并无二样，实际上他们对香港的语言生活和语言环境不可能产生什么影响。面对语言社会中以粤方言为主导的现实，这些说普通话的人，为了给自己找个合适的工作，更多的考虑是如何加倍努力学好粤方言，至于是否应运用自己手中这张"普通话"牌来设法改变社会对普通话的冷漠态度，他们似乎都无动于衷。倒是那些在近十多年来由于中国实行改革开放政策，出于南来北往经贸及各方面交流的日趋频繁的需要而开始自发学习普通话的香港人，他们一批批从语文研习所、普通话讲习班结业出来，随即又一批批地把自己学会的普通话带到工作岗位上去，形成一股"学习—传播—学习—传播"的新潮流，这才真正使普通话在香港社会中占有一席之地，才开始使普通话在香港600万市民的语言生活中产生一定的影响。随着改革开放的不断扩大，香港和内地交往率的直线上升，特别是港商到内地的投资日渐北移，到北方公干旅游的人也不断增加，客观上使得越来越多的香港同胞深感学会普通话有百利而无一弊，这就使普通话的社会应用率日益上升，逐渐成为粤方言以外的另一种社会交际语。星星之火，可以燎原，时至今日，普通话在香港已不再像以往那样只在歌曲和"国语"影片中听到了。你走到港九任何一个繁华的商场或喧嚣的街市，都不难听到普通话。有识之士看到了这一形势，也纷纷推波助澜，从各方

面积极为之倡导，以至于"官府"也不能无动于衷了。近几年来，香港的中小学已陆续开设一点普通话的课程，大众传媒如电台、电视台也都开辟了普通话的节目。尤其令人瞩目的是，最近香港政府正式提出公务员必须掌握中文，并投入相当的资金培训公务员的中文写作和普通话；各大学及语文学术团体纷纷配合香港今后的语文需要，提出多方面的研究、培训计划，也都获得政府及各方人士的赞助支持，正在如火如荼地进行。目前这一情景堪称香港开埠100多年来语言生活的一次大变革，这对于1997年香港主权即将重归祖国无疑是一项重要的配合。可以说，自20世纪90年代以来，香港的语言社会依其使用频率、适用范围和社会影响基本上已形成了这样的格局：

（1）粤方言——广大市民社会交际用语，一般机构、团体公务用语，大部分家庭生活用语。

（2）英语——官方行政事务及法律用语，金融经贸及文教科技界部分上层人士用语。

（3）普通话——内地驻港单位及商业、金融机构公务用语，市场贸易辅助用语，部分家庭用语。

（4）粤方言以外的各种汉语方言——部分家庭生活用语及乡亲间交际用语。

有人认为，当前香港已经进入"三语社会"，也有人认为当前香港的语文环境是"三语二文"的环境。"三语"指的就是粤方言、英语和普通话，"二文"指的是中文和英文。这样的认定基本符合香港语言生活的现实状况。我们认为，"三语"的格局始终不会改变粤方言在香港社会上作为主导语言的地位。据有关方面的调查，香港政府统计处公布的1991年人口普查的材料，在非正式的场合使用普通话的人占总人口的1.1%，这个数字大概不会超过在同样的场合使用潮州话、上海话、客家话、闽南话等几种汉语方言的人数。因此，尽管社会发展的大气候有利于提高普通话的使用率，也有利于增强普通话的吸引力。但是，数字显示出来的悬殊对比使我们深信，即使是在1997年香港主权回归以后，香港的语言格局仍然只能是以粤方言为主导，同时由于普通话的大力推广，将会使普通话上升为仅次于粤方言的第二公共交际用语，而英语势必逐渐退居为一种在香港使用范围越来越窄的第三公共交际用语。

四、今后香港语言工作的取向

基于上述对香港语言社会的分析,今后面对主权的回归,香港的语言工作包括语言政策的确立、语言应用的抉择、语言教学的改革,以及联系实际的深入开展语言研究工作等。个人认为,以下几项工作乃是当务之急。

(一) 筹备设立专司语言文字工作的职能机构

从香港语言应用多元化的实际出发,香港必须有一个类似内地"语委"的职能机构,规划、管理并引导全社会的语言行为,设计、厘定有关语言文字的法规。这样一个机构,宜根据《中华人民共和国香港特别行政区基本法》的精神和"一国两制"的方针,马上着手进行筹建。一旦有了机构,当务之急就是为粤方言、普通话和英语三语的应用制定切实可行的语言政策,明确粤方言、普通话、英语各自的社会功能,这无疑是日后特区政府文教建设的一项重要任务。未雨绸缪地做好准备工作,包括一系列的调查研究工作,使之水到渠成,是迫在眉睫的大事。

(二) 加强粤方言研究,解决粤方言应用中的问题

作为香港社会主导语言的粤方言,在应用中存在着这样那样的问题,有必要组织专业人士全方位地开展研究,一一加以解决。

(三) 结合语文教学,加强普通话的推广工作

目前,普通话在香港社会已有一定的基础,要使之更广泛地进入千家万户,最重要的一环是让普通话在各级学校中生根,在中小学的语文教学中发挥作用。众所周知,选进语文(国文)课本中的课文,大部分是用普通话为基础的白话文写作的优秀作品,如果能用普通话作为教学语言,言文可以基本一致,教学效果一定要好得多。香港的学校长期以来用粤方言给学生讲授语文课,学生在语文习作中,由于说的和写的不一致,带来了许多的困扰,出现了许多遣词造句上的毛病,影响了语文教学素质的提高。事实说明,即便仅仅是为了提高语文教学的素质,在仍然使用粤方言作为教学语言的情况下,也完全有必要创造条件让学校师生掌握一些普通

话，逐步了解粤方言和普通话的差异，认识言文不一的症结所在。随着1997年的日渐迫近，普通话在香港流通的范围必然日渐扩大，学会普通话，为自己增添一种言语交际的手段，实在是天大的好事，与其迟迟不学，不如早学早会！

跟进语文发展，善待语文资源[①]
——跟青年朋友谈语文学习

一

光阴似箭，踏入庚寅虎年，我这老头儿不知不觉就跨进八十的门槛了！这些年来，常有年轻的朋友要我谈谈从事语言文字工作的心得体会。作为过来人，回首大半个世纪来的学术生涯，一直都在跟语言文字打交道，从学习语文到教学语文，研究语文，边教边学，边研边学，学习始终是没有停息的。尽管早就在教授语文，早就在研究语文，但是学习仍然没有歇息，一旦停止了学习，也就无法进行教学，无法开展研究了。这就是我们常常说的"活到老，学到老"的道理。这里所说的学习当然是广义的学习，但每个人的学习总有一些侧重，既然自己年轻时就选择了语文作为终身的职业，既然从小就成了语文的"粉丝"，那这辈子的学习，也就自然要侧重于语文方面了。我在这里强调不断学习，强调"从一而终"，并非危言耸听，也绝无吓唬年轻人之意。事实确实是如此，任何一门学问，任何一个学科，都是在不断发展之中的。语文是人们须臾不能离开的东西，也是社会须臾不能缺少的东西。我们生长在这个人类社会飞速发展，世上万物不断变化更新的时代，语言文字跟随社会不断变化自然也是无法避免的现象。我常常问自己：你要教授语文，你要研究语文，你一个快八十的人，能够无视这半个多世纪来语文的变化吗？你年纪可以老，你的研究、你的学问可不能老啊！你尽管年事已高，你的研究、你的教学却没有理由可以不面对现实，可以不联系实际，这就叫作与时俱进，叫作跟上时代。语言文字是不断在跟着时代前进、跟着社会发展的，你的学习，你的研究，自然也非同样有所前进，有所发展不可。这是我半个多世纪以

[①] 原载于《韩山师范学院学报》2010年第5期。

来从事语言文字工作最深刻的一点体会。刚才我用了一个词"粉丝",这是你们现在的常用语,可在我们年轻的时候,哪有这样的说法呢?如今我作为一个老语文工作者,难道就不应该跟年轻人学习,也学会使用这样一个新词?所以,我说我也要学习,包括向年轻的朋友们学习,这绝不是谦虚之词,而是实实在在的心里话。年青一代的人,"80后""90后"的朋友,脑子里都有许许多多的"潮语"(不是"潮州话"),而我呢?实在惭愧,对"潮语"的掌握远不及年轻人,这就同样有一个再学习的问题了。"潮语"的潮是新潮的潮,我年届八十了,当然不可能跟年轻人一样新潮,但是我要研究语言,特别是研究现代、当代的语言,我怎能把属于新潮范围的新潮语言现象置之不理、拒之门外呢?这又回到我刚才说的那句话来,年龄可以老,学问却不能老化,永远不能老化。近几年,我在香港大学给研究生上现代汉语专题研究的课,一学期15周,每周一个专题,我当然没有把"潮语"列为一讲,因为我觉得我对此了解得很不够,还谈不上有所研究。可是,研究生两年学习期间每人都得自选一个题目撰写硕士论文,偏偏有位同学就选了"潮语研究"这个题目,并且指明要我当他的论文指导老师。我难道可以不接受?我当然应该接受。说实在的,我指导这篇论文所花的功夫特别大,可是,当这篇论文从内容观点到篇章结构、论述力度都经过我和作者一再反复修改润饰,终于得到两位评审委员一致认可,给予优秀的评价时,我不仅松了一口气,有如释重负之感,更觉得自己从指导这篇论文中学到了不少新的东西,对"潮语"这一新鲜事物,也才算是有了一点粗略的认识。这就是"既当先生,又当学生",也就是所谓的"教学相长"了。

上面说了这么些看似离题实非离题的闲话,我的意思无非是要告诉大家,我这个"语文匠"半个多世纪来的两点体会:第一,语文是社会现象,是不断随社会的发展而发展的,不能把语文现象看作是一成不变的;第二,学习语文不是一阵子的事,而是一辈子的事,一定得有不断学习的思想准备,一定得与时俱进,不断跟进语文的发展。对于从事语文专业研究的人来说,更加不能因循守旧、停滞不前,像我这样七老八十的人,也不能例外。面对层出不穷的语文现象,我们一定要细心观察,静观其变,千万不能指手画脚,动辄指责。我常常告诉我的学生"少当语言的警察,多当语言的导游",就是这个意思。

二

学习语文，对语文得有一些基本的认识。"语文"这个词通常有两种不同的含义：一指语言文字，书店和阅览室里看到的期刊如《中国语文》《语文研究》《语文建设》等，其中的"语文"就是指的语言和文字；另一是"语言文学"的简称，大学里的"中国语文系""汉语文专业"，以及当今中小学里的"语文"课，各类学校入学考试中的"语文"科目等，指的都是语言和文学。期刊中的"语文"实指"语言文学"的也很多，一些主要配合语文教学的刊物，如《语文教学与研究》（武汉）、《语文月刊》（广州）等，指的都是"语言文学"，我在这里谈论的"语文"，指的是语言文字而不是语言文学，也就是语言和它的书面形式——文字。有时候我们也会只说语言而不提文字，这时候的"语言"既指耳闻的语言，也指目视的语言——文字。我们常说现代中国有几位堪称语言大师的学者——赵元任、李方桂、罗常培、王力、吕叔湘、丁声树等，这些大师当然指的是语言文字研究方面的大师了。在弄清楚语言文字概念的前提下，我们还得进一步弄清楚语文的本质和语文的作用，才谈得上热爱语文、善待语文的问题。

在对待语言问题时，有一种观念我们必须牢牢把握，那就是要视语言为资源，重要的资源，宝贵的资源。以往的年代，人们脑子里对此并不是很明确的。我们从小接受爱国主义教育，课本里总是说"我们的祖国地大物博，人口众多"，可就没有提到"语言丰富"，可见那时还未意识到语言是资源，是值得珍惜的宝贵资源。说语言是宝贵的资源，是基于语言在社会上发挥传递信息、交流思想、承载文化的作用而界定的，也是基于语言跟社会存在着的相互依存关系——社会不能没有语言，语言不能脱离社会的事实而界定的。语言资源天生而来，人人享有。从牙牙学语的孩提时候开始，每个人就都拥有这份从娘胎中带来的资源，谁也抢夺不去！语言资源既属个人的财富，也属社会的财富，更是民族国家的财富！我们国家有56个使用不同民族语言的人民，还有在汉族中存在着的色彩缤纷的各种汉语方言，这些自然也都属于语言资源。所以说，应该在"地大物博，人口众多"后面再加上"语言丰富"这几个字，这是完全符合实际、毫不夸张的。语言资源如此丰富，我们一要大力开采，二要妥善对待，使丰富多彩的语言和方言，都能在我们的经济腾飞和社会发展中充分发挥作用。当下我们要建设和谐社会，多种民族语言和多种汉语方言的和谐相处，不同文化相互碰撞、相互包容，我们辽阔国土上各种各样的语言和方言都受到尊重、都能发挥各自的作用，这本身就是和谐社会的一种体现。

我国丰富的语言资源承载着我国源远流长、博大精深的优秀文化。没有一定的语言资源，文化的承传与创新也就谈不上了。大家知道我国各地存在着各式各样的地方戏曲，构成百花齐放、各呈异彩的繁荣景象。假如没有了各自不同的地方方言，这许多通过地方方言表现出来的地方戏剧和民间曲艺，又怎能显示出它们的精彩来呢？换句话说，没有粤语，哪来粤剧？没有潮州话，哪来潮剧潮曲？没有客家话，又哪来客家山歌？拿我们广东来说，谁都知道广东是语言资源特别丰富的地方，广东语言资源的丰富首先就体现在广东省内粤、闽、客三大方言鼎立上。如前所述，广东各地所拥有的独具一格的地方戏曲，正是通过省内不同的地方方言呈现出来的。从这里我们就可以看出地方方言跟地域文化间的血缘关系来。近十多年来，我国语言学界响应联合国教科文组织关于大力拯救濒危语言与方言的呼吁，中国社科院和国家语委十分重视，把这一工作列为当今语言工作的重点加以立项实施，这更说明语言资源的流失和消亡是绝对不能等闲视之的大事，作为从事语言工作的专业人士，我们更应该责无旁贷地肩负起保护语言资源、抢救语言资源的神圣职责来。既然语言资源如此重要，我们在贯彻国家语言文字政策时，就要正确理解好"推普"与保留地方方言之间的关系。"推普"绝不是要用普通话来代替各种方言，绝不是要通过"推普"把各地方言通通扫地出门，让方言在社会上消失。"推普"的目的实际上是要通过推广普通话使全国各地人民在熟悉、用惯本地区方言的基础上都来学好另一种全社会共同使用的交际工具——社会通用语，让每个人都从单一的语言生活过渡到双语的生活（既能用社会共同语进行社会交际，又继续保留自己的方言作为乡亲之间、家庭成员之间以及一定社会环境中的交际用语），达到"推行一种（普通话），保留多种（方言）"的目的，使我国丰富的语言资源都能发挥它应有的作用。那种以为既然要推行普通话，就不要再保留各地方言的想法是糊涂的想法，是没能善待语言资源的错误见解。假如"推普"的结果导致潮州的孩子不会说潮州话，广州的孩子不会说广州话，这绝不能视为"推普"的成功。

三

在对语言文字的性质有所认识，建立起语言是资源的观念以后，我们再来谈谈语文学习的相关问题。我们必须明白：语言文字既是人类社会必不可少的交际工具，也是人们掌握文化知识、探索科学奥秘必不可少的工具。语文知识是基础知识，它处于人类知识大厦的底层，对整个知识大厦的建造起着基石的作用。语文学习堪称各类学习的基础，语文水准的高低不但直接影响到各项工作的成效，也影响到人们智力的发展和道德观念的形成。科学家爱因斯坦就曾说过："一个人的智力发展和他形成概念的方法在很大的程度上是取决于语言的。"正因为语文学习是各种文化科学学习的起点，语文课在各类学校的课程设置中，总是被摆到突出的地位上。就算到了大学阶段，语文课程也还是具有重要的地位，不仅在人文学科中受到重视，连理工方面的系科，同样也把"大学语文"列为必修课，而语言文字方面的知识则始终是"语文"课的重要内容。

语言文字范围广泛，内容丰富，其基础是什么？基础指的是基本知识和基本技能。要打好语言文字的基本功，就一定要从基本知识的掌握和基本技能的训练抓起。对于中文系科的大学生来说，首先就要扎扎实实地学好几门语言方面的基础课：现代汉语、古代汉语和语言学概论等。照理说，如果认真学好这几门课，基础应该是不错了。但除此以外，还应该补充找些语言文字的专业书来读。这里要特别提一提的是：目前绝大多数高校中文系都没有开设方言方面的课程，同学们只能从《现代汉语》的"绪论"中接触到一点点汉语方言的信息，那当然是很不够的。汉语方言资源丰富，情况复杂，汉语方言的研究早已成为中国语言学研究的热门，作为中文系的学生，不掌握汉语方言的基本知识，是说不过去的。更何况方言知识的掌握也和"基本技能"的训练紧紧相连：国际音标记音的训练，方言调查的训练，都是语言文字基本功的重要部分。我想作为中文系的学生，是不应该忽略这类技能的训练的。

语言文字的学习要特别注重培养自己分析问题和解决问题的能力。这就得在理论和实践的结合上下点功夫，要多多联系语言发展的实际和语言应用的实际来思考问题，寻求答案。例如，在当今的社会语言生活中，新词新语层出不穷，稀奇古怪的语言现象扑面而来，叫人眼花缭乱。特别是因特网的普及带来网络语言的大量出现，时刻冲击着传统的词汇结构系统，乃至整个语言系统，往往使人取舍之间，犹疑难定。在这种情况下，既不能手足无措，也不能匆忙定夺，一定得面对现实，认真分析，冷静对待。话说回来，这倒是我们从事语言教学、语言研究的老师和同学们一个业务锻炼的好机会，如何面对形形色色的语言现象，从中理出头绪，做出判断，无疑是测试我们解决语言问题能力的试金石。几年前我曾有机会受某大报理论版之邀，几度参与针对网络语言是是非非的讨论，发表一管之见，深感得益匪浅。建议年轻的朋友，特别是攻读人文学科的朋友，也能多多参与探讨这类现实语言生活中的问题，这对于提高自己的语文水平，多少总会有些帮助的。

语言文字的学习，要同时注意口语的训练和书面语的训练。只注重书面语而不注意口语表达的训练是片面的。就以写作而言，当年叶圣陶就提倡写白话文基本上应该是"写话"，如果口语表达通顺流畅，写出来也就基本通顺，用不着花多大力气去修改了。现在我们大家都在学普通话，如果你能说上一口流利的普通话，写起文章来当然会方便得多。鲁迅说文章写完要"多读几遍"，也就是这个意思，自己读来感到不顺口、不自然的就改，改到顺口、流畅为止。可见口语始终是书面语的基础，绝对不能忽视。

四

最后再谈一点语文学习中要做有心人的问题。开头说过，语文学习不是一阵子的事，一定要有耐心，要持之以恒。除了勤学苦练这一基本方法以外，很重要的一点就是要做有心人。语言文字无所不在，社会生活中随时随地都有语言文字的踪影。只要我们稍加留神，在我们身边就不乏值得关注、可以推敲的语文实例。所以说，学习语言、研究语言，只要你能做有心人，随时可以发现语言问题，到处可以取材。报摊上买来的报纸，电视机里播出的一些节目，仔细端详一番，说不定就会遇到语言文字上的问题。不是有份杂志叫作《咬文嚼字》吗？就是刊登这类有心人信手拈来就加以议论一番的语文现象。从事某类职业的人，往往对某类现象会有特别的敏感性。我们整天跟语文打交道，自然也会有语文方面的特别敏感性。这不是什么坏事。我倒觉得应该把我们对语言文字的敏感性充分调动起来。我的博士生甘于恩教授和韩山师范学院的林伦伦教授在这方面就做得很不错。他们看《羊城晚报》就特别注意报纸有什么语言上的纰漏没有,做评析《羊城晚报》语言文字的有心人,一有发现就发而为文,日积月累,甘教授已经出了一本评析《羊城晚报》新闻语言的书。他每篇文章指出一两个语言运用上的毛病,对症下药,深受新闻从业人员的欢迎。我在这里呼吁所有有志于语文工作的青年朋友都来做有心人,不知同道朋友能响应否?我深信,如果你能当有心人,首先你自己的语文水平一定会有很快的提升,你语文上的进步绝不是只读三两本语文书籍的人可以比拟的。

上面拉拉杂杂谈了我几十年来跟语文打交道的点滴体会。最后,希望全社会都来关注青年人语文修养的提高,语文专业人士都来面向语文应用的实际,时刻关注摆在我们面前的各种复杂语文现象,好好地分析它,解决它。

汉语字典词典注音中的几个问题[①]

汉语字典词典的编纂出版是当前语文工作中极为重要的一环，它直接为四个现代化的伟大目标服务，无疑应该用很大的力气来把它抓好。汉语历史悠久，遗产丰富，是世界上使用人口最多的语言。

汉语字典词典的编纂必须高度重视质量，在解形、注音、释义乃至用例、引书等一系列问题上，都应做到认真编写、认真审定，力求科学地总结我国汉语文研究的成果，反映当代汉语文研究的较高水平。

笔者想就有关注音的几个问题谈谈个人的管见。

一、规范化问题

字典词典既然是"典"，在解形、注音、释义诸方面，都应该有"典范"的作用。因此，汉语字典词典的注音，无疑应该始终贯穿规范化的原则。不管汉字读音存在着何等错综复杂的现象，字典词典编纂者总得通过认真细致的调查研究，进行科学的分析整理，想方设法为每个字、词注出规范的读音来。如果我们不严肃认真地对待注音问题，而是信手拈来，无选择地在每个字、词条目下罗列各种古今音读，就必然会使读者在各种音读面前眼花缭乱、无所适从。众所周知，号称规模空前、收字最全的《康熙字典》，每个字目下往往不加选择地杂陈历代字书韵书上出现过的反切或直音，有的三四个，多者八九个甚至十来个，这样的字音大杂烩，不能起到语音规范化的作用。在《康熙字典》之后问世的几部较大的汉语字典词典，如20世纪40年代的《中华大字典》以及60年代台湾出版的《中文大辞典》，在注音方面仍然没有能够突破《康熙字典》杂陈音切的框框。看来，用规范化的精神全面系统地整理汉字的音读，已成为今天汉语字典词典编纂者义不容辞的责任了。规范化的前提是把没有区别意义作用的、可有可无的读音加以淘汰、简化，确定合理的规范读音，以消除

[①] 原载于《中国语文》1979年第1期。

读音不一的现象。当然,也不能不分青红皂白地把一切又音异读一股脑儿地加以清除,那些能区别音义的读音,还应该在字典词典中加以保留。此外,还必须考虑到字典词典的不同性质、不同规模而对又音的保留作不同的处理。正在编纂的大型字典《汉语大字典》,要兼顾普及与提高,要服务于研究工作的需要,适当地多保留一些反映古今音变的音读,是完全应该的。某些为方言地区服务的普通话——方言注音的字典词典,适当保留一些能反映方言语音继承发展关系的又读,也是无可非议的。总之,规范化的原则并不妨碍不同类型的汉语字典词典根据实际需要保留一部分又音。对于一般只收现代常用字、词的中小型汉语字典词典来说,我们认为,还是以尽量少列又音,突出规范化读音为妥。

二、从今、从众、从俗问题

既然汉语字典词典都应无例外地给每个字、词条目标注规范的读音,那么,这个规范的读音根据什么原则来定呢?我们认为,应该遵循汉语语音发展规律,在普通话语音的范围内考虑从今、从众和从俗的原则。这个"三从"的原则,既适用于一般中小型的字典词典,也适用于大型的字典词典。

"从今",就是说在注音时必须着眼于现实的读法。任何一部汉语字典词典,都应该认真考虑每个字、词所注的音是否符合今天实际的读音。就是像《辞源》这样偏重于解释语源的辞典,也同样得花很大的力气来准确地定出每个词条的现代音读。离开了"从今"而谈规范,这个规范有可能只是纸上的东西,没有多大的生命力。大型汉语字典词典要根据需要与可能兼注古代音读,但归根结底标注古代音读也是为了让人们能从中看出现代音读是如何从古代音读继承发展而来的。我们的字典词典是给现代人用的,在注音方面,读者首先关心的自然是现代的读音。因而注音时就不能不从当代人民群众的口语中去寻找语音规范的依据。只有深入人民群众进行广泛的调查研究,才有可能彻底掌握每个字、词的实际读音及其发展的历史轨迹,也才可能在尊重客观事实的基础上贯彻"从今"的原则,定出合理的字音规范来。例如,"滑稽"中的"滑"字,早期"官话"曾经有念为 gu 的,"滑稽"念成 guji。可是,现在广大人民群众都已念为 huaji 了。我们现在编写的字典词典,就得面对现实,肯定 huaji

作为规范的读音。"从今"的概念当然也是相对而言的,有的字音甚至在20世纪40年代乃至50年代还是一种读法,可是,随着语言的发展,到了60年代,这个字音在人们口中都已变了,我们也就不能无视语音的发展。正确的态度只能是因势利导,肯定发展变化了的字音作为规范读音,在字典词典中给其以合法的地位。例如"暴露"的"暴",按传统的读法应该是 pu,四五十岁以上的人从小就跟着老师念 pulu。可是,如今一般都说 baolu 了,我们到底是墨守传统,还是承认语言实践的现实,因势利导,就把 baolu 作为规范读音肯定下来?我们认为,还是以向前看为宜,应该把"暴露"规范为 baolu。至于 pulu 这个音,无妨作为"旧读"附在规范读音后面供读者参考。本着明确规范、减轻负担的精神,凡某字某词有几个读法同时并存时,都可以顺乎语言发展的趋势,定出其中最广泛使用的一个作为规范,而把有保留必要的读音加括号附在规范读音之后,作必要的说明。例如,"血"字就可以把 xie 音作为规范,而把 xue 音附后备考;"指"字就可以把 zhǐ 音作为规范,而在后面注明尚可读 zhī、zhí。这样处理既明确了字音的规范,又适当保留了必要的又音,有主有从,以逐步减少多音字、词。

"从众"和"从俗"实际上是互相联系的两个方面。"从众"是要尊重广大人民群众的读法,要有群众观点;"从俗"是要尊重语言的习惯读法,要跳出书本的框框,从语言实践中寻找正音的依据。总的说来,"从众"和"从俗"的提出,无非是强调要掌握群众语言,掌握活的语言,不要纸上谈兵,不要脱离实际。

当然,"从众"和"从俗"绝不是没有前提的。如果没有前提,有闻必录,那又会走向另一个极端,同样达不到准确地规范字音的目的。前提就是我们在前面指出的"在普通话语音范围内考虑问题"。不属于普通话范围的语音,包括北京土语的某些读音在内,都不宜于作为规范的读音进入字典词典,这里牵涉某些方言词语进入汉语字典词典时注音能否突破普通话语音系统的问题。这个问题比较复杂,个人的初步意见是:既然已被汉语字典词典吸收进来,原则上应该按方言与普通话间的对应规律折合普通话的读音来标注。这也许会遇到不少的困难,会出现一些不尽如人意的现象,但无论如何,非万不得已,不要在注音时随意突破普通话音系,这一前提恐怕还是可以成立的。例如,北京土话中"论斤卖"的"论"念成 lin,就不能作为"论"的规范读音。有时候方言土语的读音和一般普通话的俗读界限并不是很清楚。北方方言区的某些土语语音成分，特别容易在人们的语言交际中不知不觉地渗透到普通话中来。这就要求我们在确定语音规范时作深入的调查研究，对口语中的土语成分进行鉴别，为正确贯彻"从众"和"从俗"的原则提供可靠的依据。特别是对于那些口语中本来就存在读音分歧的字、词，更应该在深入调查的基础上进行认真的分析，求得比较合理的解决。例如"酝酿"的"酿"，群众都习惯于念 rang，"发酵"的"酵"，群众都习惯于念 xiao，这跟上述 lin（"论"的土音）不同，不能看作纯粹的土语成分。现代字典词典虽然注音都用 niang（酿）和 jiao（酵），在广泛调查的基础上，考虑到"从众""从俗"的原则，我们订音时是不是还一定要死抠住 niang 和 jiao 不放呢？在没有经过有关审音机构重审以前，新编的汉语字典词典，可以暂把反映语言实际运用情况的"俗读"字音附在原订字音之后，加以必要的说明，承认它的合法地位。

在贯彻"从众""从俗"的原则时，有两个问题值得特别提出来谈谈。一是所谓"积非成是"的问题，一是"名从主人"的问题。

"积非成是"，是在贯彻"从众""从俗"的过程中遇到的一种现象。"非"转化为"是"，应该是有充分的群众基础，有足够的积累过程的。"非"转化为"是"，毕竟只能是个别现象，应该有严格的限制，绝不能随意扩大，更不能任意滥用，否则就有可能导致读音混乱的恶果，以至于为错别字开绿灯。拿人们常举的"荨麻"中"荨"字的读音来说，如果不是广大医药卫生人员都已普遍念为 xun，我们有什么理由可以断定 xun 的读音已经积"非"而成"是"了呢？某些字、词在一部分人嘴里存在着与目前字典词典注音不同的念法，只要这种念法还不具有广泛的群众基础，绝不能匆忙加以承认，更不能轻易让它进入字典词典中来，例如"蜕化变质"的"蜕"字在字典词典中的注音为 tui，我们有时听见有人把它念成 tuo 或 shui，这就得分析分析，不能随便肯定 tuo 或 shui 是"俗读"，从而给它以合法的地位。据初步的调查，一般说来，这个字的 tuo 或 shui，只在文化程度不高的群众中流传，很可能仍属于念别字的情形。文化程度较高的人，一般是不至于说"tuo 化变质"或"shui 化变质"的。这就跟"荨麻"在医药卫生界普遍念成 xunma 大不一样了。还值得一提的是，电台播音和话剧演出对于这类字音的抉择同样负有重大的责任，特别是中央人民广播电台的播音员，往往一个字的读音，一经他们播出，就无形中在亿万人民心中刻下了合法的烙印。为此，电台播音部门和字典词典注音审音部门有必要密切配合，共同负起正音的责任来。只要我们正确理解"积非成是"，认真掌握原则，也就用不着担心会因为"积非"可以"成是"而让错读讹音像决堤洪水般涌进字典词典和播音室里来。像"鬼鬼祟祟"念成"鬼鬼 chongchong"一类的情况，是会被拒于门外的。

　　再说"名从主人"的问题。字典词典中人名地名的注音，一般说来，都应该恪守"名从主人"的原则，但这实际上也离不开"从众""从俗"的原则。就地名来说，普通话审音委员会早在"三审"中已审订过一批国内地名的读音，其中包括一些难认的地名。近年来，国家测绘制图部门编制了汉语拼音地图公开发行，地图上能找到的地名，也都用了拼音。问题在于，有的地名用字"主人"本身就存在着异读的现象，这在字典词典注音时就不能不费点神了。如"堡"字做地名，既有念 bu 的（如陕西吴堡），也有念 pu 的（如十里堡），而"城堡"的"堡"又念成 bao。这在注音时如何处理呢？当然只能把"从主人"和"从众""从俗"结合起来考虑。总的说来，不同的地名如有不同的念法，宜于保留又音，而不宜强求一致。对于个别地名的订音，如果经过调查研究，认为原来字典词典所注的音，乃至"三审"审订过的音确有重新考虑的必要，也未尝不可以有所修订，但必须认真做到审慎从事，择善而从。拿做地名的"济"字来说，现在好些字典词典都注作 jǐ，这就古代水名（"济水"）而言，也许非常确切；可是，对于现在的山东省会济南市的"济"来说，字典词典仍订为 jǐ 音，而实际上一般人都念去声 jì，这就有必要按"三从"的原则来重新考虑了。1963 年 5 月《中国语文》发表了张喆生同志的意见，反映群众提出江苏邳县（现为邳州市）的"邳"读为 pi，与"丕"同音，不应订为 pei，群众的呼声引起有关方面的注意。《现代汉语词典》（试用本）和《新华字典》都已接受了这个意见。这给我们一个很好的启发，地名注音非认真贯彻"从主人"和"三从"的原则不可。

　　人名的注音跟地名注音的性质是相同的，同样要把"从主人"和"三从"的原则结合起来考虑，特别是要把"从主人"放在优先考虑的地位。"主人"本身对同一姓名用字如有不同的念法，又该怎么办呢？我们认为，只要不是念别字，就应该尽量尊重主人自己的意见，字典词典不宜于硬性规定一个与"主人"习惯念法不同的音作为这个人名的读音。例如，"郗"有xi的念法，也有chi的念法，如果单纯从"三从"的角度来考虑，"郗"从"希"旁，读xi也许一般人比较容易接受。可是，姓名的读音毕竟应该首先由"主人"来决定，归根结底，是姓xi还是姓chi，还得尊重姓郗的人的意见。至于像"琛"字本应该念chen，可是有人取作名字时，自己却念为shen，这分明属于念别字的性质，我们注音当然不能迁就这样的"主人"。

某些古代人名的读音按"从主人"的原则是一种读法，按"三从"原则又是另一种读法，怎么办呢？我们认为，应该厚今薄古。古人的名字就不一定死抠"从主人"原则了，不妨以今人的读法来考虑规范读音。但与此同时，还有必要把古读作为又音保留下来，加以必要的说明。例如，"叶公好龙"的"叶"现在就可以订为ye音，但同时注明"旧读she"；"郦食其"的"食其"同样可按今音标注，然后在今音后面说明这个人名"旧读yi ji"。

三、"规律"与"实际"问题

语音演变的规律性是很强的，拿现代汉语各方言和古音来比较，各有各的演变规律可循。这些规律在声母、韵母和声调方面都有所体现。充分认识音变规律，掌握音变规律，是字典词典注音必不可少的业务准备。关于古今音变的整理研究，已经有人做了许多工作，有了不少科学成果可供利用。例如，丁声树先生编录、李荣先生参订的《古今字音对照手册》（科学出版社，1958）就是一本按照音变规律把中古字音和现代字音对照列出的著作，对于字典词典的注音来说，无疑是非常有益的参考资料。

规律不是从天上掉下来的，是从语音在不同历史时期的实际运用中归纳整理出来的。一般地说，大多数现代汉字的读音是和古今语音演变规律相吻合的。最普通的一条古今声调演变规律是：中古时期的上声字在全浊声母的条件下演变成现代北京音是去声，如"动"字在中古时期是全浊声母上声字，现在订音就订为去声，不会有错。可是，规律毕竟还会有例外。由于语音发展的不平衡性，有些现代语音现象，按照一般规律是不好解释的，这就是"一般"之外有"特殊"，也就是我们习惯说的"突破规律"或"规律的例外"现象。碰到这类不符合一般规律的现象，又该怎样处理呢？唯一科学的态度就是实事求是地把规律与实际结合起来考虑，兼顾演变规律与语言实际，按照前面谈到的"三从"原则来妥善地处理每个字词的读音。当遇到语言实际与语言演变规律不相符合时，一定要全面研究，审慎处理，既不能死抠规律，又不能自然主义；要运用多方面的材料，通过仔细的比较，从中酌选最合适的读音来作为订音的依据。拿杭州著名的保俶塔中"俶"一字和西泠桥、西泠印社的"泠"字来说，按规律"俶"字《广韵》"昌六切"，折合现代普通话应该念 chu，可是当地人实际上却大都念 shu；"泠"字《广韵》"郎丁切"，折合现代普通话应该念 ling，辞书和电台广播也都作 ling，如今当地人却大都念为 leng 了。像这类已在群众中扎了根的实际读音，开始也许是由于"认字认半边"引起的讹读，可是，既然今天已成为大家习惯的读音，实际上也已没有多少人去责难这种读音的错误了。归根结底，像人名地名一类的读音，遇到"规律"与"实际"有矛盾时，还是非从实际出发，参照"从主人"与"三从"的原则来斟酌定夺不可。在某种情况下，"规律"往往只好"屈从"一下"实际"，没有多少犹疑的余地。遇到按规律折合可能有两种不同读音时，同样只有从实际出发，多作调查研究，才可能使字音订得合理。

　　按规律推断现代读音，得注意把音义结合起来考虑。所谓"音随义转"，一定的字音是伴随着一定的意义的。古今字音有变化，古今字义同样也有变化。在运用语音演变规律推断今音时，不能不考虑这个字目前所代表的字义与古代是否相同，有没有发生变化。字义一旦有了变化，原先代表古字义的字音就不一定能够作为推断今音的科学依据了。特别是在汉字不断简化、许多字已经压缩合并的情况下，有的古今同形的字实际上已不是同一个字了，如"干部"的"干"是"幹"的简化字，与古代的"干"就不是一回事。又如"萹"字《广韵》有许多反切：芳连切、补殄切、方典切、卑连切、布玄切、北泫切。这些不同的反切所代表的义项基本上都相同。《康熙字典》取方典切和布玄切，释义作"竹草"。《辞源》（1951 改编本）对这个字的释义基本上沿用了古代的同一义项，仍作"竹草""扁竹"讲。既然字义古今没有什么变化，音随义转，按规律推断今音，可以有 biān、piān、biǎn 这几个音供选择，我们就得按照"三从"的原则结合实际来斟酌取舍。《辞源》采用 pian 音，就不出上述范围。可是，另外一种情况值得我们注意，那就是在释义时有的字典词典并不把这个"萹"字作"竹草"讲，而只是把它当作"扁"字的异体来看待。只收现代常用字、词的字典词典一般就都是这样处理的。如《现代汉语词典》（试用本）就把"萹豆"作为"扁豆"的异体（《新华字典》索性不收"萹"字），既然作为"扁"的异体，在这一释义的基础上，音随义转，"萹"的读音就可以径直订为 biǎn（同"扁"），而不必费神去考虑古代作"竹草"讲时有多少反切，折合现代音应如何选择取舍了。可以这样说，在字典词典注音工作中，如果遇到某字已明确它的身份是一个字的异体时，就不妨大胆地按异体字来处理注音，这正是严格遵循"今音从今"，不拘泥于古今音变规律的体现。

按古今音变规律推断今音，对于一些生僻字来说，几乎可以说是唯一的途径。这类字既然生僻，往往不易验诸口耳，难以拿实际的读音来验证。在这种情况下，似乎"规律"就可以主宰这类字音的命运了。我们认为，即使对于这类"我辈数人，定则定矣"的僻字读音，越是对规律的依赖性大，越是要注意避免孤立地只按规律办事。只要有实际情况可供参考，哪怕是间接的，我们都得按照实际情况结合规律来加以认真考虑，绝不可认为反正是生僻字，用途不大，人家不会深究，简单按古音反切折合一个今音就算了。例如，"巂"字是个不常见的古地名、姓氏用字，《广韵》"户圭切"（同"携"），我们如果简单从事、只按户圭切来推断，再拿同偏旁的常用字"携"来印证，也许就会订为 xie，认为万无一失了。实际上，这个字注 xie 音是不够妥当的。对于生僻字的注音，我们不妨多参考一些方言的资料，特别是作地名用的生僻字，更有必要找各地有关的地名来参考。拿这个"巂"字来说，就不妨参考一些带"巂"旁的地名。看看它们在当地群众中是怎样念的。据初步了解，"携"字在方言中是不乏念 i 韵的，闽南方言的潮州话和客家方言的梅县话就都念 i 韵。西南方言的四川有个越西县，原作越巂，这个"巂"就念 xi。再说，同"巂"旁的字中，现代北京音也并非全部念 xie。"蠵""觿"两字就念 xi。综合各种情况来考虑，把用作地名的"巂"字订音为 xi，无疑要比订为 xie 更妥帖一些。

总之，在我们进行字典词典的注音工作时，对规律与实际这两个经常纠缠在一起的问题一定要有正确的理解，要根据具体的情况作全面的分析，既尽量按照规律，又注意不脱离实际，这样才能保证每个字、词的注音能够科学地反映现代汉语的准确读音。

三、百家争鸣与集中统一问题

汉语字典词典的注音问题是一个学术性很强的问题。在审订字音的过程中，从原则、方法到每个字、词的读音，都可能出现不同的意见甚至产生一些争论，这是很自然的事。只有充分调集专业力量，坚持贯彻百家争鸣，大力开展学术讨论，才能在集思广益的基础上把每个字、词的读音审订得科学准确，既能反映汉语语音发展的规律，又能符合语言运用的实际情况。

字音一旦经过充分研究，反映到字典词典中来，无疑将具有规范性和权威性。特别是对于某些存在分歧的语音现象，一经字典词典编纂者与有关审音机构做出定夺，就必然会在社会上产生极大的影响：广播电台将以之作为播音依据，语文教学将以之作为正音标准，其效果可想而知。为此，有关部门过去曾专门成立"普通话审音委员会"作为审订普通话语音的权威机构，并于1957年、1959年、1962年分三批审订了普通话异读词的读音（即所谓的"三审"），对汉语语音规范化起了促进作用。为了保证字典词典注音的质量，进一步推动汉语语音规范化工作，今后仍有必要由国家权威审音机构在百家争鸣、发扬民主的基础上对现代汉语每个字、词的读音加以审订。由国家出版机构出版的各种汉语字典词典，应该尽量避免出现注音不一的现象。

当前，在审音机构尚未恢复组建以前，各汉语字典词典在注音工作中有必要共同考虑以下几点：

（1）对"三审"已经审订的音，一般不要随意更改。经过深入调查研究，认为确有改动必要的个别字音，可以姑且采取一方面保留"三审"读音，一方面加注拟改读音的办法来处理。

（2）未经"三审"审订的字、词，注音时应尽量利用前人的成果。已有字典词典中的注音，特别是影响较大、近期修订出版的字典词典，如《现代汉语词典》《新华字典》等的注音，一般说来是经过严格审订的，比较可靠的。只要没有发现明显不符合规律或不符合实际的注音，就不要轻易改动，以免造成不必要的混乱。旧字典词典中个别注音欠妥，需要重新改订的，一定要做到根据充足，资料翔实，严格按照实事求是的科学态度办事。

（3）目前正在国家统一规划下进行编纂的各种汉语字典词典，特别是几部收字、词较多，分量较重的大型字典词典，在注音审音时应相互通气，加强协作。必要时可在统一领导下共同组成注音审音业务机构，共同研究解决注音中遇到的问题，保证起码做到各汉语字典词典的字、词同音，避免各行其是，使读者无所适从。

（4）现有字典词典中已存在某些注音不一的现象，据统计是数以百计，建议有关机构举行专门学术会议，充分讨论，协商解决，以便尽快消除字典词典中注音分歧的现象。

詹伯慧自选集

第二部分

方言论析

留住方言留住根①
——杂议推广华语与汉语方言

总算有缘,这辈子到过不少地方,也领略过一些异国他乡的风情。我始终觉得,第一印象是最难忘的,也是最宝贵的。十年前,第一次踏足狮城的所见所闻,多少年来深深刻在我的脑海里。从那以后,我每次重来星洲,第一印象便又浮现脑际,我对这里的第二印象、第三印象,总是在重温、对比的怀旧情怀中编织成的。这回是我第四次进入樟宜机场了。这一次,我不再会是匆匆来去的访客,我有半年的聘约,可以有足够的时间来广泛了解这里的社会文化,细细领略这里的人情习俗,慢慢欣赏这里的绮丽风光。我可以认识更多的朋友,有条件用大量的实例来印证、充实我的第一印象、第二印象和第三印象。尤其难得的是,我有机会在课堂以外接触许多朝气蓬勃、肤色各异的青年学生,他们的言谈和举止,他们的讨论和作业,使我又可以进一步从不同的侧面来认识新加坡这条亚洲的"小龙"。正是有了这种种的缘分和情结,当《源》的编辑约我写点东西时,积聚在我脑子里的种种印象、种种感受以及久久盘旋脑际的种种问题,或新或旧,或远或近,一股脑儿都涌上心间,以至于头绪纷繁,竟不知从何谈起才好。想来想去,还是三句不离本行,谈点此刻不少人正关注着的话题,也是我每次访新必谈的题目——推广华语运动和汉语方言吧!

新加坡是个世界少有的多元文化国家,也是个语言应用多元化的国家。在这多语共存、各得其所的地方,英语发挥着通用工作语言的作用,它的主导地位自然是毋庸置疑的。那么,当年漂洋过海,随着老一辈华人从"唐山"带进来的各种汉语方言,特别是像闽南话、潮汕话、客家话、广府话、海南话等使用人口较多的方言,在这个华族人口占总人口七成以上,华族文化深受重视的岛国里,能发挥它的社会功能吗?面对着自1979年以来雷厉风行、持续开展的推广华语(普通话)运动,汉语方言是否已经毫无作为,或是已经荡然无存了呢?作为长期和汉语方言打交道

---

① 原载于新加坡《源》1998年第2期。

的人，也作为从事语言应用研究的人，我没有理由回避这一敏感的话题。我只能面对现实思考分析、发表意见、阐明观点，这就构成了我十年前那次初访狮城的主要活动内容。我除了做过两次关于方言和共同语的讲演以外，还和报业集团的一些编辑举行座谈，回答新闻媒体提出的种种问题。那时候几家报纸接连以醒目的标题报道了我的看法，我赞赏华语运动取得的辉煌成就，但我却担心在推广华语运动的强大攻势下方言的前途。我在讲话中一再强调方言不会被消灭，强调方言作为千百年来活在民众嘴里的交际工具，是不可能因为推广华语就从社会上完全消失的。在中国，推行普通话并不是为了消灭方言，而是为了让会说方言的人都学会讲通用的共同语——普通话，从而形成一个双语并用、有主有从的语言交际局面。我深信新加坡推广华语运动也不是要消灭方言，而是要在各说各的方言的情况下，推广一种华族人民间交际的语言工具，便于彼此沟通，也有助于增强民族国家的凝聚力。我的这些观点、这些看法，自认为是完全符合语言学的基本理论，也完全符合语言应用的实际情况的。因此，多年来，我一有机会就阐明我的这个观点。毫无疑问，由于华语的普及，如今汉语各方言在社会语言生活中的作用已大大降低了。有一些家庭也以华语作为家庭成员间的交际工具。在公共场所，在会议中，"华人说华语"也已成为风尚，可是，方言被消灭了吗？没有，从巴刹中，从超级市场、购物中心中传来的声音，仍然是乡音混杂，广东话、福建话、海南话、潮州话、客家话，照样是应有尽有，异彩纷呈。这次来新加坡，我接触到一些年纪稍大的亲友，他们依然是满口方言。其实这也不值得大惊小怪，方言作为一种世代相传的语言，怎能够那么轻易就被扫进"历史的垃圾堆"？"华语要推广，方言会保留"，我想这将是新加坡华人社会中长久的语言生活格局，任由岁月飞逝，是不会有所改变的。

记得小时候爸爸教我背诵唐诗，就熟记了贺知章那首脍炙人口的七绝："少小离家老大回，乡音无改鬓毛衰。儿童相见不相识，笑问客从何处来。"那时候还没接触过方言学，对"乡音"的理解十分肤浅。后来和方言学结了缘，才明白"乡音"实指方言，什么潮州话、客家话、广府话、海南话，内容可丰富呢！缘何久别乡井，历尽沧桑的游子，归来时鬓发如霜、老态毕现，乡音却依然无改。现在的人也许会说：那时候没有像今天中国这样的"推广普通话"运动，更没有新加坡"少说方言，多说华语"这样的号召。情况果真是如此吗？台湾推行"国语"运动进行了几十年，早已取得显著成果，"国语"在宝岛可算是普及了。然而，近年来我们遇到一些垂老之年回到大陆故园的台湾老兵，他们和久别亲人见面之下，老泪纵横，开口便是一句句的乡音，而且还是相当纯正的乡音呢！实际上，"乡音无改鬓毛衰"并不仅仅是一句千古吟诵的诗句，也是一条语言应用的客观规律，方言的社会性决定了它总是和一定的社会，和组成社会的人民群体紧密联系着的。不同地区有不同的方言，通行于不同地域的方言往往体现出地域文化的特色。大凡民俗风情、历史文物、自然景观、民歌民谣、工艺美术，乃至饮食起居、喜丧礼仪，莫不通过独具一格的地方方言来表现。新加坡春节期间的"春到河畔迎新年"，一年一度的华族文化节，其中展现在我们面前的各种绚丽多彩的地方戏曲，各色美味可口的家乡小吃，莫不都是中华传统文化的体现，这传统文化自然也就包含着神州大地南北各异的地域文化了。方言是地域文化的载体。试问：倘若潮州戏不用潮州方言演唱，粤剧不用广府话演唱，越剧不用浙江绍兴话演唱，还有什么地方戏曲的精彩可言？地方戏曲最显著的特色正是它的方言韵味，没有了地方方言，又何来地方文艺的百花齐放、争艳斗丽呢！远离故土的炎黄子孙，落户南洋的中华儿女，自当融入新社会、适应新环境、建设新家园，努力学会使用全社会通用的语言交际工具，这是顺理成章、势所必然的事。然而，与此同时，不少根在"唐山"、源自闽粤等地的华族老人，到了子孙满堂的耄耋之年，却始终没有因为学会了通用语言便忘却了祖祖辈辈承袭下来的乡音土语。此时此刻，倘若你抽空去串串宗亲会馆的门，你定会享受到以乡音款待的浓郁乡情。潮州的功夫茶和潮州话总是联系在一起的，不说潮州话的人，确实不容易体会功夫茶的甘美芳香。几年前，我和饶宗颐先生到新加坡来出席国际汉学会议，期间潮州八邑会馆就专门请我们去座谈座谈，叙叙乡谊。我们看到会馆在弘扬潮汕文化方面做了大量的工作，他们出丛书，编课本，还为年轻人办起潮语学习班，帮助青少年寻根溯源，这实在是很有意义的事。1996年南洋客属总会主办世界客属联谊大会，与此同时举行了客家学研讨会，我有幸到会宣读论文，在新达城的国际会议厅，来自各地的客家人上台讲话时，总要说上几句客家话，有人甚至大声疾呼："唔晓客家话算脉介客家人（不懂客家话算什么客家人）！"此情此景，不由你不感受到方言的魅力。正是这洋溢着乡情的阵阵乡音，像无形的丝带把散居五湖四海的客属乡亲连接在一起，同心同德，互助互爱，在创造各自美好的幸福生活中发挥着其他语言无法替代的作用。

正是基于方言作用不容抹杀的认识，我们广州市"推普"部门在积极推广普通话时，让公共汽车以普通话和广州话双语报站，这一措施自1987年起一直坚持下来，深受乘客的欢迎。外省人再不用为搭错车下错站而发愁，珠江三角洲一带以至港澳地区的同胞，也不必因不懂普通话而带来麻烦。这双语并用的效果无疑是非常明显的。当然我们所说的双语是有主有从的，其主旨仍然是"推广普通话，保留方言"。推广一种，保留多种，主次始终是分明的。

说到底，方言是根之所在，是千百万海外华裔华人维护乡情乡谊的纽带，是富有价值、值得保留的交际工具。为了使年轻一代认识文化，接触传统，在新加坡推广华语业已获得成功的今天，有人提出"让青年人懂得方言"的呼声，我看是很合时宜、值得重视的。如果华族的孩子们全都不懂方言，或只懂得一点点方言，难免要影响他们和老年人的沟通，自然也会影响到下一代对传统文化，对"根"和"源"（"缘"）的认识了。《联合早报》近年来曾就这些问题展开过讨论，不少有识之士都认为有必要给方言以存在的空间。新加坡新闻及艺术部部长兼贸工部第二部长杨荣文也曾表示，共同语言能加强联系，但也要让乐龄人士有方言的空间，在电视语言尺度上会视情形有所放松。"有所放松"的政策无疑是切合实际的。个人认为，20年前（1979年）新加坡政府发起声势浩大的推广华语运动，确实是一项富有远见卓识的英明措施，是符合新加坡现实语言生活的需要，深得华族人民的欢迎的，也深受中国和世界各地华人赞赏。但今天时代发展了，情况变化了，在继续推广华语的同时，倘能及时对华语方言采取比较宽松的政策，必然会有利于200万以上华族同胞继承本民族文化传统，有利于引导青年人在建设高度发达的新加坡社会中充分发挥中华文化所赋予的精神力量。应该说，重视方言、学会方言是有百利而无一弊的。

留住方言留住根，这就是我要再三重复的一句话。

汉语方言研究的回顾与前瞻①
——在台湾"中央"研究院历史语言研究所的讲话

汉语方言的调查研究源远流长,从汉代扬雄(前53—18年)的《方言》算起,已经有两千年的历史。然而以现代语言科学的理论、技术和方法来调查方言、认识方言、研究方言,则是20世纪20年代以后的事,大约只有70年的历史。本文从回顾汉语方言研究的历史出发,分析汉语方言研究的现状,进而展望汉语方言研究的未来。

一、正确认识汉语方言研究的古典传统

汉语内部存在的差异早在先秦时期的一些典籍中就有所反映,所谓"殊方异语",指的就是不同地方的语言,这当然也包括一些并非方言存在的差别。扬雄的《方言》以"雅言""通语"为中心,列举与"雅言""通语"不同的各种同代词语,反映出当时的确存在着和"雅言""通语"相对立的语言和方言,即今天所说的"标准语"与"非标准语"。

扬雄《方言》的内容包罗万象,揭示了当时错综复杂的"非通语""非标准语"的现象。《方言》一书开创了汉语方言研究的古典传统:从纠正语言应用中的"俗语"出发,收集了民间流传的种种俚俗词语,区别类型,加以说明。这种调查罗列方言词语的传统,始终无法使人看到一个一个方言的完整面貌,而只能看到一些分散的、不成系统的方言词语在与"通语"对比中的表现。不过,《方言》一书毕竟功不可没,它作为中国有史以来第一部记录方言俚语的著作,无疑是传统语文学中非常重要的。《方言》的体系与《尔雅》相似,它对往后的方言研究有启发作用:①重视民间口语,以活的语言为对象进行调查研究;②以词语为调查对象,不受文字的束缚;③既看到方言的复杂性,也看到方言的一致性,在错综复杂的语言现象中首先抓住了"通语"("雅言"),再将与它同义的不同说

---

① 原载于香港《中国语文通讯》1995年12月第36期。

法分列出来，这一观念对于后世的"共同语""标准语"乃至今日的"国语""普通话"的建立都有影响；④在编辑方法上，既着重不同空间的比较，又顾及不同时间的异同，使所列方言词语既有明晰的特征，又有一定的区界。

《方言》开创的调查、收集民间口语加以比较的传统，可惜并没有绵延不断地发展下来。隋唐以后系列韵书的出现，反映中国传统的语文学研究已从上古时期以训诂为中心转向以音韵为中心，而以"雅言"为中心追求共同语的观念，使系列韵书无不以"正音"为其宗旨；即使面对方音存在的"各存土风"的现实，也都无动于衷，总想在分歧的方音中有所取舍、有所规范，以厘定统一的"标准音"。这一排斥方音的语言观影响甚为深远，以至到了清代，中国传统语文学已进入全面发展的时期，俚词俗语的收集受到部分知识分子的重视，一时颇为活跃，但其目的并非全面揭示方言面貌，却是以考证为中心，以"好古"为动力，从而导致所谓"分类考词派"和"分类考字派"的分别。前者是为考求某一词语的历史渊源，旨在指出某一词语见于何书何人；后者是为考求方言俗语的古雅本字，"正俗字之认字"。由于对语言的社会性及其发展缺乏认识，以为每一个方言词语必然会有"本字"可考，这类考证难免出现牵强附会，乃至捕风捉影的现象。

应该看到，汉语方言研究的古典传统，自扬雄《方言》以来，是有其一脉相承的地方的，尽管各个时期表现不尽相同，但其指导思想始终是"利用方言"而非客观的研究方言。规范意识、正音正名意识也好，考证词源、探求本字也好，方言总是作为垫脚石，而不是作为一个语言整体来看待。这一点是贯穿整个方言研究的古典传统的主线。今天回顾汉语方言研究的历史，我想，抓住这一主线非常重要，只有这样才能正确认识过去，正确理解现在，也有助于科学地擘画、展望这门古老科学的未来。在这一点上，我很赞赏在座何大安教授近期在《从中国学术传统论汉语方言研究的过去、现在和未来》（刊于《"中央"研究院历史语言研究所集刊》1993年第63卷第4期）一文中所阐述的观点。他从学术研究方法的角度出发，指出我国传统上以雅言为中心的语言观是阻碍方言研究的主要原因。他对方言研究历史的评论是中肯的、很有见地的，也是击中要害的。

二、20年代开始的现代汉语方言研究

五四运动把中国学术文化从种种束缚中解放出来，各个文化领域都发生着深刻的变化，汉语方言的调查研究也随之进入一个崭新的历史时期。这个转变一直影响到当代的汉语方言研究，其中最明显的变化就是在传统的方言研究中引进了现代语言科学的理论、方法和技术，从而出现了在研究目的、研究对象和研究方法等方面都焕然一新的面貌。把方言作为一个完整的语言来研究，把研究方言和研究一个独立民族语言视为等同的语言研究课题，把普遍应用于语言分析、语言比较的语言科学方法应用到汉语方言的调查研究中来，并且随着语言研究手段的发展而不断有所发展，这些都是扬雄《方言》以来古典研究传统所不能企及的。自从20世纪20年代出现了这一方言研究的新气象以来，70年过去了。这70年中，汉语方言的调查研究走过了不断积累资料、不断总结经验、不断完善研究机制、不断开拓新领域、不断取得新成果、不断面临新问题的历程。这一门古老的学科，今天可以说已经发展到了生机勃勃、前程似锦的阶段。70年的历史回顾，我曾经把它分为两个阶段，即前30年和后40年。前30年从1924年1月北大成立方言研究调查会开始，以赵元任等一批具有欧美现代语言理论和技术素养的前辈学者为领头，1928年出版的《现代吴语研究》为代表；接下来就是1928年历史语言研究所在广州成立以后所开展的系列方言调查，包括1928—1929年的两广方言调查、1933年的陕南方言调查、1934年的徽州方言调查、1935年的江西方言调查和湖南方言调查、1936年的湖北方言调查、1940年的云南方言调查、1942—1946年的四川方言调查等等，与此同时陆续出版了一批有分量、有影响的专著。通过这近30年的实践，为汉语方言调查研究积累了一些较为可靠的材料，使我们对现代汉语方言的类别和特点也有了比较明确的认识，为现代汉语方言研究的全面开展奠定了初步的基础。汉语方言学由此开始发展成为语言学领域中一门相对独立的分支学科，30年间使用的一些调查方法以及所用的调查字表，仍然作为基本经验为我们后人所利用。

至于后40年，也就是史语所搬迁来台、两岸学人开始隔绝以后的这40年，方言的研究在原来的基础上各自有所发展。尽管在大陆和台湾以及海外的汉学界，各有不同的学术环境和社会背景，但在研究汉语方言的

问题上，却明显呈现出殊途同归的趋势。1992年4月，我在北京举行的"中国语文研究四十年"学术研讨会上，应邀宣读了题为《四十年来汉语方言研究的回顾》的论文，从"从冷门到热门""从普查到全面深入的研究""从单点研究到成片研究""从方言词典的编纂到方言地图的绘制"等四个方面概括了40年来汉语方言研究的发展状况。这篇文章已于1992年9月在《大陆杂志》第85卷第3期上全文刊出，这里就不一一赘述了。下面只想结合近期汉语方言研究的发展动向谈谈个人的一些想法。

三、汉语方言研究的动向与前景

经过70年来的汉语方言研究，特别是近40年来的大力开拓与发展，汉语方言研究无疑已是汉语学中的热门，无论是在国内还是在海外，近十多年来对汉语方言研究所取得的成就都非常令人瞩目。但汉语方言如此丰富多彩，就大陆而言，尽管大部分地区的方言已经有人调查过，然而以全部摸清汉语方言"家底"的目标而论，确实尚有相当的距离。目前的研究动向，有几点值得我们注意。

（1）方言词汇的研究正从逐点逐片收集整理方言词汇向着大力编纂方言词典过渡。方言词典的编纂意味着方言词汇的调查进入了一个深入的阶段，两部大型的《汉语方言大词典》和《现代汉语方言大词典》陆续编就刊行，无疑将大大改变以往汉语方言词典偏少的局面。

（2）方言语法的研究日益受到重视。和普通话语法挂钩的思想自从几年前朱德熙教授提出来以后，一些现代汉语语法学者纷纷投入这一天地宽阔的研究领域：1993年余霭芹教授在法国出版她的《汉语方言语法比较》（英文版）一书，给方言工作者很大的启示；最近（1995年4月）在海南举行的第四届闽方言国际研讨会上，现代汉语语法学家邢福义教授就提出一篇从他的家乡海南乐东黄流话的"一二三"看现代汉语语法数词系统的文章，具体贯彻了朱德熙先生的语法研究思想，深受与会学者赞赏，此文将在近期的《方言》季刊上刊出。

（3）方言与相关学科的结合日益加强。1986年周振鹤、游汝杰两位同道出版了《方言与中国文化》（上海人民出版社）一书，影响颇大，现在许多方言学者都在考虑拓宽汉语方言研究的问题。方言与社会、民俗、历史……可以研究的领域很多。语言是文化的载体，方言也是文化的载体,在中国文化发展史中,既离不开语言,也离不开方言,看来这一点已越来越明确了,方言研究的天地大着呢!

(4)方言应用问题的研究。在大力推行民族共同语——普通话的前提下,方言的作用如何?方言与共同语在社会生活中关系如何?它们将如何相处?这些问题是不能回避的。我们常说理论联系实际,这就是现实的实际。在多元化的社会中,多元化的语言生活如何发展、如何引导?当务之急是必须研究如何处理好民族共同语的推广与多元化语言生活之间的关系。我们广东省每两年在深圳举行一次"双语双方言研讨会",从1988年开始已开过三次了,海内外学者对这一学术会议反应相当强烈。这个月底又要举行第四届研讨会了,大家围绕一个语言生活中的现实课题来发表意见、共同切磋,可以预计,这一研讨会的影响将会越来越大。

(5)方言研究的视野正逐渐从单点、单片移向大面积、大地区、多点、多片的综合调查研究。这方面工作目前还有不少困难,主要是人力、经费问题,还有组织策划问题。像当年史语所一个省一个省调查的做法,今天我们需要深入现场、走到田野,要找更多的发音人,选更多的点,困难当然很多,但我们也已有了好的开端。1983年我从武汉大学调到暨南大学以来,面对广东三大方言鼎立的局面,想逐步就广东境内的方言做点大面积的调查,希望做得比普查要细一点,但时间、力量都有限,不可能深入。因此,我只能先把队伍拉起来,和香港张日昇等教授合作,对珠江三角洲方言进行调查,足足花了几年。接下来把目光转向粤北、粤西的粤语,目的是先弄清粤语,有时间、有条件再来搞其他方言。这样十年下来,持之以恒,做了些大面积的调查,总算有了点成果,出版了几本调查报告。目前关键在于如何能保持继往开来,后继有人。广东的方言多着呢!我想广东如此,其他省也该如此。

(6)研究手段的逐步优化。现在电脑的应用已比较普及,有了这个手段今后的研究工作无疑会科学一些,同时,定量分析的方法我们正在大力提倡、大力实践,一心想在科学化方言研究上也下点功夫。总之,汉语方言工作方兴未艾、前程灿烂,但困难不少,各地研究工作很不平衡,还缺乏全国性的宏观规划。希望今后大家能多多交流,共同把汉语这一富有活力的语言学科建设得更好!

二十年来汉语方言研究述评①

一

汉语方言的调查研究从汉代扬雄（前53—18年）算起，已经历了两千年的历史。但是，用现代语言科学的理论、技术和方法来调查方言、研究方言，还是20世纪20年代以后的事，只有70多年的历史。这70多年现代汉语方言研究的历程，大致可以分为两个大的阶段：前30年和后40年。前30年从1924年1月北京大学成立方言调查会开始，以赵元任领衔的一批具有现代语言理论和技术素养的学者，从汉语方言的实际出发，以赵元任的现代吴语调查为发端，连续开展了一系列包括两广、陕南、徽州、江西、湖南、湖北、云南、四川等地区的大面积方言调查，出版了有分量、有影响的著作，为汉语方言调查研究积累了一批前所未有的可靠资料，使我们对现代汉语方言的类别和特点有了比较明确的认识，为现代汉语方言研究的全面开展奠定了初步基础。这30年的实践，可以说是现代汉语方言研究的奠基期。后40年从20世纪50年代开始，也就是两岸学人开始隔绝，原中央研究院历史语言研究所的一批语言学者离开大陆以后，这40年，中国大陆的汉语方言研究经历了逐步加深对方言工作的认识，从开展方言普查到全面深入进行调查研究的漫长岁月。其间又大致可以分为两个不同的时期：普查期和腾飞期。普查期的时间比较短，从20世纪50年代中到60年代中，只有十年左右；接下来是将近十年"文化大革命"的偃旗息鼓时期；随后到了70年代末"十年浩劫"结束，中国进入学术振兴的新时期，汉语方言的研究也随之跨进了一个堪称飞跃发展的腾飞期。这个腾飞期持续发展到今天，已有足足20年。总的来说，整个现代汉语方言研究的70多年历史，可分为奠基期（20世纪20年代

---

① 本文原为1998年12月在美国加州大学（柏克莱）赵元任中国语言学研究中心的演讲稿。1999年经修改后在第八届国际汉语言学会议上（澳大利亚墨尔本大学，1999年7月）宣读。2000年进一步补充材料并作修改后，在《方言》2000年第4期发表。发表时略有删改，此为在《方言》发表前的原稿。

初至50年代初)、普查期(20世纪50年代中至60年代中)和飞跃期(20世纪70年代末迄今)。如果扣除"文化大革命"的十年，现代汉语方言的研究在中国大陆实际上只有60多年的历史。另外，就台湾和海外学者的汉语方言研究而言，以董同龢、杨时逢、丁邦新、张琨和桥本万太郎、易加乐、包拟古、罗杰瑞、余霭芹等为代表，则是从20世纪50年代以来一直沿着赵元任等前辈学者开创的方言研究的传统，结合现代语言科学的发展，吸取了新的理论和方法，继续不断地开展汉语方言的调查研究，取得了不少成果。

本文根据作者掌握的材料，对近20年来中国大陆的汉语方言调查研究进行了简要的述评。

二

20年来，汉语方言研究的飞跃发展有目共睹。这门自20世纪50年代就开展的、引起社会瞩目的"全国方言普查"的学科，此刻已彻底摘掉了"冷门"的"帽子"，在中国语言学中占有突出的地位了。1979年开始的这20年间，汉语方言学界学术活动频繁，充分显示出这门学科是充满活力的、朝气蓬勃的。下面举几个方面的事实来看。

(一) 学术团体和学术机构的组建

当年"中央研究院"一建立就设有历史语言研究所(简称"中研院史语所")。然而，除了这个研究所外，只有北京大学的方言调查会作为汉语方言调查萌芽阶段的学术团体出现，20世纪50年代以前的汉语方言调查工作，几乎都由中研院史语所包揽了。20世纪50年代初，北京成立了中国科学院语言研究所，其中有一个方言组，这个方言组自然也就是全国汉语方言工作的总指挥、总调度部门。20世纪50年代那次全国方言普查，正是在语言研究所方言组的策划和指导下开展的。那时还谈不上建立汉语方言研究的专门学术团体。全国汉语方言学会以及一些省(市)大学中的方言调查研究机构，都是在20世纪80年代以后才建立起来的。这许多方言调查研究学术团体、学术机构的产生，在20年来汉语方言研究的飞跃中所发挥的作用，是不言而喻的。就以全国汉语方言学会的创建来说，这个诞生于1981年11月的全国性学会，是1979年6月24日由一批云集福建厦门参加汉语方言科学讨论会的语言学者发出倡议而着手筹建的。在倡议书上签名的有汤珍珠、李如龙、严学宭、何耿丰、黄典诚、黄春、黄家教、梁玉璋、梁德曼、傅国通、温端政、詹龙标、詹伯慧等人。当时提出了一个响亮的口号——"抢救方言"。语言研究所吕叔湘所长给在厦门举行的这次方言学术讨论会的学者们写了一封信，强调了方言研究的迫切性。他说："方言正在不断地变化，慢慢丧失自己的特点，破坏自己的系统性。现在赶紧进行调查，还不太晚，如果现在不着手，再过二三十年，有许多极有价值的材料将要无可挽回地丢失。"（载《厦门日报》1979年6月24日，题为"方言研究的迫切性"）这个中国历史上首创的中国汉语方言学会，作为团结全国汉语方言的工作者、推动汉语方言研究的学术团体，一经成立就显示出它在汉语方言学界的重要作用。学会不仅大力推动了全国方言研究工作的开展，也大大促进了海内外同道学者的学术交往。学会的成立大会暨首届学术讨论会于1981年11月23—29日在厦门举行时，出席的方言研究者就有100多人，会上宣读的论文有60多篇。此后，学会会员逐年增加，截至1995年年底，会员已达520多名。从1981年起，全国汉语方言学会每两年组织一次大型学术讨论会，先后10届，分别在福建厦门（1981年）、安徽合肥（1983年）、山西忻州（1985年）、浙江舟山（1987年）、湖南大庸（1989年）、江苏南京（1991年）、山东青岛（1993年）、湖北武汉（1995年）、广东汕头（1997年）、广西桂林（1999年）等地举行。从第三届起，每届都有香港及国外的汉语方言学者应邀出席，20世纪90年代海峡两岸沟通以来，近几届的学术会议又都有台湾的同行学者与会。在成立全国汉语方言学会的同时，不少地方的语言学术团体（学会）和高等院校也根据本身的条件分别设立方言研究的学术机构。起步最早的厦门大学方言研究室在1979年就成立了，其后复旦大学成立了吴方言研究室，暨南大学、福建师范大学、山东大学、湖南师范大学、华中师范大学等也在20世纪80年代陆续建立了汉语方言研究室或汉语方言研究中心。有的省、直辖市如山东、山西、湖南、天津，有的地级市如汕头等也成立了汉语方言研究学术团体。而中国社会科学院语言研究所的方言组，在方言研究之风日盛、方言研究课题不断增加的形势下，不断扩充队伍，充实内涵，发展成为所内最具实力、在语言学界影响很大的方言研究室。

（二）《方言》杂志的创办

中国社会科学院语言研究所在李荣教授的积极倡导和具体策划下，办起了中国历史上从未有过的方言研究专业期刊——《方言》杂志。这份每年出版4期，每期16开80页（2000年起改为每期16开96页）的季刊，是20年来中国方言研究飞跃发展的一个重要标志。该刊物既推动了方言研究工作的深入发展，又培养、锻炼出一批方言研究的后起之秀。据统计，《方言》在迄今出刊的80多期中，从未有过脱期的记录。每年4期刊出52万字，20年来刊出汉语方言研究文章，字数已突破1000万字大关。1000万字的成果，足以说明20年来汉语方言研究事业的飞跃发展。《方言》20年来所发表的论文，让人们领略到汉语方言资源无比丰富，汉语方言研究道路无比宽广。这份刊物已成为所有方言研究者必备的杂志，方言工作者无不经常从中找到自己研究所需要的新鲜养料。

（三）学术会议的频繁举行

20年来，汉语方言研究飞跃发展，突出表现在有关汉语方言的学术活动异常频繁上，而多层次、多类型的学术研讨会，更是学术活动空前活跃的明显标志。自20世纪80年代以来，汉语方言方面的专业学术会议此起彼伏，具体数字难以准确统计，几乎每年都有一两次会议，地点遍及南北各地及港澳地区。下面就笔者所知，列举一些汉语方言学术会议。

（1）全国汉语方言学会学术会议（见表1-1）。

表1-1　全国汉语方言学会学术会议

届次	时间	地点	出席人数	论文数
1	1981年11月	福建厦门	约100人	60多篇
2	1983年5月	安徽合肥	97人	89篇
3	1985年7月	山西忻州	160多人	65篇
4	1987年9月	浙江舟山	130多人	109篇
5	1989年8月	湖南大庸	130多人	70多篇
6	1991年11月	江苏南京	120多人	60多篇
7	1993年7月	山东青岛	130多人	90多篇
8	1995年10月	湖北武汉	110人	95篇
9	1997年2月	广东汕头	140多人	70多篇
10	1999年11月	广西桂林	约200人	173篇

（2）国际粤方言研讨会（见表1-2）。

表1-2　国际粤方言研讨会

届次	时间	地点	召集人	出席人数	论文数
1	1987年7月	香港	单周尧（香港大学）	50多人	40多篇
2	1989年7月	广州	詹伯慧（暨南大学）	50多人	40多篇
3	1991年7月	澳门	胡培周（澳门中国语文学会）	约40人	30多篇
4	1993年12月	香港	陈志诚（香港城市理工学院）	约100人	60多篇
5	1995年12月	广州	詹伯慧（暨南大学）	70多人	60多篇
6	1997年8月	澳门	胡培周（澳门中国语文学会）	约70人	40多篇
7	1999年6月	香港	单周尧、陆镜光（香港大学）	150多人	99篇

（3）国际闽方言研讨会（见表1-3）。

表1-3　国际闽方言研讨会

届次	时间	地点	召集人	出席人数	论文数
1	1988年4月	福州	李如龙（福建师范大学）	约30人	20多篇
2	1990年8月	汕头	梁东汉（汕头大学） 林伦伦（汕头大学）	65人	55篇
3	1993年1月	香港	张双庆（香港中文大学）	63人	46篇
4	1995年4月	海口	詹伯慧（暨南大学） 李如龙（暨南大学） 张双庆（香港中文大学）	50多人	40多篇
5	1997年2月	泉州	詹伯慧（暨南大学） 李如龙（暨南大学） 张双庆（香港中文大学） 周长楫（厦门大学） 王建设（华侨大学）	50多人	44篇
6	1999年6月	香港	丁邦新（香港科技大学） 张双庆（香港中文大学） 詹伯慧（暨南大学） 李如龙（厦门大学）	50多人	43篇

除了上述全国方言学术讨论会、国际粤方言和闽方言研讨会是两年一届定期举行外，还有以下方言研讨会。

（1）国际吴方言、晋方言、官话方言研讨会。1988年在香港中文大学举行过"国际吴方言研讨会"，召集人为徐云扬、许宝华教授。1995年在山西太原举行过"首届晋语国际研讨会"，由侯精一、温端政、陈庆延等教授主持。而作为汉语方言最大一支的官话方言，也于1997年7月在山东青岛举行了首届国际研讨会，由钱曾怡教授主持，出席会议的海内外学者有109人，提交论文92篇。

（2）客家方言（国际）研讨会。研究客家方言的学者曾于1993年9月聚会福建龙岩，举行了首届客家方言研讨会，其后又于1996年8月在广东增城举行了第二届客家方言（国际）研讨会，于1998年10月在广东省韶关市举行了第三届客家方言（国际）研讨会。这几次客家方言研讨会分别由饶长溶、李如龙、周日健、林立芳等客家方言学者主持。

（3）双语双方言研讨会。由深圳深港语言研究所主办，每隔两年在深圳举行一次双语双方言（国际）研讨会。自1988年以来已举行过6次，每次都是由该所所长陈恩泉主持，研讨会内容主要是研究方言地区双语双方言（含多方言）的社会应用问题。

（4）李实学术研讨会。1991年9月在四川遂宁举行过一次别开生面的国际李实学术研讨会，会上对李实所著的《蜀语》进行了讨论，有海内外学者40多人出席，宣读论文20多篇。

（5）《方言》创刊20周年学术讨论会。1998年5月28—31日在四川成都举行了"庆祝《方言》杂志创刊20周年学术讨论会"，出席会议的有70多人，会上宣读论文40多篇。

（6）今日粤语研讨会。这是对定期举行的国际粤方言研讨会的补充，规模较小，以粤语语法现象为其主要研究内容。自1993年起，在广州先后举行过4次（1993年、1994年、1995年、1998年），分别由广州几所大学轮流主办。主持人为香港城市大学郑定欧博士和主办学校的青年粤语学者。

此外，还有1994年10月在厦门大学举行的一次小规模的"海峡两岸闽南方言学术研讨会"，1996年12月在暨南大学汉语方言研究中心举行的"首届东南亚华人语言学术研讨会"，以及由李如龙、张双庆（香港）、平田昌司（日）等主持的分别于1993年、1994年、1995年、1996年、1997年、1998年、2000年在上海、广东韶关、湖北武汉、安徽黄山、江苏苏州、福建武夷等地举行的小型"东南方言语法比较研讨会"等。

以上所举汉语方言学术会议已有30多次，难免还有遗漏，20年来汉语方言学术活动之频繁，也就可见一斑了。

（四）人才的培养和专业队伍的建设

20年来，汉语方言研究的飞跃发展在人才的培养和专业队伍的建设上也有所体现。20世纪50年代在开展大规模汉语方言普查时，就曾以短期培训的方式培训了一批散布在全国各地的能够从事方言调查的人才。他们中有不少人士，在方言研究事业的腾飞中，进一步通过调查实践，充实自己的业务，提高自己的研究能力，在方言研究中做出了贡献。与此同时，随着研究生教育的发展，20世纪80年代以来，各地高等院校开始招收以汉语方言为研究方向的硕士研究生，先后毕业的已有几十人投身到方言研究的行列中来，成为方言研究的骨干力量。20世纪90年代以来，中国社会科学院语言研究所和暨南大学、厦门大学、复旦大学、北京大学、山东大学、上海师范大学等高等学校的相关专业，又先后招收了一些有志于汉语方言研究的博士研究生，迄今已有30多位获得博士学位，其中不少已是汉语方言研究专业队伍中的学科带头人。

三

以上四个方面的事实，从不同侧面反映出20年来汉语方言研究飞跃发展的状况。然而，这些都还没有触及方言研究在方向和内涵上的变化。综观20年来发表的数以千计的汉语方言研究论文和数以百计的汉语方言研究专著，给人的印象是：这20年来，遍布各地的汉语方言工作者在填补方言研究空白、揭示方言特点、编纂方言词典、绘制方言地图以及拓展研究领域、进行成片调查等多方面都取得了可观的成绩。

就拿"填补空白"来说，20年来，在辽阔的中华大地上，北至陕甘宁青新蒙和东北三省，南至云贵川湘闽粤琼桂，东至鲁皖苏浙赣，中及豫鄂等省（自治区、直辖市），几乎凡有汉语方言的地方，或多或少都已有过方言调查的记录，完全未被方言工作者"染指"过的"处女地"，为数越来越少了。

再就深挖汉语方言特点方面来看，20年来发表在《方言》《中国语文》及各地学术刊物中的文章不计其数,其中不少是就汉语方言某一语音特点进行深入挖掘、深入探讨的。如揭示方言语音的屈折变化、讨论方言中的连读变调、文白异读等现象的文章就很多。这反映出语音方面的研究方向,已从一般的记录描写转向对特殊语音现象的深入探讨。特别值得重视的是对于方言词汇、方言语法特征的揭示和比较,在近几年发表的汉语方言论文乃至汉语方言专著中,已占有相当的比重,一扫过去只重方音研究而忽略方言词汇、方言语法研究的偏向。

就方言语法的研究来说,以往人们很少看到专论方言语法的专著出版,张洪年教授早年写的《香港粤语语法研究》一书,就是难得一见的研究方言语法而卓有成效的专著。近年来这一情况有所改变,不但在《方言》等刊物上经常出现探讨方言语法现象、深挖方言语法特征的论文,以方言语法为内容的专著也时有所见。美国华盛顿大学余霭芹教授1993年在法国出版的《汉语方言语法比较》和青岛大学黄伯荣教授主编的《汉语方言语法类编》便是突出的代表。前面提到的近年来由李如龙、张双庆等语言学者组织的东南方言语法小型研讨会,每次讨论一个方言语法专题,会后已经连续出版了几本方言语法的论文集,如《动词的体》《动词谓语句》《代词》等。20世纪90年代以来,各地都有方言研究者潜心于语法研究,这方面的成果非常可观。已公开出版的著作就有《湖南方言语法系列丛书》中的《湖南方言的动态助词》和《湖南方言的介词》(伍云姬主编)、《汉语方言共时与历时语法研讨会论文集》(伍云姬主编)、《汉语方言体貌论文集》(胡明扬主编)、《大冶方言语法研究》(汪国胜)、《内蒙古西部方言语法研究》(邢向东)、《上海方言语法研究》(徐烈炯、邵敬敏)、《梅县方言语法论稿》(林立芳)等多种。

在拓展方言研究领域、进行大面积成片方言调查方面,近20年来所取得的成绩也十分显著。众所周知,20世纪80年代以来,汉语方言学者为配合各地编修地方史志而大力开展的方言志的编纂工作,取得了空前的大丰收。各类大中小型、详略不一的方言志不断出版,这比起20世纪60年代只有语言研究所方言组编写的一部《昌黎方言志》来,真可谓一日千里,大踏步前进了。现在我们能看到的大型方言志,已问世的就有《云南省志汉语方言志》(吴积才主编)、《上海市区方言志》(许宝华、汤珍珠主编)、《苏州方言志》(叶祥苓主编)、《江苏省志方言志》(鲍明炜主编)、《广西通志方言志》(杨焕典主编)、《陕西省志方言志(陕北部分)》(刘育林主编)、《福建省志方言志》(福建省地方志编辑委员会编)、《广州市志方言志》（李新魁主编）以及由温端政等撰写的"山西省方言志系列丛书"和由钱曾怡等编撰的"山东省方言志系列丛书"等等。如果说方言志的编写是方言工作者在扩大方言研究领域中迈出的可喜一步，那么进一步把方言研究和地域文化、社会语言应用联系起来，方言研究的天地就更加广阔了。20年来在这方面也有成功的例子。上海复旦大学游汝杰教授与周振鹤教授合著的《方言与中国文化》，就是把方言研究领域进一步拓宽而获得好评的一本专著。其后，四川学者崔荣昌出版了《四川方言与巴蜀文化》，黄尚军出版了《四川方言与民俗》。时下不少学者在双语双方言的命题下对方言社会应用问题展开了一系列的探讨，这类探讨使方言研究更富有现实的社会意义。20年来，方言工作者在这方面所做的努力和所取得的成果，体现在由连续六届双语双方言研讨会的论文汇集编成的几本《双语双方言》论文集中，总共近200万字，无疑大大丰富了现代汉语方言学的宝库。方言学家李如龙教授多年来写了不少有关方言应用方面的文章，最近他把这些文章结集出版，题为"方言学应用研究文集"。

　　如前所述，由赵元任、罗常培、丁声树、杨时逢、董同龢等前辈学者开始的汉语方言调查研究，以分省分区的大面积成片调查引起学术界的瞩目。在20世纪50年代的"普查"以后，也曾经有过要在"普查"的基础上再作进一步有重点的深入调查，以期能够编写出分省分区方言调查报告或方言概况的设想。可惜的是"文革"风暴呼啸而来，学术界"万马齐喑"，方言调查工作被迫停顿，许多地方连"普查"积累下来的一些原始方言材料也荡然无存，进一步的大面积调查也就无法实现了。只是到了近20年，在方言研究工作进入飞跃期后，这一类属于方言研究中重大基础建设的大面积方言调查才又得到充分的重视。不少省（市）为此投入大量的人力物力，经过了少则三年五载，多则十年八载的努力，终于有了预期的收获。就我们对广东粤方言的调查来说，从20世纪80年代中期到20世纪90年代中期，连续"作战"了将近十载，才完成了对珠江三角洲、北江流域和西江流域这三个地区几十个粤方言点的初步调查，编出了五册约500万字粗线条的方言调查报告（《珠江三角洲方言调查报告》三卷、《粤北十县市粤方言调查报告》《粤西十县市粤方言调查报告》）。像这样经得起长年累月"折腾"的方言工作，近20年来同样出现在江苏、浙江两省的吴语调查中，也出现在山东省的胶东方言调查、福建省的闽方言调查、山西省的"晋语"调查和湖南省、四川省、云南省的大面积方言调查中。特别值得一提的是，近期出版的773万字五卷巨著《普通话基础方言基本词汇集》，从1985年立项到1996年出版，集结了数以百计的北方方言工作者，进行了近十载的耕耘，终于把涉及面积占大半个汉语地区的北方方言的基本词汇展示到读者面前。这项重大的方言基础工程的完成，无疑是20年来汉语方言研究取得辉煌成果的重要标志。

在论及"巨大工程"时，人们当然不会忘记摆在许多图书馆汉语方言书架上堪称巨著的两大本《中国语言地图集》和41卷本的《现代汉语方言大词典》，这两套巨著是在语言研究所方言研究室李荣教授的主持下，集结了全国各地方言工作者的力量分别在20世纪80年代后期和近期协力完成的。与此同时，由复旦大学许宝华教授和日本京都外国语大学宫田一郎教授主编的五卷本1700万字《汉语方言大词典》，融古今南北汉语方言于一体，经过近十年的努力，也终于在近期出版问世了。它和41卷分地版的《现代汉语方言大词典》堪称汉语方言研究史上的两大杰作，在中国语言学史中无疑占有突出的地位。

20年来，在投入巨大力量建设汉语方言重大工程的同时，方言学界的同道并没有放松继续按照各自的条件开展个别方言或成片方言的深入研究。"七五"期间（1986—1990年）被列入国家社科研究重点项目的"汉语方言重点调查"在持续进行，在贺巍、张振兴的主持下，十多位方言学者深入实地对各方言点进行了语音、词汇和语法的全面调查，分别写出了《漳平方言研究》（张振兴）、《洛阳方言研究》（贺巍）、《博山方言研究》（钱曾怡）、《江永方言研究》（黄雪贞）、《嘉定方言研究》（汤珍珠、陈忠敏）、《福清方言研究》（冯爱珍）、《武汉方言研究》（朱建颂）、《舟山方言研究》（方松熹）、《黎川方言研究》（颜森）等一批体例一致、内容全面、分析详尽而又各具特色的单一方言研究专著。这批专著在一定程度上反映出80年代后期方言研究达到的水平。除此以外，20世纪80年代以来，特别是近十年来，各地方言研究者还编写出一批颇引人注目的方言新著。这些著作既有方言学界资深学者多年研究的结晶，也不乏后起之秀刻苦经营的精湛之作；既体现出方言研究的深入发展，也体现出方言研究不断涌现新人、长江后浪推前浪的可喜景象。如今，检视书架上的方言著作，除前面提到过的以外，较有分量的还有《闽语研究》（陈章太、李如龙）、《客赣方言调查报告》（李如龙、张双庆主编）、《广州方言研究》（李新魁等）、《现代晋语的研究》（侯精一）、《长沙方言》（李永明)、《当代吴语研究》(钱乃荣)、《严州方言研究》(曹志耘)、《厦门方言研究》(周长楫、欧阳忆耘)、《澄海方言研究》(林伦伦)、《音韵与方言研究》(麦耘)、《方言论稿》(施其生),还有刚刚收到的厚厚一大本《客赣方言比较研究》(刘纶鑫主编),等等。这里我想特别提一下《当代吴语研究》一书。作者根据语言学大师赵元任当年编写《现代吴语的研究》调查过的吴方言点重新进行逐一调查,对比相隔70年后同一地点方言的发展变化,令人看到现代吴语发展的情况,实在是很有意义的事。我还想提提湖南的汉语方言研究。湖南省的语言学者近20年来对方言研究工作的高度重视,实在令人感动!从20世纪80年代开始,一本又一本地出版李永明等人的方言研究成果以后,一直在花力气壮大方言研究的队伍,扩大方言研究的范围。20世纪90年代以来,除出版"湖南方言语法研究系列丛书"以外,近期又陆续以"湖南方言研究丛书"为题,出版包括15个湖南方言代表点的15本湖南方言研究专著。这套丛书体例一致,书前有湖南汉语方言概况,导论介绍历史沿革、地理人口和方言内部差异,中心内容是语音、词汇、语法的描写,还有方言和中古音以及普通话的比较。笔者想,如果每一个省都能像湖南这样抓紧方言研究工作,汉语方言工作必然可以在较短时间内有更大的飞跃。

20年来,我国方言学者一方面积极拓宽方言研究领域,深入探索各种方言问题;一方面关注研究方法上的革新。如为了利用音声科学的成果,使汉语方言著作能以声文具备的形式推向社会,由侯精一策划主编的《现代汉语方言音库》在20世纪90年代完成了40种汉语方言音档的制作。这套方言音档对于人们理解方言确是一件大好事。

四

如上所述,持续20年的汉语方言研究飞跃时期,为汉语方言学的学术大厦打下了一块块坚实的基石,也为中国语言学宝库增添了一大笔珍贵的财富。20年来发展的事实说明,汉语方言的研究正在不断向着多层次、全方位的方向发展。那就是既坚持全面开花,又强调深入挖掘;既要注意开拓新领域,又要重视传统研究。在综观20年来汉语方言研究持续发展的历程,赞赏取得辉煌成绩的同时,我们也感到在某些方面尚有值得改进的余地。

(1) 尽管大面积成片研究已取得不少成果,但覆盖面还不够大。从已发表的专著和论文看,仍是描写、研究地点方言的居多,涉及成片地区的方言调查项目不多。目前,能够看到的反映一个省或一个地区方言面貌的著述更是屈指可数,有必要在统一规划下投入更多的力量,组织更强大的研究队伍来投入这类大面积的汉语方言调查工作,争取几年内有更大的突破。与此相关,对一些重要的跨地区的方言,如闽方言、粤方言等,也有必要组织大兵团作战,为不同地区的闽方言、粤方言、客方言等分别编写出跨地区的、综合性的《闽方言概说》《粤方言概说》和《客方言概说》等较有分量的反映该方言全貌的著述。

(2) 方言比较方面的研究有必要进一步加强。汉语方言的比较研究,无论是历时的比较还是共时的比较,都是重要的研究课题,如闽吴方言的比较研究、闽粤方言的比较研究等。20年来发表的这类成果极少,这无疑是值得加强的薄弱环节。

(3) 方言应用问题的研究。在共同语日渐普及的情况下,方言的社会功能如何?方言是不可能消灭的,如何在既推广共同语又保持方言的作用方面取得适当的平衡?这中间有理论问题,有政策问题,也有技术性问题。方言的研究应该与社会语言学、应用语言学紧密配合。在这方面,过去20年人们似乎注意得不多,今后也有必要加强。

(4) 20年来汉语方言研究中曾经有过一些值得讨论的问题,然而,对这些问题的讨论由于没有能够一竿子插到底,以致仍有"悬而未决"的现象存在。其中突出的一个问题就是汉语方言的分区以及某些方言的归属。1983年全国汉语方言学会第二届学术讨论会在合肥举行时,曾以汉语方言的分区为研究主题,随后在《方言》杂志上曾陆续发表过几篇讨论分区问题的文章。这些文章在解决某些方言的区界、某些方言的归属问题上产生了一定的作用,可是,对于整个汉语方言分区的格局,以及总体上如何确立汉语各个方言区,讨论还不够充分,某些问题还没能取得一致见解。就在这种意见尚未统一的情况下,由中国社会科学院和澳大利亚人文科学院合编,于1988年出版的《中国语言地图集》中的汉语方言部分,在汉语方言的分区中,就出现了对原先"七区说"进行较大改动的"十大方言"新体系。其中最引人注目的是在官话方言(北方方言)中分立了"晋语"一区,使之与官话及其他各大方言平行;同时增设"徽语"和"平话"两个方言区。作为权威之作的《中国语言地图集》,这一改动对汉语方言分区的影响自然很大。然而,由于有的方言学者认为把"晋语"独立一区的理由不够充分,"平话"的设立更缺乏足够的依据和论证,而这样大的改动也没有在方言学界进行过认真的讨论,让持不同意见的同道有充分的"争鸣"机会,由此带来的后果就是"想不通"者始终保留自己的观点,新的分区体系难以得到普遍的认同。一些现代汉语及汉语方言的教材也多未采纳新的分区说。就"平话"来说,笔者近期接触到三位广西籍的博士生,他们都以"平话"为题撰写博士论文,有的对"桂南平话"做了全面的调查,有的对"桂北平话"做了深入的了解,有的甚至对广西南北各地的"平话"都进行了全面的调查。他们三位通过调查不约而同地认为把"平话"独立一区欠妥。其实,这个问题并不只中国大陆的方言学者意见不一,大陆以外的语言学家中,未能接受"晋语""平话"独立之说者也大有人在。不久前,丁邦新教授在《国际中国语言学评论》第1期(1996年)中发表他写的《中国语言地图集》书评,就对晋语问题、平话问题以及其他几个有关方言分区的问题发表了看法。丁先生明确指出,晋语分区理由不足,并指出《中国语言地图集》中对汉语方言的分区"缺乏原则性的讨论","有的时候用音值作为条件,有的时候用词汇或构词法作为条件,显得章法不清,瑕瑜互见"。由此看来,汉语方言分区问题并不是已经不值得再讨论了,而是大有讨论的余地。近期在桂林举行的第十届全国汉语方言学会学术会议上,方言分区问题就仍然是专题讨论的热点之一。这个问题反映出汉语方言学界学术争鸣的气氛还不够浓厚。"争鸣"的开展对于汉语方言学的理论建设无疑十分重要,今后在这方面确实非认真加强不可。

(5)跟学术争鸣问题有关。我们想到:20年来汉语方言研究硕果累累,成绩斐然。虽然出版了许许多多的学术著作,却很少看到有关这些著作的书评在刊物上发表。这种缺少评论气氛的现象,显然也是不利于汉语方言学的健康发展的。近十多年来,我们研究汉语方言的人,书架上都增添了许多大部头的汉语方言巨著,可是,我们从《方言》杂志或《中国语文》等权威语文杂志中却很难看到有关这类巨著的书评。看来,有必要提倡我们的同道多写书评,也希望刊物多发表书评。我很赞赏《国际中国语言学评论》这样的刊物,我想即使不能办这样专门发表评论文章的刊物,在《方言》《中国语文》等刊物中开辟书刊评论的专栏,经常发表一些书评,也是功德无量的大好事。

参考文献

[1] 鲍厚星. 二十世纪湖南方言研究概述. 方言, 2000 (1): 47～54.
[2] 鲍明炜. 江苏省志方言志. 南京: 南京大学出版社, 1998.
[3] 北京大学中文系. 汉语方言字汇. 2版. 北京: 文字改革出版社, 1989.
[4] 北京大学中文系. 汉语方言词汇. 2版. 北京: 语文出版社, 1995.
[5] 曹志耘. 对二十一世纪语言研究的几点想法. 语言教学与研究, 2000 (1).
[6] 陈昌仪. 赣方言概要. 南昌: 江西教育出版社, 1991.
[7] 陈恩泉. 双语双方言. 广州: 中山大学出版社, 1989.
[8] 陈恩泉. 双语双方言（二）. 香港: 彩虹出版社, 1992.
[9] 陈恩泉. 双语双方言（三）. 香港: 汉学出版社, 1994.
[10] 陈恩泉. 汉语双方言（四）. 香港: 汉学出版社, 1996.
[11] 陈恩泉. 汉语双方言（五）. 香港: 汉学出版社, 1997.
[12] 陈章太, 李行健. 普通话基础方言基本词汇集. 北京: 语文出版社, 1996.
[13] 崔荣昌. 四川方言与巴蜀文化. 成都: 四川大学出版社, 1996.
[14] 丁邦新. 评《中国语言地图集》. 国际中国语言学评论, 1996, 1 (1).
[15] 丁邦新. 丁邦新语言学论文集. 北京: 商务印书馆, 1998.
[16] 邓景滨. 汉语方言论文集. 香港: 现代教育研究社, 1997.
[17] 方言编辑部. 《现代汉语方言大词典》分卷本出版座谈会. 方言, 1999 (2): 81～94.
[18] 方言编辑部. 《汉语方言大词典》出版首发庆贺会. 方言, 1999 (3): 161～163.
[19] 高华年. 广州方言研究. 香港: 香港商务印书馆, 1980.
[20] 何耿镛. 汉语方言研究小史. 太原: 山西人民出版社, 1984.
[21] 贺巍. 汉语方言研究的现状与展望. 语文研究, 1991 (3).
[22] 侯精一. 现代晋语的研究. 北京: 商务印书馆, 1999.
[23] 侯精一. 现代汉语方言音库. 上海: 上海教育出版社, 1998.
[24] 黄伯荣. 汉语方言语法类编. 青岛: 青岛出版社, 1996.
[25] 黄典诚. 闽语的特征. 方言, 1984 (3): 161～164.

[26] 黄家教. 语言论集. 广州：广东人民出版社，1996.

[27] 黄家教，等. 汉语方言论集. 北京：北京语言文化大学出版社，1997.

[28] 黄雪贞. 客家话的分布与内部异同. 方言，1987（2）：81～96.

[29] 李蓝. 六十年来西南官话的调查与研究. 方言，1997（4）：249～257.

[30] 李荣. 关于汉语方言研究的几点意见. 方言，1983（1）：1～15.

[31] 李荣. 官话方言的分区. 方言，1985（1）：2～5.

[32] 李荣. 关于汉语方言分区的几点意见. 方言，1985（2）：81～88，161～162.

[33] 李荣. 中国的语言和方言. 方言，1989（3）：161～167.

[34] 李荣. 汉语方言的分区. 方言，1989（4）：241～259.

[35] 李荣. 现代汉语方言大词典分卷本（41卷）. 南京：江苏教育出版社，1998.

[36] 李如龙，张双庆. 客赣方言调查报告. 厦门：厦门大学出版社，1992.

[37] 李如龙，庄初升，严修鸿. 福建双方言研究. 香港：汉学出版社，1995.

[38] 李如龙. 方言与音韵论集. 香港：香港中文大学吴多泰中国语文研究中心，1996.

[39] 李如龙. 福建方言. 福州：福建人民出版社，1997.

[40] 李如龙. 方言学应用研究文集. 长沙：湖南师范大学出版社，1998.

[41] 李树俨. 面向二十一世纪的汉语方言研究. 方言，1999（1）：14～20.

[42] 李新魁，等. 广州方言研究. 广州：广东人民出版社，1995.

[43] 李行杰. 描写分析综合创新. 方言，1999（1）：5～13.

[44] 李行健. 李实学术研讨会文集. 北京：语文出版社，1996.

[45] 李永明. 临武方言——土话与官话的比较研究. 长沙：湖南人民出版社，1989.

[46] 梁德曼. 四川方言与普通话. 成都：四川人民出版社，1982.

[47] 梁敏，张均如. 广西平话概论. 方言，1999（1）：24～32.

[48] 梁金荣. 桂北平话语音研究. 方言，1999（1）：24～32.

[49] 梁金荣, 高然, 钟奇. 关于汉语方言分区的几个问题——兼论晋语的归属. 语文研究, 1997 (2).

[50] 梁莉莉. 香港粤语与香港文化的关系. 方言, 1997 (3): 183~186.

[51] 林伦伦, 陈小枫. 广东闽方言语音研究. 汕头: 汕头大学出版社, 1996.

[52] 林焘. 北京官话区的划分. 方言, 1987 (3): 166~172.

[53] 刘坚. 二十世纪的中国语言学. 北京: 北京大学出版社, 1998.

[54] 刘纶鑫. 客赣方言比较研究. 北京: 中国社会科学出版社, 1999.

[55] 刘兴策. 近百年来湖北省汉语方言研究综述. 方言, 1998 (3): 174~177.

[56] 刘勋宁. 再论汉语北方话的分区. 中国语文, 1995 (2).

[57] 刘育林. 陕北方言略说. 方言, 1988 (4): 257~269.

[58] 刘镇发. 香港原居民的汉语方言. 方言, 1997 (2): 133~137.

[59] 陆俭明. 新中国语言学50年. 当代语言学, 1999 (4).

[60] 罗杰瑞. Chinese. Cambridge: Cambridge University Press, 1988. (罗杰瑞. 汉语概说. 中译本. 张惠英, 译. 北京: 语文出版社, 1995)

[61] 麦耘. 音韵与方言研究. 广州: 广东人民出版社, 1995.

[62] 聂建民, 李琦. 汉语方言研究文献目录. 南京: 江苏教育出版社, 1993.

[63] 潘家懿. 海丰方言三十年来的演变. 方言, 1996 (4): 264~271.

[64] 彭小川. 试论汉语方言分区的典型性问题. 暨南大学学报, 1987 (2).

[65] 钱乃荣. 当代吴语研究. 上海: 上海教育出版社, 1992.

[66] 钱曾怡. 世纪之交汉语方言学的回顾与展望. 方言, 1998 (4): 243~246.

[67] 施其生. 方言论稿. 广州: 广东人民出版社, 1996.

[68] 汤珍珠, 陈忠敏. 嘉定方言研究. 北京: 社会科学文献出版社, 1993.

[69] 汪国胜. 大冶方言语法研究. 武汉: 湖北教育出版社, 1994.

[70] 汪平. 苏州方言语音研究. 武汉: 华中理工大学出版社, 1996.

[71] 王福堂. 二十世纪的汉语方言学//刘坚. 二十世纪的中国语言学.

北京：北京大学出版社，1998.

[72] 王福堂. 汉语方言语音的演变和层次. 北京：语文出版社，1999.

[73] 温端政. 试论晋语的特点与归属. 语文研究，1997（2）.

[74] 温端政. 晋语"分立"与汉语方言分区问题. 语文研究，2000（1）.

[75] 吴积才. 云南省志汉语方言志. 昆明：云南人民出版社，1989.

[76] 吴启主. 湖南方言研究丛书（十五种）. 长沙：湖南教育出版社，1999.

[77] 伍云姬. 汉语方言共时与历时语法讨论文集. 广州：暨南大学出版社，1999.

[78] 徐烈炯，邵敬敏. 上海方言语法研究. 上海：华东师范大学出版社，1998.

[79] 徐通锵. 汉语的特点与语言共性的研究. 语文研究，1999（4）.

[80] 许宝华，汤珍珠. 略说汉语方言研究的历史发展. 语文研究，1982（2）.

[81] 许宝华，汤珍珠. 上海市区方言志. 上海：上海教育出版社，1988.

[82] 许宝华，（日）宫田一郎. 汉语方言大词典（五卷）. 北京：中华书局，1999.

[83] 许嘉璐，王福祥，刘润清. 中国语言学现状与展望. 北京：外语教学与研究出版社，1996.

[84] 颜逸明. 吴语概说. 上海：华东师范大学出版社，1994.

[85] 杨焕典. 广西通志·汉语方言志. 南宁：广西人民出版社，1998.

[86] 叶祥苓. 苏州方言志. 南京：江苏教育出版社，1988.

[87] 游汝杰. 汉语方言学导论. 上海：上海教育出版社，1992.

[88] 余霭芹. Comparative Chinese Dialectal Grammar. Paris：CRLAO Ecoledes Hautes Etudesen Sciences Sociales，1993.

[89] 袁家骅. 汉语方言概要. 2版. 北京：文字改革出版社，1983.

[90] 詹伯慧，张日昇. 珠江三角洲方言调查报告（1～3卷）. 广州：广东人民出版社，新世纪出版社，1987—1988，1990.

[91] 詹伯慧. 汉语方言及方言调查. 武汉：湖北教育出版社，1991.

[92] 詹伯慧. 语言与方言论集. 广州：广东人民出版社，1993.

[93] 詹伯慧，张日昇. 粤北十县市粤方言调查报告. 广州：暨南大学出

版社，1994.

[94] 詹伯慧. 方言·共同语·语文教学. 澳门：澳门日报出版社，1995.

[95] 詹伯慧，张日昇. 粤西十县市粤方言调查报告. 广州：暨南大学出版社，1998.

[96] 詹伯慧.《方言》二十年述评. 方言，1998（2）：163～172.

[97] 张光宇. 闽客方言史稿. 台北：南天书局，1996.

[98] 张光宇. 东南方言关系综论. 方言，1999（2）：33～44.

[99] 张惠英. 汉语方言代词研究. 方言，1997（2）：88～96.

[100] 张日昇，甘于恩. 粤方言研究书目. 香港：香港语言学学会，1993.

[101] 张振兴. 台湾闽南方言记略. 福州：福建人民出版社，1983.

[102] 张振兴. 蓬勃发展中的汉语方言学：中国语言学现状与展望. 北京：外语教学与研究出版社，1998.

[103] 张振兴. 闽语及周边方言. 方言，2000（1）：6～19.

[104] 周长楫. 厦门方言研究. 厦门：厦门大学出版社，1999.

[105] 周振鹤，游汝杰. 方言与中国文化. 上海：上海人民出版社，1986.

[106] 中国大百科语言文字卷. 北京：中国大百科全书出版社，1987.

[107] 中国社会科学院，澳大利亚人文科学院. 中国语言地图集. 香港：朗文出版（远东）有限公司，1988.

[108] 朱德熙. 北京话、广州话、文水话和福州话里的"的"字. 方言，1980（2）：161～165.

[109] 朱德熙. 从方言和历史看状态形容词的名词化. 方言，1993（2）：92～99.

[110] 朱建颂. 武汉方言研究. 武汉：武汉出版社，1992.

汉语方言的研究及其应用①
——纪念吕叔湘先生

一

在我国现代语言科学发展的历史中，出现过几位世人公认的、堪称大师的语言学家。他们始终站在语言学科建设的前沿，以其博大精深的学术造诣和高瞻远瞩的学术胸怀，引领着我国老中青三代语言学人为建设具有中国特色的现代语言学而奋斗终生。吕叔湘先生便是其中的一位。他生前长期处于语言学界的领导层，参与制定过我国语文工作的方针政策，擘画过一期又一期的语言研究规划，领导并参与完成过一项又一项的重大研究项目，为我国语言学宝库增添了不少的财富，做出了巨大的贡献。

岁月如梭，敬爱的吕叔湘先生离开我们几年了。今年正值先生百年诞辰，海内外语言学界同仁聚首京华，缅怀吕老对中国语言学所做的卓越贡献，追思吕老的道德文章，切磋语言研究中的心得体会，发表各具己见的学术论文，是十分有意义的语坛盛事。此刻我的案头摆着吕老馈赠的他的著作，想起吕老生前对我们晚辈的诸多勉励和谆谆教诲，音容笑影，历历在目，真令人感慨万千！

早年我负笈中山大学语言学系，吕老的著述便是我必读的经典之作。吕老和我的业师王了一先生是深交，在课堂内外，我们常常可以听到了一先生谈及吕老的学问和为人，使我们顿生仰慕之情。20世纪50年代我有机会在北京见到心仪已久的吕老，他给人的印象是那么随和，那么可亲！大概是因为了一师曾在吕老面前谈到过我们同班几位同学的缘故（那时候我们全班只有七位同学），吕老见到我时，一下子就说出我的窗友唐作藩、许绍早、欧阳觉亚等的名字来，问起他们几位的情况，使我倍感

---

① 原载于《语文研究》2005年第2期。

亲切。

回首往事，在我踏足语言学界的半个世纪中，有幸多次在学术会议上聆听到吕老的高论，还有幸多次登门造访吕老于其永安南里的寓所。最令我难忘的是其中的两次：

一次是在1980年春，我应聘将赴东京大学任教两年，出国前登门拜见吕老，请他就此行作些指点。吕老对我这次东渡表示十分欣喜。他说：我们中国语言学界终于能够走出国门，有机会跟一衣带水的东瀛邻邦进行切磋交流了，这是大好的事情。你是第一个走上东京大学讲坛的中国语言学者，是我们的文化使者，一定要把这两年的任务完成好。吕老听了我详细汇报这次到东京大学任教的具体安排以后，语重心长地勉励我不要胆怯，要大胆工作，还要我充分利用那里丰富的汉学资料进行教学和研究。最后，吕老嘱咐我见到日本汉学家时一定要替他转达问候之情。临走时吕老拿出一本打印的稿本《汉语语法分析问题》签上名字送给了我。20多年来我的住所几经搬迁，这本稿本却一直都珍藏在身边。到达东京后不久，在日本中国语言学会为我举行的一次学术讲演会上，我做了题为"三十年来中国语言工作的一些情况"的报告，向日本朋友介绍了新中国成立后我国语言文字工作进展的情况，报告中谈到老一辈语言学家在我国语言学建设中所发挥的巨大作用，并借此机会转达了王力先生和吕叔湘先生向日本汉学家的亲切问候，希望此后中日两国的语言学家能多多来往，切磋交流。可能因为我那次讲话是日本汉语学界几十年来很少听到的情况介绍，提供了较多有关新中国语文工作的学术信息，因而他们特别感兴趣，随后不久，这篇讲话就被全文刊登在日本中国语学会的会刊《中国语学》上了。

另一次令我终生难忘的是1988年第七届全国人大和全国政协两会在京开幕前夕，我作为人大代表于会前一天先期抵京，就约同来自四川的人大代表张永言兄一起到永安南里拜访吕老。当时吕老是老代表而我们是新代表，他兴致勃勃地跟我们谈起人大的过去和现在，还问我们这一届语言学界有哪几位当了代表。接下来吕老就把话题转到语言学的本行上来了。他主要跟我们谈了语言学在社会上如何发挥作用的问题。他说，我们语言学应该在社会上发挥更大的作用，语言研究是可以产生社会效益的。吕老给我们举了在报纸上开展点评报刊语言文字毛病的例子，说这样做很好，是我们语文工作者关心社会语文应用的表现，还可以把点评的范围扩大一点，进一步帮助新闻工作者克服语言文字运用中出现的毛病，提高他们的语文修养。记得那次谈话间我曾问吕老,说听闻当初全国人大制定我国宪法时,宪法条文的文字关是由吕老和叶圣陶老两位把关敲定的,这说明语言学家在制定国家大法中发挥了无可代替的作用。吕老点头微笑,说这也是语言学能够发挥社会效益的例子嘛。吕老要我们语文工作者时刻记住使语言研究为社会语言应用服务,使之尽可能地产生社会效益。

这是吕老一贯的思想,也是老一辈语言学家传给我们的极其可贵的学术品格。1988年我在吕老家中聆听他老人家的这一教诲,到1992年4月语言学界同仁聚会北京,举行中国语文研究40年的学术讨论会时,吕老在开幕词上又向来自全国各地的语言学界同仁表达了他的这种心情。吕老语重心长地说:我们的研究取得了很好的成绩,但是在社会上还没有发挥应有的作用。语言研究应该更好地发挥社会效益。可见吕老对于语言研究如何在社会上发挥作用的问题总是耿耿于怀,总是殷殷期望着能得到大家的重视和落实。记得在那次中国语文研究40周年的会议上,我应邀做了题为"四十年来汉语方言研究工作的回顾"的发言,对新中国成立以来汉语方言研究做了粗略的概括,并且列举了一些具有突破性意义的成就。但是,对于汉语方言的研究如何贯彻语言研究为语言应用服务的精神,如何遵照吕老的指示,使之能更好地发挥社会效益,显然是重视不够的。在我的那篇发言中,这方面的问题并没有很好地论述。这说明,当时在我的思想中,还没有意识到应该使方言的研究多多适应语言应用上的需求,使方言的研究更多更好地产生社会效益。此刻重温吕老的教导,重新回顾方言研究走过的历程,面对方言研究蓬蓬勃勃的大好形势,更深深感到落实吕老教诲的重要性。大量事实说明,方言研究与社会语言应用之间明显存在着十分密切的联系,方言研究为社会服务的天地十分宽广。在这方面有许多现实的课题值得我们认真思考,认真探索。可以预见,我们在方言工作中所取得的每一项进展,都有可能使我们的学术研究更贴近社会语言生活,使我们的研究成果产生更好的社会效益。

二

就目前情况而言,要使方言的研究与社会语言的应用密切结合起来,以下这几项工作值得重视。

(1)深入探讨方言和民族共同语的关系,为方言研究与语言应用的结合提供理论上的依据。

关于这个问题,"方言是民族共同语的地方变体(或曰地方分支)""方言的发展趋势是向着民族共同语逐渐靠拢"这样一类的说法相当普遍,似乎早已在语言学界有了共识,方言和共同语的关系不存在什么值得讨论的问题。实际上,只要我们深入了解方言地区的社会语言应用情况,我们就会感到,在某些方言势力不甘示弱的地区,方言和共同语(普通话)的关系并不那么简单,那么"不言自明"。从社会应用的角度来看,从 20 世纪 50 年代举国上下开展推行普通话作为全社会通用语言的运动以来,南方方言复杂地区的地方方言,无疑受到了很大的冲击。普通话已在某些公共场所成为公共交际用语。这可能使人产生一种错觉,以为方言此后将要退出历史舞台,不再在社会上发挥多大的作用了。事实上,情况并不那么想当然。如果我们迈开双脚,到南方这些方言复杂的地区走走,一旦深入街道里弄,就会恍然大悟,深感方言势力依然存在,有的地方还相当"顽固",看不到其即将退出语言社会的迹象。特别是像粤方言这样拥有"强势方言"称号的方言地区,尽管"推普"也取得了显著的成绩,但这种成绩实际上并不表现为粤语在社会上让位于普通话,而是表现为当地人民群众的言语交际习惯经过几十年来的大力"推普",正在逐步从只说方言的单语生活向着既说本地方言又说普通话的双语生活过渡。众所周知,粤方言始终是香港、澳门两个特别行政区的第一社会交际语,普通话在两个特区回归以后才逐渐在社会上有一定的市场,才开始成为仅次于粤语的社会交际语之一。在外来人口已经超过千万的广东粤方言地区,随着"推普"工作的日益加强和外来人口的不断增加,普通话对于长期以来只说粤语的人来说已经不存在陌生的情况了,但粤语在社会语言生活中所占的比重,依然不亚于全国通行的普通话。一个毋庸置疑的事实是:在比较偏僻的农村中,由于能够熟练运用普通话的人毕竟太少,小学里的教学用语,不得已还只好用当地的方言(还谈不上用标准的粤语)来进行。我们通常都把普通话和地方方言的关系理解为"主(普通话)—从(方言)"的关系,理论上应该如此;但实际上,在不同的方言地区,从语言应用的层面来看,这种主从关系的表现也并不是千篇一律的。看来只是强调主从的关系,未必能够准确反映民族共同语与汉语方言之间的实际关系。从语言的本质看,方言作为地域性的社会交际工具,它跟作为全民族乃至全国社会交际工具的共同语,同样都拥有独立语言所应具备的语言要素——语音、词汇和语法,换言之,都是完整的语言独立体,决不能把方言视为一堆支离破碎的语言材料。就这一点来说,方言和共同语是一样的,同样都能发挥传达信息、交流思想的功能,同样可以有效地为某个社会群体的每一个成员服务。所不同的只是共同语是全民族通行的语言,而方言只是在某些地区通行的地域性语言,两者的通行范围和服务对象不完全一样。之所以会形成主从的关系,跟共同语和方言的通行范围和服务对象不尽相同不无关系。世界上许多民族的共同语,往往都是根据政治、历史、文化等条件,在某一个地方方言的基础上形成发展起来的。我们的汉民族共同语就是在北方方言的基础上形成的。地方方言一旦发展,升格为民族共同语,这个方言和其他方言之间的关系也就产生了变化。随着共同语在全民范围内的推广和普及,本属平行的关系就转化为主从的关系,共同语也就在社会语言生活中处于主导地位了。处于主导地位的共同语,可以说是既在方言之中,又在方言之上。共同语并非原原本本照搬某个方言,而是在某个方言的基础上逐渐形成。我们通常把作为共同语基础的方言叫作基础方言,拿汉语来说,广义的北方方言(大北方话,又叫"官话方言")就是汉民族共同语(普通话)的基础方言。把方言、基础方言、共同语三者之间的关系弄清楚是十分必要的。除了共同语和方言之间存在着主从关系外,方言和基础方言之间又是什么样的关系呢?应该说是兄弟姐妹的关系,而"老大"无疑就是基础方言。兄弟姐妹的关系其实就是同源异流的关系。汉语各方言,包括基础方言在内,都是古老汉语历史发展的产物。古代汉语在漫长的历史发展过程中,在它通行的不同地区,由于各种影响语言发展的因素,包括内部因素和外部因素,循着各具特色而又极不平衡的路向发展下来,结果就先后形成了当今汉语南北各大方言并存的格局。正因为这些方言有着同源异流的关系,它们才显示出"同中有异"和"异中有同"的面貌来。

综上所述,方言和共同语的关系实质上不是对立,而是共存;不是相互排斥,而是相互补充。"推普"是在既承认汉语方言存在分歧,也承认方言在一定范围内同样能够发挥社会交际职能的前提下进行的。方言地区的"推普"不断获得进展,必然会在方言地区形成普通话和方言相互影响、相互补充、有主有从、并存并用的语言应用格局。

(2) 发扬20世纪方言调查研究为推广普通话、为汉语规范化服务的优良传统,让众多的方言调查成果在语言应用中充分发挥社会效益。

年纪稍大的人，大概对20世纪50年代大张旗鼓开展的"三大语文运动"记忆犹新。拿方言的调查研究来说，第一次堪称"腾飞"的事情便是在举国上下大力开展"推普"、认真讨论语言规范问题之际，相应进行了历史上从未有过的全国性方言普查工作，用方言调查的成果来服务于"推普"和语言规范化工作的开展。这正是一次对方言调查研究能否在语言应用中，在国家语言政策、语言规划的贯彻中发挥作用的很好检验。值得欣喜的是，广大的语言专业工作者和业余的方言调查工作者用自己的实际行动做好了这份"考卷"，对全国近两千个县的汉语方言进行了一次简单却很实用的大普查，为各地结合方言特点开展"推普"提供了条件。在这个过程中，方言调查研究的社会效益得到了最充分的发挥！打那以后，哪里有方言调查，哪里的"推普"就有"事半功倍"的可能。方言调查成为"推普"必不可少的"前奏"。与此同时，在配合汉语规范化工作方面，作为语言规范的重要基本建设，汉语方言研究无疑也是足以产生明显效应的一环。随着社会的发展和时代的进步，语言现象越来越纷繁，语言规范所面对的问题自然也越来越复杂。拿词汇的规范问题来说，反映新时代新气象的新词新语无时无刻不在悄悄产生，其中有不少源自南方方言。随着南北交流的日益频繁，有的新词新语不胫而走，一出娘胎便纷纷"北上"，进入共同语的基础方言中。这种现象不断产生，原先不属于基础方言的词语，经常破门而入，从语言规范化的角度来看，又该怎样处理呢？我想考虑语言规范最根本的出发点是为应用而规范，规范化绝不意味着由语言学家们开个会定几条"规则"让全国人民来遵守。语言规范应是动态的。面对因改革开放南北交流而出现的南方词语进入基础方言、进入共同语的现象，是否应想尽办法加以阻拦，把来自方言的词语一概拒之门外呢？我认为，还是别急于清扫来到门前屋外的不速之客，而是等一等、看一看，先把新词新语有闻必录地搜集下来，加以分门别类、分析研究，看看哪些在丰富共同语中可以发挥一定的作用，哪些一时还看不出在丰富、发展共同语词汇中有积极的作用，在广泛调查、充分研究的基础上，再根据汉语规范化的精神进行必要的定夺：该开门的开门，需关闸的关闸，这样才有可能做到规范有序，去留得当。要做到这一点，关键之一就是必须有不断跟进的调查，特别是方言词汇发展变化的调查。没有方言调查作基础，不掌握许许多多在方言中出现的新词新语，词汇的规范工作也就一筹莫展了。

《现代汉语词典》在这方面是做得很出色的。它能够及时跟进语言的发展，及时在新版中反映现代汉语词汇在应用中的新变化、新动向。拿1996年版的《现代汉语词典》来说，收词61000条，其中新增词目9000多个，删去陈旧词语及过于专门的科技词目4000多个。这么大的改动，反映了编者是多么重视词汇的发展变化，是多么与时俱进。20世纪80年代末90年代初，在吕叔湘先生的关怀和指导下，组织起一支调查北方话（基础方言）基本词汇的队伍，开展了对大约100个北方方言点的词汇调查，经过几年的努力，于1996年10月出版了五卷共700多万字的《普通话基础方言基本词汇集》。这一方言调查的巨大成果为汉语规范化工作的深入开展提供了至关重要的基础，是方言研究为语言应用服务的又一典型范例。没有这样大规模的方言调查，作为民族共同语基础方言的大北方话（官话）的词汇到底是个什么样子，大家心中无数，又怎能掌握好汉语词汇规范的准则呢？扩大一点来说，近一二十年来各地针对本地区所开展的大规模方言调查工作，包括为编写《方言志》而进行的方言调查，其成果及所积累下来的方言素材，也都有助于研究确立汉语的词汇规范，有助于解决语言应用中产生的问题。方言调查研究在语言规范、语言应用中的作用如此明显，我们的前辈几十年来在这方面所做的大量工作，为我们指明了方向，我们理应继承和发扬这个传统，使今后的方言研究为当前的社会语言工作，特别是为"推普"和语言规范化工作多做贡献。

（3）加强方言词典编纂，研究解决方言使用中的实际问题。

方言词汇调查的成果最直接用之于语言应用的，莫过于方言词典的编纂。20世纪80年代以来，汉语方言词典的大量出版可算是中国语言学研究取得重大突破的一个方面。其中，具有里程碑式的、由李荣先生主编并集合全国几十位方言学家共同完成的42卷《现代汉语方言大词典》分地版和6卷《现代汉语方言大词典》综合版，以及由许宝华和宫田一郎主编的5卷《汉语方言大词典》相继问世。尽管如此，汉语方言众多，能够汇集大量方言词汇编写出为语言应用服务的方言词典来的，毕竟还是为数不多，有些很重要的方言点，迄今仍未有人编写方言词典。就以南方方言最为复杂的粤、闽两省来说，方言调查研究的成果相当丰富，但是，方言词典的编写还远远不能适应语言应用的需要。我的家乡潮汕地区的闽语是很有特色的，在海外也是很有影响的。这些年来潮汕地区的学者在潮汕方言的调查研究上用力甚勤，可是没有看到一本方言词典问世，有的只是早年在《新华字典》的基础上加注一点方言音义的小型字典。而李荣先生主编的那套42卷《现代汉语方言大词典》分地版，也把潮州方言给遗忘了。由此看来，作为方言调查研究最直接用之于语言应用的方言词典编纂工作，确有大力加强的必要。

鉴于方言在一定地域、一定范围中还是社会上使用频率相当高的语言，在对外汉语的教学中，某些汉语方言，如南方的粤语，往往也是前来学习汉语的人需要学习的。因此，从应用的角度来看，方言研究的成果还得考虑为学习方言的人提供学习的条件。比方说，方言教材的编写就是一个突出的问题。拿粤语来说，为了适应海外人士以及国内非粤语区人士因各种不同原因而学习粤语的需求，近十多年来坊间出现了不少教学粤语的小册子。这些小册子大都不是调查研究过粤语的专业人士执笔编写的，编著者冲着市场而来，商业气味浓厚而学术质素欠缺，有的粗制滥造，连粤语的基本内涵都未弄懂就编起什么《粤语一月通》之类的教材来，误人子弟，莫此为甚！在这种情况下，我们难道可以熟视无睹，听之任之吗？当然不能！我们作为粤语方言的研究者，作为熟悉粤语的专业人士，自然应该高高举起粤语研究为粤语教学服务的旗帜，下功夫编写出一批质量上有保证的粤语教材来，让它们能很好地为粤语的教学服务，发挥一定的社会效益。既然要编好粤语的教材，就要对粤语应用中存在的问题加以研究，加以解决。例如粤语的正音问题。我们打开一些常用的粤语工具书，时不时会发现同一个字标音有异的情况，港澳地区以粤语为教学用语，中小学老师就经常提出这类的问题，我们研究粤语的人也就应该帮助解决了。我们认为，既然方言研究也要为方言应用服务，在方言应用中遇到方言正音问题，同样必须加以重视，设法解决。正是基于这种想法，我们粤、港、澳三地一批粤语研究者，从20世纪90年代初开始，花了足足十年的工夫，进行了旷日持久的粤语审音工作，最终以审音的成果编成一部《广州话正音字典》于2002年出版，颇受读者欢迎。我想这大概是第一部为方言正音的字典，过去我们只想到普通话应该审音正音，哪里会想到今天也要为方言正音呢？通过为粤语审音正音，我们还发现在方言运用中存在的一些其他问题，突出的如方言用字问题，这在粤语应用中确是非花力气研究解决不可的。打开一份香港报纸的副刊，为数不少的粤语专用字几乎令内地的读者无法读懂。粤语方言"入文"的现象大概是在其他方言中少见的。这些方言字五花八门，有的同一个词在不同印刷品中以不同的写法出现，随意性相当大，究竟如何取舍，是以使用本字为主还是以约定俗成为主？要不要有所规范？这些都是值得探讨的。两年前（2002年6月）香港理工大学就以方言用字为题举办过一次国际研讨会，该校张群显博士和包睿舜博士（Robert S. Bauer）还出版了一本名为《以汉字写粤语》（英文版）的专著，可见方言用字还真是大有文章可做！此外，在方言的应用中，还有一些其他的问题。例如，港澳以粤语教学语文课时，老师们就遭遇到学生说的是粤语，而课堂上教材中所选的文章基本上都是以民族共同语创作的白话文佳作。这就造成了言文脱节的矛盾，反映到学生的习作中，由于方言的影响，往往出现一些不该有的错误，如"做""造"不分、"小""少"不分等毛病，都是方言习惯带来的。看来，结合方言特点帮助解决方言应用中的问题，的确还有许多工作可做。

（4）加强方言在相关学科上的应用的研究，更广泛地发挥方言学科的作用。

语言是文化的载体，方言作为地域性的语言，自然是地域文化的载体。作为地域文化载体的方言，是当地社会历史文化发展的见证。方言与好些相关学科都有密切的联系。通过方言可以看到社会百态，可以了解社会变化，还可以认识到灿烂辉煌的华夏文化是如何绵延不断地在不同的地域承传下来。不调查研究汉语各地方言，我国"百花齐放"中的"百花"——各地戏曲在语言艺术上各有什么特色，显示出什么样的风格，也都不容易说清楚。至于那些直接用方言口语来表现的民间说唱艺术，以及大量流传民间的民歌民谣，都是完全通过方言这一载体来体现的。民俗学的研究更是离不开地方方言口语的调查研究，要深入了解各地独特的风俗民情，也必须对当地的方言土语有相当的认识。此外，方言的调查研究还与移民、地名、考古等的研究密切相关。总之，方言的研究成果将应用于许多相关的学科。一个特殊的方言词语，一个特殊方言地名的流通途径，往往反映出地域文化的差异，体现出不同地域的不同生活习俗和不同历史背景。例如，"铁锅"粤方言区的人通称"镬"，闽方言区的人通称"鼎"；南方地名中的"圳""滘""凼"等与水有关的语词，在北方方言中是看不到的。方言研究在地域文化研究中的应用如此明显，一部完整的中国文化史，几乎每一章每一节都很容易和方言挂上钩。充分认识方言在华夏文化研究、弘扬华夏文化中所发挥的重要作用，大力加强方言在相关学科上的应用的研究，也就显得十分必要了。

汉语方言分区问题再认识[①]

一、引言

长期以来，汉语方言问题一直受到中国语言学界的关注。我国传统语文学者提及方言时，一般只着眼于方言间的异同，也注意探求方言词语的来源，似乎不大关注方言类型、方言区域的划分。当然也不是完全不考虑方言的地理分布问题。扬雄在《方言》中常常提及某些语词出现在某些地方，这多少意味着当时存在着不同的方言区域。正因为这样，现代有的方言学者就根据扬雄的《方言》对当时存在哪些不同的方言区进行了整理归纳，得出多少带有一点推测性的古代方言分区表来。自从20世纪二三十年代现代汉语方言调查研究之风兴起以来，随着方言调查覆盖面的日渐扩展，语言学者对各地方言的认识日渐加深，区分不同方言类型、对各地方言进行分区的问题也就自然成为方言学者议论的话题了。从黎锦熙的汉语方言十二系到赵元任、李方桂的汉语九种方言，王力的五大方言区，再到当代的八大方言、七大方言，一直到近期提出的十大汉语方言，[②]说明时至今日，汉语方言的分区仍然是汉语方言研究中一个深受关注的课题，近期出版的一些汉语方言学著作，都在这个问题上有所阐发。笔者从20世纪60年代以来，曾先后多次对汉语方言分区问题为文略抒管见。[③]近来重温海内外学者的相关论述，特别是近几年来颇具争议的一些论述，深感作为汉语方言研究的专业人士，对这样一个深受方言学界关注的问

---

① 原载于《方言》2002年第4期。本文发表时略有删节，此为原稿。
② 各家的方言分区转录自詹伯慧主编《汉语方言及方言调查》第三章第三节（湖北教育出版社1991年版，第55～63页）。
③ 我对汉语方言分区的看法见于以下文章：《有关汉语方言分区的一些问题》（与黄家教、陈世民合写，《厦门大学学报》1963年第4期）、《汉语方言研究概况和有关的几个问题》（香港《语文杂志》1981年第8期）、《谈谈汉语方言的调查研究》（东京《亚非语言计数研究》1982年第19期）、《略论划分汉语方言的条件》（香港《语文杂志》1984年第12期）。

题，实在有进行再认识的必要。

二、汉语方言如何分区

（一）方言界线的划分和方言分区不是一回事

方言通常是指地域性的方言，并不指所谓的"社会方言"。方言的分布是方言地理学研究的内容。19世纪曾有一些西方语言学家认为方言没有分界线可言，他们的根据是"方言在地理上常常表现为一种渐变的连续体"。其实在现实的语言社会中，不同方言的分布界线并不是绝对不能划分的。尽管方言间的差异一般会在地理上以渐变的形式延伸，但到了一定的地界，就可能会出现两种截然不同方言的"楚河汉界"。不同方言的界线分明了，界线两侧所说的是迥异的不同方言，这样的例子在汉语中并不少见。笔者的家乡广东东部和福建接壤的饶平县就是个典型的例子：这是一个兼有潮汕闽语和粤东客语的双方言地区。闽语从县南沿海的县城黄冈镇一直往北延伸，进入北部山丘地带，到了老县城三饶镇就是闽语的北沿地界了。出了三饶镇，往北几千米到了我的老家新丰镇。墟镇上赶集的人熙熙攘攘，交叉使用着县城的潮汕闽语和北部山区的上饶客家话。从墟镇往北看是一座座跟闽西客区完全相同的客家围楼。毫无疑问，那是客家民居的标志性建筑，自然是纯客家方言的地区了。而作为闽语和客家话分界的正是那个熙熙攘攘的新丰镇，从南边三饶镇到新丰墟这几千米的村落，是闽客两大方言地理上逐渐过渡的双语混用地带，新丰镇则是典型的闽客方言并用地区，而一旦离开新丰墟北上，到了笔者老家的土围楼地界，就是清一色的客家话世界了。这岂不就是不同方言在地理上表现出泾渭分明的界线来了吗？倘若我们进一步对方言界线两侧的居民作较为全面的了解，就会发现两侧居民在历史渊源、民俗风情，以至社会文化的方方面面都存在着明显的差异。方言的不同反映了地方社会文化迥异的情景栩栩如生地出现在我们眼前。社会学家们爱用"民系"这个词来概括一些集方言、民俗、文化的特色于一体的地方居民，饶平的例子正好说明说着饶平闽语和说着饶平客家话的两侧居民，是历史上形成的两个不同"民系"。

方言的地理划界只能说明，说不同方言的人所处的地域区界跟方言的分区是两个不同的概念。解决了不同方言在地理上的区界并不意味着方言分区的问题也一并解决了。方言区界两侧的居民都知道彼此说着不同的地方话，却未必都能说清楚所说的话属于汉语方言中的哪一个方言区，更不可能每个居民都能说出自己的乡音具有哪些语言特点。比起方言的地理划界来，方言的分区具有更明显的语言学专业性质。它是从事方言研究的专业人士在调查研究众多方言之后，对各地方言的异同进行了归纳分析，在方言学的理论基础上对各地方言所做的分类。方言的地理区界无疑为方言的分区提供了重要的前提，如果根本不存在地理界线两侧的人说着不同的地方方言，不同方言的分类问题又从何谈起呢？然而，一旦方言学家们面对不同地域存在着不同方言的现实，意识到要给这些不同的方言进行分类时，就得考虑比起地理界线来更多、更复杂的许多有关方言分区的问题来：各种方言的内涵如何，不同方言的通行范围如何，诸如此类的问题都不能不加以考虑，这就必然要跳出地理界线这个单一的框框。不同方言的地理区界无法作为方言分区的条件，方言分区绝不是地理上方言区界的划分，这早已是方言学家们的共识。一旦模糊了方言地理划界和方言分区之间的区别，一些地理上并不同在一块儿，但又无可争辩地同属一个方言区的方言归属现象，如分散在南方许多地区的客家方言、闽方言等方言，其分区定性就变得难以解释了。总之，方言的地理区界和方言的分区分类毕竟是两码事。方言的分区并不根据方言的地理区界来确定，只是对于某些只出现在一个地区而通行范围又连成一片的方言，其语言面貌跟相邻另一边也是连成一片的方言俨然不同时，倘若方言学家按照区分不同方言区的标准认定这两种相邻的方言应是两个各自独立的方言区，就可能出现不同方言地理区界的两侧恰恰就是两个不同方言区的现象。这种现象只能说明方言的地理界线跟方言的分区分类有可能出现重叠，却不能因此混淆了方言地理区界和方言分区分类之间的不同性质。由于方言区的下位层次"次方言"（方言片）往往是在地理上连接成片的方言，自然也就常常使用相关的地名来命名，如粤方言的四邑次方言（四邑片），四邑正是通行这一次方言的地理区域。利用这个地理名称来作为通行于这个地区的一种别具一格的粤语次方言的名称，也并不意味着那里就全是粤语通行的地盘，不能说明粤语的区界止于四邑。有趣的是，在四邑的台山，就有一个赤溪区（镇）完完全全是说客家话的，而在四邑以东的鹤山、斗门等地，也有部分地区的方言仍然归属于粤方言中的四邑次方言，虽然它们在地理上已经不属于四邑的范围。由此可见，方言的划界跟方言的分区，包括不同层次的分区，确实是既存在一定联系又具有不同性质、不同内容的两回事。

(二) 汉语方言分区的原则和依据

既然方言的分区不同于方言的地理划界，那么，汉语方言分区的原则和依据是什么呢？首先，我们必须十分明确，区分不同的方言，给方言进行必要的分类，必须面对不同方言的现实，从方言的实际情况出发。换句话说，有不同方言的不同面貌才有汉语方言的不同类型，才有汉语方言的分区。给方言分区不论采取什么标准，不论从哪个方面入手，都离不开各种方言的现实表现。因此，要说区分汉语方言的原则，最简单而又最明确的答案就是从方言的实际出发。只有把从方言的实际出发这个原则贯彻到给方言分区的全过程中，才能保证方言分区的科学性、合理性，才能取得令人满意的结果。原则明确以后，就得考虑区分汉语方言的依据是什么。依据既可以有语言本身的因素，也可以有语言以外的因素。总的来说，既然方言的分区原则要从方言的实际表现出发，自然也就应该以语言方面的因素为主要依据了。具体说来，各地方言中表现出来的语言特征，必然就会成为方言学者进行方言分区时首先考虑的因素。如果两个不同的地域通行着语言基本特征、语言整体面貌大致相同的方言，即使地理上相隔遥远，也不能随便把它们看作两个不同类属的方言，因为这违背了以语言特征作为方言分区主要依据的准则。

换句话说，只要是经过语言学家们确认在语言特征上同属一类的地方方言，也就没有什么理由可以不认同它们应该同属一个方言区。汉语方言中的官话（北方话）、吴语、闽语、粤语、客家话等，分布地域都相当辽阔，有的翻山越海，绵延数千里，但仍然能够确认一些分隔在不同地域的方言归属于同一个方言区，这正是通过对其语言特征的剖析和比较来下结论的。全面剖析比较方言的特征，重要的前提是对各地方言的语言构成因素，包括方言语音、方言词汇、方言语法进行充分的调查研究，在全面掌握方言特征的基础上，才有可能以同中求异、异中求同、析异明同的方式归纳出不同的方言区属。"同"和"异"实际上存在于任何方言的比较之中，在比较中既要注意其差异性，又不能忽略其一致性。没有差异性体现不出方言的相异归属，没有一致性又体现不出方言的相同归属。只有一方面注意差异性，一方面注意一致性，才能保证汉语方言分区的客观性和科学性。事实证明，在分区问题上语言学者常有不同的见解，往往正是彼此对方言异同的掌握有所不同的结果。长期以来，我们在面对比较复杂的汉语方言时，多着眼于方言间的差异性就会觉得汉语方言可以多分几个方言区，多着眼于方言间的共同性则又会得出相反的看法，认为全国汉语方言只需分成少数几个方言区就行了。当然，这里面也牵涉对方言特征的理解和运用问题。语言特征既然是区分不同方言的主要依据，就有可能因为所持的语言依据不一而导致分区结果的不同。

在有了语言特征作为方言分区的主要依据之后，还要不要考虑其他的因素，即语言以外的因素呢？语言也好，方言也好，都不是自然界的现象，而是社会现象。语言随着社会而产生与发展，社会离不开语言，语言离不开社会。而方言是语言发展的产物，也是社会发展的产物。把语言及方言与社会联系起来，自然就会意识到方言的形成和发展、方言的异化和趋同、方言的种种不同表现，都难免掺杂着一定的社会因素。就方言的词汇来看，北方、西北方言畜牧业的词汇比较丰富，南方沿海地区的方言渔业用语、海洋用语较多，这都是方言地区的社会背景使然。在影响方言的众多社会因素中，有历史方面的，有文化方面的，当然也有地缘方面的。可以说，在任何一种地方方言的语言体系中，其特色之处往往免不了刻上一些社会的烙印。我们常常听说地方方言是地方文化的载体，地方方言反映地方风情习俗，以至于在各地地方志的编撰中，总得给方言留下足够的篇幅，或者干脆让《方言志》独立成书。方言既然和社会历史结下不解之缘，在构成方言特征的因素中，社会因素也就自然掺杂其中了。方言学者在给不同方言进行分区时，自然首先把视点集中到方言的语言特征中来，而最终给方言的归属进行定性时，也有必要把方言产生发展的社会历史背景一并加以考虑。因为如果不存在特殊的社会历史背景，该方言的某些语言特征也许就不存在了。例如，我们说在南方诸方言中，客家方言的语言特征相对来说比较接近中原官话而迥异于吴、闽、粤诸方言，这显然跟客家先民历史上多次从中原播迁南来不无关系。倘若我们能注意到地方文献中关于客家先民的来源、客家地区行政建制的沿革、移民情况的记载等，那么，一方面可以印证我们从语言材料的分析中得出的客家方言应属汉语方言中具有独特面貌的一个方言区；另一方面，也可以进一步把语言特征与社会历史资料结合起来，对散居在南方各省的客家话的归属问题做出具有说服力的判断,确认粤东北客话、闽西客话、赣南客话、台湾客话以至于散居在湖南、广西、四川等地的零散客话都是货真价实的客家方言。可见,以语言材料为主要依据又辅以社会历史背景方面的资料,在方言分区时就更有把握保证分区结果的科学性了。1963年8月在厦门举行的福建省汉语方言科学讨论会上,与会学者曾经热烈讨论过汉语方言分区的问题,联系福建省内复杂的方言现象,《福建省汉语方言概况》编写组提出汉语方言分区应"以语言材料为依据,以社会历史资料为主要参考",受到与会者的赞赏。事过近40年,这一提法仍然大致符合汉语方言分区的实际,是基本可行的。"依据"是主要,"参考"是次要。这一提法突出了汉语方言的分区始终应抓住语言材料这一依据,非语言的因素在方言分区中只能发挥一定的参考作用,认真掌握这一精神,汉语方言的分区就有把握获致令人满意的结果。

必须明确,汉语方言的不同类别是客观存在的。给汉语方言进行分区,只不过是通过可行的方式,归纳出这些客观存在的方言系属,给予一定的名称,做出一定的说明。方言分区的目的绝不是为分区而分区,而是要通过方言分区显示不同类型的方言所具有的语言特征及其通行范围,使方言工作者在方言的调查研究中遇到任何一种方言时,稍作了解便可以心中有数,在已有的方言区中找到"对号入座"的位置。一旦遇到某种方言难以归到已有的方言区中,就得考虑这个方言是不是属于"过渡方言"或"混合方言"。假如客观上出现较多未能纳入原已设定的方言区,也许就得考虑原来的分区是否合理,有没有修订的必要。众多的方言通过合理的分区被归纳到为数有限的方言区内,这也便于进一步从共时和历时角度对汉语方言进行比较研究。毋庸置疑,一个明晰的、符合汉语方言实际情况的汉语方言分区体系,对于准确反映方言的面貌、全面揭示方言历史发展规律、阐明不同方言之间的关系,都是十分重要的。而方言分区是否科学合理,首先就取决于如何掌握方言分区的原则和依据。明确了分区的原则是从汉语方言的实际出发,分区的依据是方言的语言特征并参考方言的社会历史文化背景,接下来的问题就是如何具体运用方言分区的原则和依据,厘定可操作的标准和条件来区分不同的方言。

(三) 区分汉语方言的语言条件

语言特征既然是汉语方言分区的主要依据,那么,在方言的各种特征中，该采用哪些语言特征，如何运用这些特征来给方言分区，才能获得最佳的效果呢？按方言地理学的方式，在方言地图上同言线的两边显示着方言特征的不同，这似乎就可以用一系列的同言线来作为区分不同方言的依据，把不同的方言区别开来。但麻烦的是同言线两边的方言并非都是泾渭分明的。有可能同言线一边的方言特征是甲，而同言线另一边的特征则是乙、丙等，或是虽然同言线一边的特征大致都是甲，另一边大致都是乙，但仔细检查之下，在大致是乙特征这一边，又可能发现某些方言点夹杂有甲特征。这就使得运用同言线束显示语言特征的方式来区分不同的方言常常会遇到纠缠不清、难以定夺的局面。现代我国语言学者们较常用的区分不同汉语方言的方式是基于各地方言都是汉语历史发展产物的前提，联系古音在现代汉语各地方言发展演变的情况，通过古今语音比较的方式来区分不同的方言。比较的程序大致上是拿《切韵》音系和各地方言音系作系统的比较。例如在声母方面，《切韵》音系中塞音和塞擦音都是有清浊音之分的，但在现代大多数汉语方言中已不存在清浊之分，也就是没有浊塞音和浊塞擦音；又如在韵母方面，《切韵》音系中有三套鼻音韵尾 －m、－n、－ŋ 和三套塞音韵尾 －p、－t、－k，这在南北各地的汉语方言中又有各种不同的表现；再如在声调方面，《切韵》音系有平、上、去、入四类，而现代汉语各地方言中，入声的保留与否就有很大的差别。在入声丧失的方言中，古代入声字的去向存在很大的差异。而在保留入声的现代方言中，有的只有一个入声，有的古代入声的字保留入声后还分化出两个或三个入声调，甚至有少数方言还分化出四个入声调。通过系统比较各地方言与《切韵》音系声、韵、调的异同，从声、韵、调各方面选取若干明显具有区别性特征的条目进行方言间的比较，以之作为区分不同方言的语言依据，这是迄今为止使用最为广泛的一种区分汉语方言、确认方言归属的方法。当今汉语各地方言，大体上都可以从这种方式得出大致合理的分区结果。从早年赵元任、李方桂等先生对汉语方言的分区开始，历来语言学家大都运用这种结合汉语音韵的历史演变，以汉语方言声、韵、调的现实表现为主要依据来考虑分区问题。十多年前李荣先生在主编《中国语言地图集》时对汉语方言的分区进行了调整，新增加了几个方言区，并把"北方官话"分为七个方言片，基本上就是以方言本身特征为依据来斟酌定夺的。在这方面，丁邦新教授也曾有过具体的实践，他在列举了一些方言学家在论及汉语方言时所提及的16条语言特征以后，在这16条语言特征的基础上提出了一个划分汉语方言的办法，用他自己的话来说就是："以汉语语音史为根据，用早期历史性的条件区别大方言，用晚期历史性的条件区别次方言，用现在平面性的条件区别小方言。早期、晚期是相对的名词，不定能确指其时间。条件之轻重以相对之先后为序，最早期的条件最重要，最晚期的条件也就是平面性的语音差异了。"（丁邦新，1982）

运用古今语音历史比较的方法区分汉语方言的做法无疑是有成效的。但由于汉语方言在不断发展，汉语方言的调查研究工作也在不断发展。随着方言素材的不断涌现，方言资料的不断增加，原先根据有限语音条目设计的历史比较框架，变得难以满足区分方言的需要，因而可能出现分区结果与方言实际不尽相符的现象，特别是在处理边界地区比较复杂的方言现象时，更难免会遇到困难。例如古全浊塞音声母的演变，在粤方言中原都是平声送气、仄声不送气，但在近十多年广东粤语的调查中，我们就发现粤西北的粤语中存在着不少古全浊塞音声母无论平声、仄声都读为不送气清音的现象，如"婆""白"两字在粤西北阳山、连山、四会、广宁、德庆、封开、郁南等地就都是读 p 声母，"途""肚"两字在上述各地粤语中就都读 t 声母。游汝杰在提及拿古全浊声母演变来确定湖南某些地方的方言归属时有一段话也引起我们的思考。他说："如果仅根据浊塞音这一条标准，湘西北花垣、吉首、保靖、永顺、古丈、泸溪、辰溪、沅陵等县方言应划归老湘语，但是在其他方面，这些地方的方言跟西南官话接近得多。"（游汝杰，1992）

看来只是使用语音上的少数条目来进行历史比较，要求汉语方言分区问题得到彻底解决，确实有一定的困难。上述游汝杰所举的例子，并不是绝无仅有的。罗杰瑞在划分汉语方言时采用了他认为"既照顾到历史的深度，也反映现在方言之间的关系"的一套标准，选取了包括音韵、词汇、语法三方面的十个条目。

（1）第三人称"他"或"他"的同源词。

（2）领属助词是"的"或"的"的同源词。

（3）常用否定词是"不"或"不"的同源词。

（4）表示动物性别的次序在前，如"母鸡"。

（5）只有平声才分阴阳。

（6）古舌根音在 i 前腭化。

（7）用"站"或"站"的同源词。
（8）用"走"或"走"的同源词。
（9）用"儿子"或"儿子"的同源词。
（10）用"房子"或"房子"的同源词。

罗杰瑞这十条中属于语音方面的只有（5）（6）两条，可见他更注重词汇、语法特征在区分汉语方言中的作用。他认为应用这十条标准，从南到北的方言就可以区别开来（罗杰瑞，1995）。与此同时，近十多年来，陆续有一些学者提出了选取少量有代表性的方言词来作为区分汉语方言条件的"特征词判断法"，为此有的方言学者在遴选不同方言的特征词上下了不少功夫。例如，已故黄典诚教授在《闽语的特征》一文中分别列举了闽语的语音特征、词汇特征和语法特征，其中词汇方面从厦门、莆田、福州三处口语里选取了33个常用字，认为这些就是典型的闽语特征词。（黄典诚，1984）论述方言特征词的文章有的列举了数量相当大的特征词，甚至有年轻学人以某个方言的特征词为题撰写博士学位论文（曹廷玉，2001）。毫无疑义，在考虑以方言特征来区分不同方言时，语音、词汇和语法理应受到同样的重视，词汇特征在辨认不同方言中所起的作用不容忽视。就粤语、闽语来说，在粤语中常用的方言词如"叻"（能干）、"啱"（对、合适）、"嘢"（东西）、"镬"（铁锅）、"咁"（这样）等，在闽语中常用的方言词"刣"（宰杀）、"厝"（房子）、"骹"（脚）等，确实容易叫人想到这是粤语或闽语；但问题在于词汇间的相互交流、相互影响是比较普遍的，除了闽粤等南方较为古老、较为复杂的方言有可能找出"只此一家"的方言特征词外，往往一部收录好几千条词目的方言词典，其中大部分语词都是几个不同方言共同拥有的，并非"只此一家"的方言词语。近期有的讨论方言特征词的论文，文章作者列举了不少自认为堪称特征词的方言词语，却意料不到很快就有人出来说："某某词和某某词在某某方言中也有。"说有易，说无难，要在各个方言中都找出典型的、"只此一家"的特征词作为区分方言的标准，谈何容易！鉴于"只此一家"的方言特征词实在难得，依靠特征词来给汉语方言分区似乎不大现实，方言学者又设法在"确立特征"的前提下进一步寻求更好的出路。不久以前，丁邦新教授在他原先构建区分汉语方言的历史音韵条件之外，又提出一些"特字"来，他所说的"特字"，范围比较小，既应属于常用字而又最好不要是名词，因为名词容易借用。他所指的"特字"来源于以下几个方面：①韵书漏收，如"贷"字韵书属"透"母，北京应该读去声 t'ai，却读成不送气的 tai，声母演变不合正例，可能这个字还会有"定"母一读，是韵书漏收了。②读半边字，如"械"为"匣"母字，官话读为"戒"可能是读半边的结果。③受常用字影响，如"玻"，韵书为"滂"母，可能受"波"影响而读 po。④避讳，如"勾""钩"原为"见"母字，粤语中因避开男性生殖器的音而改 k 声母为 ŋ 声母。⑤存古，如闽语"糊"字读 k-，跟其他方言读擦音声母不同，是存古。⑥音变遗留。除此以外，还有一些找不出原因的特字。丁邦新从他确认的"特字"中遴选出七个他认为具有相当典型性的"特字"。这七个"特字"是"特""别""捉""剂""集""购（构）""站"（丁邦新，2000）。目前，就汉语各大方言而言，特点较多的方言如粤语、闽语、客家方言等的"特字"大概会比较好找，相对而言，官话、吴语、湘语、赣语等的"特字"就很不容易找了。说到底，"特字"的运用其实并不可能完全代替通过古今语音比较区分方言的办法，只不过是对传统的历史音韵条件起一些补充作用罢了。

无论是选取历史性的语音条件，还是采用特征词、特征字的办法来给汉语方言分区，总体来说，都属于以"特征判断法"来区分汉语方言的范围。"特征判断法"能否达到最佳的方言分区效果，关键在于所选取的特征条目有没有足够的典型性，能否充分显示方言的特征，既与不同方言区的方言具有明显的差异性，又与同属一个方言区的方言具有明显的一致性。典型性的条目不一定需要很多，但一定要经得起检验，确实符合区分汉语方言的条件。按理说，典型性的语言特征是存在于各种语言要素中的。但实际上就汉语来说，各地方言间的差异表现在语音和词汇方面比较突出，而表现在语法方面相对较少，加上以往对方言语法特征的发掘还不够充分，客观上也就造成方言学者较多依据语音上和词汇上的特征来辨认不同的方言了。事实上，在汉语各地方言中，语法上的特征并非微不足道，像人称代词的表示方式，南北各地就很不一致。随着方言研究的不断深入，"特征判断法"还有不少可供区分方言的潜在条件有待发掘。除了语音、词汇、语法以外，还有必要留意一些在方言中带整体性的特征，从中观察这些整体性特征在区分汉语方言中如何发挥作用。例如，文白异读现象特别严重，以至于几乎形成读音的双轨制，恐怕只有闽语的闽南方言是如此，在区分闽语各个次方言时，闽南方言这一突出特征就不能不加以考虑。

汉语方言现象错综复杂，不同层次的现象，主流和非主流的现象常常交织在一起，使得方言的区分很难像切豆腐那样一刀两断、泾渭分明。我们唯有仔细观察，小心判断，才能看清在一个方言中，哪些是主流现象，哪些是非主流现象，哪些属于本质现象，哪些属于非本质现象。既然方言间的关系是"你中有我，我中有你"，一些语言特征同时出现在不同的方言中就是正常的现象，只要我们能够掌握好主次，就能够在选用语言特征来区分方言时用得其所。例如，我们已把"舌上归舌头""轻唇归重唇"看作闽方言语音特征的主流，当我们在客赣方言中也遇到此类现象时，就得分析比较一下，最后得出客赣方言并非像闽方言那样全面反映"古无舌上音""古无轻唇音"的特征。这样，作为判断是否属于客赣方言的特征条目，这两项肯定就不合适了。因为对于客赣方言来说，这只不过是次要的特征而非主要的特征。有的方言归属哪个方言区基本上可以确定，但多少又夹杂一点邻近方言的特征。这是方言之间相互影响、相互渗透的结果。一旦遇到这种情况，一定得仔细分析，看看哪些语言因素是由其他方言影响所引起的，决不能让非主流的枝蔓模糊了视线，以至于看不清主干，甚至怀疑起本已确定的方言区属来。

鉴于单纯依靠少数特征项目在方言分区中可能遇到的困难，有学者放弃了通常广为使用的"特征判断法"而改用"综合判断法"。"综合判断法"是首先列出有系统性的一些语音、词汇、语法项目，再就这些项目拿各种不同方言来比较其异同，然后根据各个方言异同的数目和出现的频率来划分不同的方言区。这种结合统计来区分不同方言的方法有一定的优点，即较能反映方言特点的总和。但这种区分方言的方法计算过程过于繁复，跟许多方言学者希望能简便而有效地区分方言的想法相去甚远，因此无法得到普遍的运用，最终还是回到寻找效率较高的方言特征项目，仍用"特征判断法"来给方言分区。

一般非语言专业人士往往只凭方言通话的可懂度，也就是所谓的语感来测定方言异同的程度。这样，就有一些人认为不必从语言结构本身出发来给方言分区，而试图从语言信息的接受度来区分不同的方言。这一方法如果设计完善，就有可能反映本地人的语感。可惜这方面的设计迄今还难见有理想的成果。听不听得懂是由很多因素决定的，与一定的语言环境、对话者的文化背景等都有关系。况且，由于汉语方言是汉语历史发展的结果，方言分区理所当然得兼顾共时和历时的情况，方言学界既然习惯于联系《切韵》音系来考虑方言的分区，那么完全撇开方言历史来源的"可懂度测验"，也就没有多少人采用了。尽管理论上方言的分区可以从听懂的程度方面来考虑，但在汉语方言分区的实践中，迄今还没有采用听懂度方式取得满意结果的记录。曾经有人因听懂度很低而怀疑汉语方言中的粤语、闽语等是否仍可视为汉语的方言，这种撇开方言历史渊源等因素而轻易判定粤语、闽语等并非汉语方言的看法，很难获得大多数方言学者的认同。我们讨论汉语方言分区的前提是，它们都是汉语方言。粤语也好，闽语也好，不管多么复杂，多么难懂，始终是汉语方言。只要联系汉语历史音韵，汉语各大方言间的关系总是明确的。不论相互间的可懂度是大是小，其作为汉语发展过程中形成的一个汉语方言区——或者说是汉语方言的类别，是完全可以成立的。当然，我们对汉语方言进行分区，在坚持原则、明确依据的情况下，征询一下本方言区人民大众对当地方言系属的意见，也是完全有必要的。本地人对本地口语与四邻口语的差别最为敏感，他们常常会向方言调查者指出本地方言和邻近方言的特点，他们的看法值得我们在制定方言分区调查项目时参考。

汉语方言分区由于不大可能处处都像切豆腐那样做到一刀两断、泾渭分明，因此，对于某些一时难以确切定出方言归属的地区，暂时保留作为"未名系属"的方言或"过渡性方言"，应该也是可以的。

三、汉语方言分区的格局

（一）汉语方言分区的层次

任何一种科学的分类都必然会有不同的层次（级）。语言学的谱系分类有语系、语族、语支、语群等不同的层次。汉语方言的分区也应该有不同的层次，并且给各个层次以适当的名称。李荣先生早在20世纪80年代中主持编撰《中国语言地图集》时就提出过汉语方言的区划最多可以分为五个层次，即大区—区—片—小片—点，并说明"大区是总括的名目，只在必要的时候使用，并不是每个区上头都有大区"。（李荣，1985）目前，就汉语方言而言，通常有方言区—次方言（方言片）—小方言（方言小片）—地点方言等不同的层次。例如，闽方言—闽南方言—潮汕方言—饶平方言。近期在汉语方言分区的讨论和实践中，有学者从汉语方言的现实状况出发，提出在汉语方言的分区中，应该首先着眼于南北方言的分别问题，在明确南北方言明显不同的基础上，再来按照实际情况将汉语方言划分为若干方言区。美国学者罗杰瑞教授早在 20 世纪 80 年代就提出汉语方言首先应分为三个大区，即北方方言区、南方方言区和中部方言区，然后在第二层再把时下人们所认同的各个方言区归纳到这三个方言大区中来。这实际上是在汉语方言的分区中增加了一个层次。罗杰瑞在他的著作《汉语概说》（*Chinese*）中对他提出的"北部方言""中部方言"和"南方方言"各自的特点做了相当详尽的论述，颇能引起汉语方言学界的瞩目（罗杰瑞，1988，1995）。1995 年，刘勋宁在《再论汉语北方话的分区》一文中设计了一个汉语方言的"关系网"，也是先在第一层次中将汉语方言分为南北两大块，只不过他所使用的术语不同：把北方话称为"基础汉语方言"，目的在于改变地理上的"极不确切"，避开把远在西南的云、贵、川也称作北方话的别扭；北方话以外的南方诸方言则统称为"东南诸方言"。（刘勋宁，1995）与此相似，我们近期有机会读到石锋教授的一篇文章，他明确地提出汉语方言的分区应有层级性，而第一层级首先应作南北划分，把汉语方言分为北方方言和南方方言两个大区，下面再各分出方言区和小区、片、小片等。按照石锋的设计，汉语方言首先以北方方言和非北方方言为第一层次，第二层次才是湘、赣、客、吴、粤、闽等方言。（石锋，2000）参照上述几家的理论，我们认真检视了一下几十年来陆续发表的一些汉语方言调查研究成果，特别是方言词汇方面积累下来的丰硕成果，就不难发现，汉语各种方言之间往往给人一个印象：尽管各地方言千差万别，但从方言与方言之间的关系及异同来看，的确存在不少共同的语言特点，这正是汉语方言间"你中有我，我中有你"的体现，也是北方方言与南方方言俨然分开的明证。虽然迄今为止，南北方言的分野还缺乏足够的、可供全面进行比较研究的资料，但确实已有种种迹象足以粗略地勾画出汉语南北方言明显不同的轮廓来。例如，语音上声调的简化与否及入声的保留与消失，给人的印象就是南北方言存在着明显的差别，尽管北方方言也有保留入声的，但那毕竟不是北方方言共同的整体现象，不像南方方言那样，各地都有入声存在。又如语法上人称代词的第三人称，北方方言基本上以用"他"（她）为主，而南方各方言却大都非"渠"（佢）即"伊"，除湘语外，基本上没有用"他"（她）的。要是这类的例子多挖掘一些出来，南北方言的系统差别也就显示出来了。由此可见，上述几位学者提出在汉语方言分区的层次上宜先以南北方言的划分为第一层次，是切合汉语方言的实际情况的。这样一来，汉语方言分区的层次就可作以下考虑。

第一层次：北方方言（或"基础汉语方言"）；南方除隶属北方方言的西南官话以外的各方言（或称"东南诸方言"）。

第二层次：汉语七大方言区（或十大方言区，含北方方言）。

第三层次：汉语七大方言区（或十大方言区）下位的方言小区（方言片、次方言）。

第四层次：各方言小区（方言片、次方言）下位的方言小片（土语群）。

第五层次：地点方言。

（二）汉语七大方言与汉语十大方言

从上述汉语方言分区的层次出发，时下汉语分区中的七大方言或十大方言，实际上就是撇开第一层次，先不考虑归纳为南北方言，而直接按第二层次的要求将汉语方言分为七区或十区。

七区是北方方言（官话方言）、吴方言、湘方言、赣方言、客家方言、粤方言、闽方言。十区是十多年前李荣教授在主编《中国语言地图集》时提出来的，反映在中国社会科学院和澳大利亚人文科学院合作编纂的《中国语言地图集》（1988）中。

十区是在七区的基础上增加了晋语、徽语和平话三个方言区，即官话区、晋语区、吴语区、徽语区、赣语区、湘语区、客语区、闽语区、粤语区、平话区。

十区说自李荣提出来迄今已经十多年了（李荣，1985，1989），虽然已经用在《中国语言地图集》中，但始终存在着一些尚有争议的问题，还未能在方言学界完全取得一致的共识，因而，不少很有影响的现代汉语著作，包括汉语方言著作，目前仍然保留七区的体系。争议的焦点集中在新设立的三个方言区，特别是晋语和平话上面。对此，个人的看法是：

（1）晋语问题。当年李荣提出让山西及与山西毗邻的有入声的地区从北方话（官话）中分离出来，让其独立成为一个方言区——晋语区，主要是考虑到这些地方的方言有入声。可是同样有入声的江淮官话却又仍然认作北方话（官话）的一支，实际上，四川的西南官话和河北的一些地方也存在入声，因而，不少语言学者对晋语该不该独立为一个大方言区提出了质疑。其后，侯精一、温端政等方言学者对晋语进一步做了深入的研究，又陆续提出了一些入声以外的特征来支持晋语独立成区之说。个人认为，晋语在北方方言中比起其他北方官话来无疑是有一些较为突出的特征，但是综观汉语方言的全局，把晋语从北方话中独立出来，恐怕还不如留在北方话的大家庭中，作为有特色的一支北方话（晋语），更切合汉语将其方言分区的实际。或者像刘勋宁所建议的，把它改称秦晋方言，作为跟其他官话平行的、同属他所说的"基础汉语方言（北方话）"下位的两支北方话，也不失为一个解决办法。

（2）平话问题。把广西境内一些方言独立出来建立一个新的汉语方言区——平话区，这个问题在语言学界，特别是汉语方言学界引起了不少的争议，直到近期，《方言》杂志（2001年第2期）还发表了一组文章专门讨论这个问题。笔者近期认真阅读了广西两代语言学者关于平话问题的一些论述，特别是最近几篇以平话为题撰写的博士论文（梁金荣，1997；覃远雄，2000；谢建猷，2001），反复思考这个问题，觉得从广西平话的实际和汉语方言分区的原则和格局出发，在汉语方言分区的第一层次中将平话独立为一个大方言区的论据似欠充分，个人倾向于桂南平话可以并入桂南的粤方言的观点，而桂北平话比较复杂，有学者认为与桂北土语、湘南土语颇有相似之处，其归属问题不妨跟湘、桂"土语"的归属合在一起来考虑，目前暂不必匆忙定夺，留待对相关"土语"作进一步深入调查以后再来解决。

（3）徽语问题。徽语的特点十分突出，早年赵元任就把徽语当作汉语方言中独特的一支看待，他在20世纪60年代先后发表了《绩溪岭北音系》（1962）和《绩溪岭北方言》（1965），初步撩开了皖南徽语的面纱。在80年代以后，又有郑张尚芳、（日）平田昌司、伍巍等方言学者先后对徽州方言进行调查研究，发表了一批关于徽州方言的著述。看来把徽州方言的特征彻底弄清楚以后，从发展的眼光看，把徽州方言独立划为一个方言区，是完全有可能的。笔者并不反对徽语独立成区，只是认为必须进一步对徽语的特征及内涵、界线等都研究清楚，这样才能确认徽语实在无法纳入官话（北方话）中。到那时，徽语独立成区也就水到渠成了。

参考文献

[1] 曹廷玉. 赣方言特征词研究. 广州：暨南大学, 2001.
[2] 丁邦新. 汉语方言区分的条件//庆祝李方桂先生八十诞辰论文集, 清华学报, 1982, 14（1～2）.
[3] 丁邦新. 评《中国语言地图集》. 国际中国语言学评论, volume 1, number 1. Hong Kong：John Benjamins Publishing Co., 1996.
[4] 丁邦新. 汉语方言中的特字. 第九届国际汉语语言学会议宣读论文, 2000.
[5] 侯精一. 现代晋语研究. 北京：商务印书馆, 1999.
[6] 黄典诚. 闽语的特征. 方言, 1984（3）.
[7] 黄家教. 汉语方言论集. 北京：北京语言文化大学出版社, 1997.
[8] 李荣. 关于汉语方言分区的意见. 方言, 1985（2～3）.
[9] 李荣. 汉语方言的分区. 方言, 1989（4）.
[10] 李如龙. 方言与音韵论集. 香港：香港中文大学吴多泰中国语文研究中心, 1996.
[11] 梁敏, 张均如. 广西平话概论. 方言, 1999（1）.
[12] 梁金荣. 桂北平话语音研究. 广州：暨南大学, 1997.
[13] 梁金荣, 高然, 钟奇. 关于汉语方言分区的几个问题——兼论晋语的归属. 语文研究, 1997（2）.
[14] 梁振仕. 桂南粤语说略. 中国语文, 1984（3）.
[15] 刘村汉. 桂南平话——粤方言的一个分支. 第五国际粤方言研讨会宣读论文, 1995.
[16] 刘勋宁. 再论汉语北方话的分区. 中国语文, 1995（2）.
[17] 罗杰瑞. Chinese. Cambridge：Cambridge University Press, 1988.
[18] 罗杰瑞. 汉语概说. 中译本. 张惠英, 译. 北京：语文出版社, 1995.
[19] 覃远雄. 桂南平话研究. 广州：暨南大学, 2000.
[20] 石锋. 汉语方言的南北分区. 第九届国际汉语语言学会议宣读论文, 2000.
[21] 王福堂. 平话、湘南土语和粤北土语的归属. 方言, 2001（2）.
[22] 温端政. 试论晋语的特点与归属. 语文研究, 1997（2）.
[23] 温端政. 晋语"分立"与汉语方言分区问题. 语文研究, 2000（1）.

[24] 伍巍. 论桂南平话的粤语系属. 方言, 2001（2）.
[25] 谢建猷. 广西平话研究. 北京：中国社会科学院, 2001.
[26] 杨焕典. 广西通志·汉语方言志. 南宁：广西人民出版社, 1998.
[27] 游汝杰. 汉语方言学导论. 上海：上海教育出版社, 1992.
[28] 余霭芹. 粤语方言分区问题初探. 方言, 1991（3）.
[29] 袁家骅, 等. 汉语方言概要. 2版. 北京：文字改革出版社, 1983.
[30] 詹伯慧. 汉语方言及方言调查. 武汉：湖北教育出版社, 1991.
[31] 詹伯慧, 张日昇. 珠江三角洲方言调查报告：1～3卷. 广州：广东人民出版社, 1987, 1988, 1990.
[32] 詹伯慧. 语言与方言论集. 广州：广东人民出版社, 1993.
[33] 张光宇. 东南方言关系综论. 方言, 1999（1）.
[34] 张振兴. 闽语及其周边方言. 方言, 2000（1）.
[35] 中国大百科全书语言文字卷. 北京：中国大百科全书出版社, 1987.
[36] 中国社会科学院, 澳大利亚人文科学院. 中国语言地图集. 香港：朗文出版（远东）有限公司, 1988.

汉语方言词典编纂中的几个问题[①]

一、引言

近 20 年来，汉语方言词汇的调查取得了丰硕的成果，全国各汉语方言地区都积累了大量多彩多姿的汉语方言词汇。在这个基础上，从 20 世纪 80 年代开始，不少方言学者都致力于总结方言词汇调查的成果，并落实到编纂各种方言词典上来。如今我们走进各地的书店，在展示辞书的书架上，多少可以看到一些或详或略、或厚或薄的方言词典。这些词典内容、体例不尽相同，归纳起来大致有以下几种类型：

（1）汇集某一地点方言词语的单点方言词典，如《上海方言词典》《昆明方言词典》《北京方言词典》《成都方言词典》《广州方言词典》等。

（2）汇集某一地区、某一省份方言词语的地区方言词典，如《东北方言词典》《山东方言词典》《湖北常用方言词典》等。

（3）汇集某一专题、某一专著中方言词语的专题方言词典，如《北京话儿化词典》《老舍作品中的北京话词语汇释》等。

此外，也出版过少量以大方言区词语为收录对象的方言词典和兼收各地方言的综合性方言词典。前者如《客家话词典》《简明吴方言词典》等，后者如《方言小词典》等。

在我们看到的方言词典中，也有一些同一方言地点先后由不同作者编纂的几种方言词典。例如，广州方言就有过好几本方言词典问世，福州方言词典也出版过不止一种。

在众多的方言词典中，以李荣教授为主编的《现代汉语方言大词典》41 种分卷本从 20 世纪 80 年代末开始组织筹划，90 年代初着手编纂，集

[①] 原载于詹伯慧著《漫步语坛的第三个脚印——汉语方言与语言应用论集》（增订本），暨南大学出版社 2006 年版。

合了全国60位方言学者的智慧，历经八载辛劳，终于在1998年底完成这一套总字数达2200万，内容丰富、装帧精美的皇皇巨著，深受海内外学术界的瞩目。与此同时，由上海复旦大学许宝华教授和日本京都外国语大学宫田一郎教授共同主编的五大本《汉语方言大词典》，经过十多载编纂出版的历程，在中、日两国学者的通力协作下，终于在1999年春天和读者见面了。这两套规模宏大的汉语方言大词典，前者以分地成册的形式详列41个有代表性汉语方言点的方言词语，后者以融南北古今于一体的形式，尽录各种方言著述及古今文献中的方言词语。这两项汉语方言研究中的"重量级"工程，几乎同时起步，同时完成，堪称中国语言学史上的空前盛举。

从已经出版的许多汉语方言词典中，特别是这两套总共4000多万字的方言大词典中，我们看到了一些编纂方言词典的好经验，也遇到一些值得探讨的问题，下面就有关的几个问题进行讨论，略抒管见。

二、方言词典的收词问题

编纂任何一种词典，必然会遇到收词立条的问题。收录什么样的语词，收录多大数量的语词，就体现出这部词典的性质和特征。名为方言词典，按理自然是以方言词语作为收录的对象，不应该会有多大的问题。但事实并不那么简单。我们会遇到什么是方言词语的问题。如何理解方言词语？方言作为一个语言整体，作为人类社会的交际工具，它跟任何一种独立的语言一样拥有系统的语音、词汇、语法等语言要素。词汇是构成方言的"建筑材料"，出现在这个方言中的所有语词，构成这个方言词汇的整体。而方言中的每一个语词，也都是这个方言词汇中的一员。从这样的认识出发，方言词汇就应该是包括该方言中的所有词语了。下面让我们拿粤方言的一个口语句子来剖析一下：

佢点解成日都唔见人㗎？（他为什么整天都不见人呀？）

这句话中有八个词语：佢、点解、成日、都、唔、见、人、㗎。这八个语词无疑都是粤方言词汇整体中的成员，都是语言应用中的"建筑材料"。可是，当人们在谈及粤方言的"方言词"时，却总是只把"佢"（他）、"点解"（为什么）、"成日"（整天）、"唔"（不）、"㗎"（呀，语气词）等看作粤方言词，而不认为其中的"都""见""人"等也是粤方言的方言词。这是常识性的理解，而这种理解恰恰就不是建立在"方言中所有的语词都是该方言词汇的一员"这一理念上。由此可见，方言词汇实际上可以有广义的理解和狭义的理解之分。广义的理解指的是方言中所有的语词，不论是否"与众不同"，是否有本方言的独特色彩，只要是进入了这个方言，在这个方言的词库中占有一席之地，就都是这个方言的方言词汇。狭义的理解则认为方言中只有那些与众不同的独特语词才是该方言的方言词汇。通常人们总是按狭义的概念来看待方言词汇，广义的方言词汇只是在理论上也可以成立罢了。

问题在于，方言词典的编纂者都是能够理解方言词汇有广义、狭义之分的，但在他们制定编写条例、考虑入编词语时，各人的取舍尺度并不一致。既然方言词汇的理解可宽可窄，收词的范围也就同样可宽可窄。从已刊的许多方言词典来看，大多数词典都从狭义方言词的角度入手遴选方言词语。前面提到的一些单点方言词典或地区性方言词典，每册所录方言词语少则三五千，多则七八千乃至上万，基本上都属于能显示方言特色的狭义方言词。这是因为方言词典的编纂者大都抱着显示方言特色的宗旨来编纂方言词典，他们必然把收词的着力点放在挖掘方言中特有的词语上。凡属"人无我有"的词语，大概是很少会遗漏的。当然，由于编纂人员水准不一，调查的深度也不一，某些方言词语未被发现，某些词语是否应收录又拿不定主意，因而漏收错收也不足为奇。同是某个方言的方言词典，收词量多寡不一，有的甚至相去甚远，这也是意料中的事。

时下除了大多数方言词典以体现方言特色的方言词语为收录对象外，也还有少量方言词典收词范围扩大到非方言词语上来。20 世纪 80 年代初出版的《普通话闽南方言词典》就是一部代表作。这部词典开宗明义标明是"普通话和闽南方言"的词典，即兼收普通话和闽南方言的词语，并含有对比的意思。这部词典收录闽南方言词七万条，同时收录见诸《现代汉语词典》的普通话语词五万多条，可谓洋洋大观。以往广东省也曾出版过以《新华字典》为蓝本，在每个字目下加注方言读音的字典。其实这类字典只能说是加注方言音读的共同语（普通话）字典，称之为方言字典是不贴切的。这类字典既然以共同语为收录的对象，尽管加注了方言读音，从字典的体例上出发，在共同语中没有出现的方言词语也就无缘挤进字典中来了。

李荣教授主编的 41 卷《现代汉语方言大词典》有统一的编写体例。

在收词方面，既要求尽量深入挖掘各地富有特色的方言词语，同时又制定了拥有3000多语词的常用词调查大纲，要求各卷编纂者都要记录下这3000多个词在本方言中的说法。这是一种以狭义方言词为主，以广义方言词为辅的收词原则。之所以这样做，是准备在编就41卷分地方言词典以后，再以各卷共同收录的3000多个词为基础，编纂一部综合41个方言点的《现代汉语方言大词典》（综合版）。李荣教授在41卷分地方言词典的总序中说得很清楚："分地方言词典的要求有两项：一是为综合的方言词典准备条件，二是反映本方言的特色。"

我们赞成方言词典应着眼于收录具有特色的方言词语，但在编纂以收录方言特有词语为主的方言词典之外，为了某种需要（如比较、综合）也适当编纂一些兼收部分非方言特有的通用词的方言词典，是完全必要的。要编纂一些用以比较不同方言词汇面貌的词典，就非收录一批共同的常用词语，并以共同语的词语作为对照比较的参数不可。上述李荣教授主编的41卷《现代汉语方言大词典》，正是这样做的。北京大学语言学教研室编的《汉语方言词汇》，通过20个有代表性的方言点，对照列出1000多个常用词在这些方言点中的说法，让人们看到汉语各地方言词汇异同的情况，虽然它还不能算是严格意义上的方言词典，但在显示汉语方言词汇特色上产生了显著的效果。前述20世纪80年代出版的《普通话闽南方言词典》，其目的在于"帮助解决人们在学习与推广普通话，以及从事文化、教育、宣传工作和日常实际时所遇到的语言问题"，同时也为汉语方言研究提供丰富翔实的闽南方言资料，像这种性质的方言词典，全面兼录闽南方言和共同语的词汇，也就理所当然了。由此可见，方言词典收词的范围一般都在能否显示方言特色的前提下来考虑，但这只是就单一方言的方言词典而言，对于内容涉及多种方言或具有综合对比性质的方言词典，收词的原则、标准和范围，也就得另行考虑了。例如，当今一般方言词典都只收现代通行于方言地区的方言词语，不大会顾及历史文献中有无本方言的词语出现。但近期面世的五大本《汉语方言大词典》，开宗明义表明它是"通贯古今、综合南北"的汉语方言词典，内容必然力求详尽，自然也就要突破一般方言词典收词的范围，设法尽录古今方言著述及相关文献中的方言词语了。

对于大量只收录狭义方言词的单点方言词典来说，仍然存在着如何掌握收词宽严标准的问题。有的方言词通行地界不很明晰，可能同时出现在相邻几个不同方言中，甚至出现在相隔很远的不同方言中，编纂方言词典时，这类方言词同时为几部不同地区的方言词典收录进去，是屡见不鲜的事。主张从严掌握的学者认为，既然几个不同方言地区都出现这个词，就不宜收到某一方言词典中来；主张从宽掌握的学者却认为，不论这个方言词是否也在别的方言中出现，只要它在本地方言里能显示方言的特色，就可以收进本地方言词典中来。实际情况是，方言之间的关系错综复杂，某些方言的区界很难做到泾渭分明，这又怎能避免方言词语在不同方言中交叉出现的现象呢？汉语各方言都是汉语历史发展的产物，在漫长的发展过程中，相互渗透、相互吸收是非常自然的。面对这一现实，我们认为，在编纂方言词典时，如果一见自己经过调查收录进来的方言词在另一方言中同时出现便马上加以剔除，显然是欠妥的做法。倘若在我们所编的方言词典中，大部分词语可以肯定是本地方言特有的，另有一小部分词语既属本地方言用语，也存在于别的方言中，就应该从宽对待，只要这些词语不属于共同语中的通用词语，就不必过于计较是否"只此一家"了。在方言研究中，我们往往乐于找寻所谓的"特征词"，这些"特征词"可以用来鉴别方言的"身份"，当然是很有价值的。但一个方言中能够称得上是特征词的语词，毕竟还是很少的。方言词典中收录的词语不可能都是经过严格筛选的特征词。决定能否作为方言词语收进方言词典来，主要还是跟共同语对比而言。看来在处理方言词典收词的"宽""严"问题上，"法取乎中"，也许是比较合适的尺度。对于并非"只此一家"的方言词，要左顾右盼、仔细斟酌，既不一概拒之门外，也不一概加以吸纳，紧紧围绕着"方言词典要能突出方言特色"来决断，大概就不会出现太大的偏差。近期我们看到有的方言词典竟把"爸爸"也当方言的语词收进来，这就未免过于"宽大无边"了。把"父亲"叫"爸爸"在汉语方言中非常普遍，共同语也同样用"爸爸"来称呼父亲，如果我们编出来的方言词典，里面充满许多像"爸爸"这样谈不上半点方言特色的词语，那还能称之为方言词典吗？

　　语言有口头语和书面语之分。历来一般语文词典大都收录有文字记载，有文献可稽的词语。在这一点上，方言词典可说是比较特殊的。除了少数收录古代文献中方言词语的方言词典，以及像《汉语方言大词典》那样兼收南北古今各种方言词语的综合性方言词典以外，方言词典一般主要都是录入该方言地区人民群众口语中使用着的地方性词语，特别是所谓的俚俗土语。因此我们总是强调方言词典必须建立在对方言地区进行田野调查的基础上,没有实地调查,掌握不了从群众口语中表现出来的大量方言词语,也就谈不上方言词典的编纂了。方言词典以地方口语为主要收录对象,这一点必须十分明确、毫不含糊,这就使方言词典有别于一般语文词典。大至《汉语大词典》,小至《新华字典》,编纂时都不是从调查口语入手来操作的。但我们也不能因此走向极端,在尽量挖掘、收集口语语词的同时,也不能完全摒弃出现在书面文献、作家作品中的方言词语。有的方言地区(如粤方言和台湾闽南话)方言词语入文的现象比较普遍,甚至报刊上还出现一些完全称得上是"方言作品"的文章,至于各地民间说唱、地方戏曲等文艺形式,更是普遍存在着许多地方方言的词语,这些对我们编纂方言词典来说,无疑是宝贵的素材,可以大大补充直接从口语调查得来的语料,当然不能轻易放过。但也要注意书面语言资料的鉴别工作,从书面文献中收集到的方言词语,最好能拿到口语中去验证,看看在口语实践中是否也存在,通过"验明正身"再收到词典中来,就可以保证不会出错了。总之,在收集方言词语的过程中,通过实地调查得到的口语素材自然可以大胆信其真,而通过书面作品,特别是从历史文献上录得的资料,就一定要做好分析验证的工作,不可囫囵吞枣,一概照收。时下有的人喜欢从一些古典名著中搜集方言词语进行方言词典的编纂,如从《水浒传》中寻找山东方言词汇,这样的工作得非常谨慎。单凭文学名著作者的籍贯和作品中人物活动的地域来确定作品中使用的某些词语必属某方言,这未必是可靠的。例如作家欧阳山的小说中使用了一些粤方言的词语,我们编纂粤方言词典时,当然不能熟视无睹,不妨把从《三家巷》等作品中录得的粤语语词拿来跟珠江三角洲一带活着的民间口语印证一下,确定不会"错认门牌",再收进方言词典中来,这样就可以放心了。

一部方言词典的规模大小固然取决于收词的多少,而其质量是否上乘,也跟收词问题息息相关。能否把好收词这个关口,做到该收的不漏,不该收的不留,对于实现方言词典的编纂主旨——体现方言特色,无疑是十分重要的。

三、方言词典的注音、用字问题

编纂方言词典,必然要遇到方言的注音问题。注音方式的抉择直接影响到注音的效果。

汉语方言词典的注音到底使用什么样的方式最能准确表现方言音读的实际，又最便于词典使用者的掌握呢？

早期西洋传教士为了传教的需要，曾为中国方言地区编写过一些方言词典或拼音字（词）汇，以至方言读物。这些方言字典读物都采用了专门设计的以罗马字拼音的拼音方案来注音。上百年来，罗马字母（拉丁字母）几乎成为拼注汉语各种方言字（词）读音的共同选择。但同样使用罗马字母注音，注音方案的设计却是五花八门、各不相同。近几十年来，各地学者运用现代语言学的理论方法编纂汉语方言词典，仍多以罗马字母为首选注音符号，但注音方案的设计却多考虑与20世纪50年代国家公布推行的《汉语拼音方案》相衔接、相协调，因而也就各自根据方言音系为方言的注音设计了专用于该方言的拼音方案。典型的例子就是1960年广东省在推广普通话的高潮中为省内四种方言设计的四套方言拼音方案，该方案由文字改革出版社出版面世。在编写广东省内各方言地区学习普通话的小册子时，就分别用这几套方言拼音方案来拼注方言的读音。直到近期广东出版的方言词典（如饶秉才等编著的《广州话词典》，广东人民出版社1997年版）仍采用当年设计的广州话拼音方案作为拼注广州话读音的工具。这类专为某方言注音设计的拼音方案，由于和群众熟悉的《汉语拼音方案》较易沟通，供懂得该方言而又懂得《汉语拼音方案》的人使用，有相当便利之处。然而，随着近十多年来各地纷纷编纂方言词典，方言注音问题引起了方言学者的重视，是继续沿着不断设计各种方言拼音方案的路子走下去，还是改用共同一致的注音方式来拼注各种方言？在这个问题上，"寻求一致"的呼声明显渐成主流。"一致"的归宿在哪里？在国际音标。主张使用国际音标的学者认为，国际音标本来就是可以用来标注任何一种语言或方言的科学工具，以往国际音标只在语言学界和外语的教学中使用，在举国上下的"推普"浪潮中，为了便于已掌握《汉语拼音方案》的广大群众，在方言地区设计方言拼音方案，供对比方言与普通话之用是无可非议的。但是事隔几十年，如今随着国际文化交流的拓展，外语的日渐普及，作为拼注各种语言的国际音标正随之不断普及，而相反的情况是，20世纪60年代设计的一些单一方言拼音方案，现在能掌握的人已不多。拿广州话的拼音方案来说，广州人懂得的就很少，如果再用这套方案，要读懂广州话词典及广州话读物，首先就得先学会广州话拼音方案，而学会了这套广州话拼音方案，读者却又不能用来阅读不同方言的词典，与其花力气来学会各种拼音方案，倒不如从今而后统一步调，大家都来使用国际音标标注各种方言的音读，这样不是更省事、更符合讲求效率的时代精神吗？基于这样的认识，20世纪90年代以来，中国大陆出版的各种方言词典，已大都使用国际音标来拼注方言音读，而不辞劳苦为编纂方言词典另行设计拼音方案的，也就寥若晨星了。我们认为，统一使用国际音标为方言词典注音的路子是可取的，值得大力提倡。国际音标注音的科学性毋庸置疑，使用国际音标，不但能保证方言音读的准确性，也便于与现代各种语言学术专著、各类语言调查报告和相关语言报刊的标音体系相衔接。即使原先不大熟悉国际音标的人，只要从头学会国际音标，便可顺利阅读各种语言辞书和语言读物，真是一本万利的事，何乐而不为呢！前面提及李荣教授主编的41卷《现代汉语方言大词典》（分卷本）和许宝华教授、宫田一郎教授主编的五卷《汉语方言大词典》，在这两套巨型方言词典中，凡是方言词语，都一律标注国际音标。这一做法在方言学界中受到普遍赞赏。

　　方言词典注音问题基本上解决了，方言中有音无字的词语，又如何解决呢？众所周知，由于现行方块汉字不是表音文字，说着不同方言的人都使用同样的汉字，同一个汉字用不同的方音来读，并不影响表达效果。就这一点来说，似乎方言用字不会是个大问题。但这只是就一般而言，对于某些方言特殊词语较多、有音无字的现象也比较普遍的方言，如海内外影响很大的粤方言来说，问题就不那么简单了。接触过粤方言的朋友都知道，粤方言为数众多的方言词语，经常以多种书写形式出现在书面语言中，或使用训读字，或使用自造字，或使用音同音近字，当然也有少数是沿用古已有之的本字，总之是形形色色、五花八门。从目前比较流行的几部粤方言词典来看，其中用来表现方言词语的各种方言用字少则100多个，多则三四百个，这个数字在常用汉字中所占的比例不算小，如果以粤语口语为基础来写作，很可能每十个词语中至少会出现一两个方言用字。由于这些方言用字多出现在日常生活用语中，一些通俗性的小文章（如港澳报纸中某些市民爱看的副刊）出现方言用字的机会就更多了。像粤语这样在书面语中出现方言字的机会很多，而这些方言字又多是群众自发创造的，随意性很大，既不像通用汉字那样有严整的造字规律，又没有统一的语言文字职能部门（如国家语言文字工作委员会）或权威的语文研究机构（如中国社会科学院语言研究所）来统筹制定，就难免出现"各行其是"而缺乏规范的局面。这种局面自然会给方言词典的编纂带来诸多麻烦。毫无疑问，找不到合适汉字来表示的方言语词，有的是可以考证出古代的"本字"来的，有的则存在着方言使用者自发创造的"俗字"。在方言词典的编纂中，有的学者比较强调方言词语无一无所本，必有"本字"可考，因而对于每一个有音无字的方言词语，都要穷根究源，千方百计把"本字"挖掘出来，不赞成随便使用自制"俗字"，更不赞成随意用"开天窗"（□）的方式来表示有音无字。另外一些学者却比较强调方言中使用的俗字是人民群众的创造，是应该尽量使用而不可随意抛弃的。这些学者赞成在方言词典中本字和俗字，乃至群众使用的同音字、近音字可以兼收并用、"和平共处"，不得已时也不妨使用"开天窗"的方式来解决。笔者是比较倾向于后一种意见的。我们的态度是：有"本字"但群众已通行自造俗字的，不妨顺水推舟，使用俗字。在方言用字的抉择中，还是从众从俗，服从约定俗成的原则为好，死抱着每个方言词都要考出本字来的想法不放是不切实际的。我们无意贬低"本字"的作用，考证词源，考证本字属于语言文字研究的内容，也是方言研究中的重要课题。作为语言专业人士，能够通过形、音、义诸方面的考察，为那些有音无字的方言词语考证出确凿无疑的本字来，指出方言词语的"娘家"，自然是功德无量的事。但我们不能不注意到："研究"与"考证"是语言学家的事，"用字"却是社会上千百万使用语言文字的人民大众的事。倘若语言学家考证出来的方言"本字"是个不寻常的生僻字，不便于群众广泛使用的字，即使是考证得十分准确，解说得十分合理，也不一定能得到广大方言使用者的认同，不一定能在方言地区得到推广。我们的语言研究成果未能为语言应用者所接受，也只能徒呼奈何。在现实的社会语言生活中，研究归研究，应用归应用，两者挂不上钩的情况是常常可以遇到的。说到底，语言文字的应用是约定俗成的习惯行为，约定俗成是语言文字的本质特征。如果方言地区的民众在语言实践中已经自发地运用了考"本字"以外的手段，如自造俗字、同音代替等方式来解决本地方言中有音无字的难题，并且早已不胫而走，成为大家公认的用字习惯的话，即使这些方言用字既非"本字"，又不符合汉字造字规律，甚至有的还可视为错别字，但语言学家们也很难说服大家改变用字习惯，很难使大家改弦易辙了。例如，广州话中表示"站立"义的 k'ei¹³，本字是"徛"，但广州人已习惯用同音字"企",也就不必强求非改用"徛"不可;又如第三人称单数k'œy¹³,本字是"渠",广州人习惯写俗字"佢",也只能顺其自然了。人们宁愿使用俗字也不愿使用有根有据的本字,不愿让语言研究者牵着鼻子走,这正是语言文字社会性、习惯性的具体体现。我们在考本字上下足功夫,而考出来的本字又未能得到群众的接受和推广,也大可不必为此而伤心难过。只要把匡谬正误的思想和约定俗成的现实结合起来考虑,在观念上认同语言文字的约定俗成的准则,也就不会"想不通"了。基于这种认识,在方言词语的用字上,大可以采取比较宽容的态度,让"本字""俗字""同音字"等多种类型的方言用字并存并用,给方言词语使用者选择的自由。方言词典的编纂者只是在同一方言词语出现了多种不同写法的情况下,才需要有所取舍,有所定夺。在这种情况下,方言词典的抉择也许多少可以发挥一点引导的作用。我们知道,闽方言中表示"穿着"义的方言词,经闽语学者考证出本字为"颂",表示"人"的方言词,考证出本字为"农",闽南方言区的群众却不一定全部愿意遵循考证的结果。在方言入文时,把"穿"写成"颂"、把"人"写成"农"的情况很少见,至少我家乡的潮州话,就没有出现过这种依照"本字"的写法。这又有什么关系呢?人家不写"本字",丝毫也不影响本字考证的准确性,不降低本字考证的学术价值,但我们编写方言词典时,首先要在方言词典中如实反映现实用字的情况,训读字、俗字、同音字都不予排斥,同时也把本字考证的成果反映进来。也就是说,不妨在方言词语中列明应用中的俗字,同时也附上考出的本字。关于这一点,李荣教授在为编纂《现代汉语方言大词典》所撰的《方言词典说略》一文中有精彩的论述。他认为方言条目一般用通行文字,但各地俗字也应录入,有的条目写的是同音字,他认为"写同音字足以反映方言事实,并非白璧之瑕"。至于"本字",他说了这么几句话:"方言调查以记录事实为主。考本字也重要,到底不是主要的。考本字考对了是理应如此,考本字考错了是画蛇添足,没有把握的本字要少说,没有把握的时候最好用同音字。"这段话对我们处理方言用字中的本字问题,是很有启发作用的。

说到底,方言用字对于方言词典的编纂来说最棘手的,还是如何处理同一个方言语词有多种不同写法的问题。例如,粤方言中表示"现在"义的ji ka就有"而家""宜家""嚟家"等不同的同音代替法;又如"大排档""大排档"都是"卖饭食的摊档";还有语气词,"啦"可以用自造字"嚇"或"喇",也可以用通用字"啦";等等。词典一经择善而从,也就会对读者产生影响。还有一种情况,同一个方言用字,一会儿用于甲义,一会儿又用于乙义,叫人无所适从,例如粤方言中的俗字"冚",既有用作"盖"义,念 k'em^{35},也有用作"严密"义,念 h'em^{22};钞票"一元"粤语常按同音写成"一蚊",而"小孩子"也叫作"细蚊仔","蚊"字并非自造俗字,在通用字中指"蚊子""蚊虫",也是常用字。这一来,如果广州人说"细蚊仔"到底是指"小孩子"还是指"小蚊子"呢?像这类一字多用的现象,反映出群众自发地使用方言字,难免会出现一些混乱现象,方言词典最好在这类问题上能体现出一种规范的导向。凡出现方言字中有一字多词或一词多字的,都明确表明词典选定规范的态度,这对于遏止各行其是之风,是会产生积极作用的。就拿粤方言中常用的几百个方言用字来说,其中包括了不少同词异字的现象,倘若编纂广州方言词典的学者能对此进行归纳分析,做出取舍判断后反映到词典中来,必然会有助于克服方言用字中的混乱现象。

四、方言词典的释义用例问题

对于任何一种类型的词典,释义都是头等重要的事。释义的准确性和释义方式的科学性都直接影响词典的质量。方言词典的编纂,同样要高度重视释义的内容和释义的方式。

一般单点方言词典都是在方言词条下先注方言音读,接着就用通用的现代汉语(白话文)解说方言词的词义。有多个义项的则先分义项,再逐一进行释义。方言词典并非只为本方言区的读者而编,要让不懂该方言的读者也能使用,在释义上就得紧紧抓住"对比"这一环节,如同一些汉英双语词典那样,要特别注意方言与共同语间的差别,务必通过有效的对译方式,使读者对该方言词语有明晰的认识。例如,客家方言中"热水"叫"烧水",看上去像是动宾结构,《梅县方言词典》的编者就在"烧水"这一词条下加注"偏正式,非动宾式"的说明。这一来,词义就十分清晰了。方言词典在释义中遇到的棘手问题是并非每一个方言词语都能找到内涵与之完全相同的共同语词语来对译。方言中十分生动活泼的词语无法用很贴切的通用语来对译,这正好反映出方言和共同语之间的差别,也正是方言特色的具体体现。因此,我们一定要想方设法把这类难以直接对译的方言词通过适当的方式把它解说清楚。拿粤方言来说，这类方言词可谓俯拾即是。例如"论尽"［lœn^{22}tsœn^{22}］、"搞掂"［kau^{35}tim^{22}］这样很常用的词，就不容易用简单的语词准确地对译过来。释义中遇到这种情况，也只好诉诸单词以外的方式，用更多的话语来解说了。这种释义中的问题，在每部方言词典中都会碰到，能否运用一定的语言形式把具有浓厚特色的方言词语阐释清楚，对于方言词典的编纂来说可算是一次释义水准的测试。

　　释义的中心要求是准确性。释义好坏主要拿准确性这把尺子来衡量。而要达到准确性，有时光靠释义不行，还得配以恰当的用例，才能完满实现准确释义的目的。例如，潮汕方言中常用动词"食"，对应于共同语就是好几个动词吃、喝、抽（吸）等，共同语泛指吃东西用"吃"（吃饭、吃点心等），吃流质的东西用"喝"（喝酒、喝茶等），吃香烟用"抽（吸）"（抽云烟、吸洋烟等），而潮汕方言则一律用"食"（食饭、食烟）。我们在解说潮汕方言"食"时如果不举出一些恰当的例子，就很难达到对"食"这个语词释义的准确性了。看来对于方言词典来说，简明的释义和精当的例句是缺一不可的。正如李荣教授说的："释义给读者轮廓，举例给读者全貌，配上合适的例子，整个注释就活了。"方言的用例一定要强调"原汁原味，真材实料"。只有原原本本、不走样的方言说法才能如实反映出方言词的面貌。特别是遇到那些方言色彩十分浓郁的方言词语，像广州话中的"巴闭""执笠""孤寒""牙烟""闭翳""黐线""扭计"之类，更不能只是简单地释义，而必须配以纯粹的口语例句，才能尽显这类方言语词的独特风貌。时下坊间所见的种种粤方言词典，给人以良莠不齐、泥沙俱下的印象，其中释义、用例的准确性和得体性各书相去甚远。我们比较欣赏由麦耘、谭步云编著的《实用广州话分类词典》。这部粤语词典可谓后出转精。试以前面提到的"论尽"一词为例，在麦、谭所编词典中，这个词有三个义项，是分别放在"生与死"和"状况与现象"两类中来立目释义的。我们把它集中在一起：

　　（1）累赘、不方便：咁多行李，路上好～㗎。（这么多行李，路上会很不方便的。）

　　（2）情况不好，糟糕：①真啄喇，架单车爆咗呔添。（真是糟糕了，自行车轮胎漏气了。）②睇嚟呢单嘢好～嘢。（看来这事很不妙哇。）

　　（3）［婉］原意为累赘、不方便，转指怀着孩子：你而家～就唔好啲得咁犀利喇。(你现在怀着孕就不要动得那么厉害了。)

上述对粤方言词"论尽"的释义和举例,既有简明的共同语对译,也通过方言的例句充分反映出方言词的内涵和用法,是比较得体的。

关于用例的取材。我们认为,要求尽量"原汁原味",完全可以按照口语的实际记录下来,不一定要从书面语中去寻找"书证"。对于方言来说,上口是必然的、普遍的,而入文却是少有的、罕有的。除了像港澳粤方言和台湾闽南话这样能较多地进入当地报刊的通俗副刊版面以外,南北各地的汉语方言,包括一些跟共同语存在较大差异的方言,尽管人们说的是满口方言土语,一旦写到纸上,进入书面语言,便都是字典上规范的汉语汉字,在书面语言中,只能偶尔读到一鳞半爪的方言词语了。方言词语连同方言用字能够登堂入室,在书面上大派用场,这既是粤方言与其他方言不同的一大特色,也是粤方言地区社会语言文字应用规范化中的一大难题,"推普"工作长期不尽如人意的原因之一。我们在方言词典中把释义的工作做好,能准确地将方言词语对译为共同语规范词语,这对于方言地区人民群众掌握好方言与共同语的异同,正确使用统一的书面语言,无疑也会有一定的帮助。

有的方言词典释义时引用一些书面语言中的方言例句,特别是地方色彩较浓的文学作品中的方言词语。这当然是适宜的。但这决不意味着只有在书面语中出现的方言词语才有资格进入方言词典。方言本质上就是地方口语,编纂方言词典就是要反映地方口语中方言词语的情况。因此,首先要考虑的是如何搜集口语中的方言词语,从口语中取材是方言词典有别于一般语文词典的一个特色。就这个意义来说,有没有书面语言的例证,对于方言词典的编纂是无足轻重的事。

参考文献

[1] 北京大学中文系语言学教研室. 汉语方言词汇. 2版. 北京:语文出版社, 1995.

[2] 李荣. 现代汉语方言大词典分卷本:41卷. 南京:江苏教育出版社, 1991—1998.

[3] 李荣. 方言词典说略. 方言, 1992(4):243~254.

[4] 麦耘, 谭步云. 实用广州话分类词典. 广州:广东人民出版

社，1997.
[5] 饶秉才，欧阳觉亚，周无忌. 广州话词典. 广州：广东人民出版社，1997.
[6] 厦门大学中国语言文学研究所汉语方言研究室. 普通话闽南方言词典. 福州：福建人民出版社，1992.
[7] 许宝华，（日）宫田一郎. 汉语方言大词典：5卷. 北京：中华书局，1999.
[8] 詹伯慧. 汉语方言及方言调查. 武汉：湖北教育出版社，1991.

汉语方言语法研究的回顾与前瞻[①]

一、回顾——从方音研究到方言语法研究

汉语方言的调查研究从方言语音的调查开始。方言语音最能直接、具体地显示方言的特点，这是无可争议的事实。正因为这样，从20世纪20年代我国开始采用国际上通用的语言学方法来调查研究汉语方言以来，在长达半个多世纪的漫长岁月中，汉语方言的研究几乎完全被方言语音的研究包揽。于是乎，出现在图书馆和语言学者书架上的汉语方言著作，就以某某音系之类的方音研究著作最多。20世纪40年代以后问世的几部大型方言调查报告，如《湖北方言调查报告》以及后来陆续在台湾出版的《湖南方言调查报告》《云南方言调查报告》和《四川方言调查报告》等，每部的字数都超过百万，打开一看，其内容都是清一色的方音描写和记录，以及方音和中古语音的比较。至于方言词汇和方言语法的调查研究，长期以来一直处于乏人染指的状态。20世纪50年代，为配合推广普通话和汉语规范化工作的开展，举国上下进行了声势浩大的方言普查。但那次普查旨在找出方言与普通话之间的语音对应规律，以帮助方言区人民更好更快地掌握普通话语音。普查工作要求在较短的时间内完成方言语音的记录整理以及揭示方言与普通话语音的对比工作，自然也就无暇顾及方言词汇、方言语法的问题了。

20世纪60年代初，在方言普查工作基本完成之际，作为哲学社会科学学部委员的丁声树先生在学部委员会的第三次会议上就汉语方言工作做了发言，提出今后汉语方言的调查研究应以词汇、语法为重点，"而现阶段则特别应把方言词汇作为重点来抓"。丁先生的意见发表在1961年3月号的《中国语文》月刊上，一向少人问津的汉语方言词汇，开始受到方言工作者的瞩目。在语言学术刊物中，方言词汇研究的文章陆续出现，一

[①] 原载于《语言教学与研究》2004年第2期。

扫长期以来只能看到一两本记录研究北京方言土语的著作（如陆志韦先生的《北京话单音词汇》、张洵如先生的《北京话轻声词汇》等）的局面。至于汉语方言语法的调查研究，直到20世纪60年代，始终处于沉寂状态，除了零星发表在《中国语文》《方言与普通话集刊》等刊物上几篇介绍个别方言某些语法特征的文章外，论述汉语方言语法的专著，能看到的公开出版物就只有台湾南风书局于1950年出版的李献璋著的《福建语法序说》了。直到张洪年在香港中文大学所写的硕士论文《香港粤语语法的研究》在1972年由香港中文大学出版社正式出版发行后，汉语方言语法的研究才出现了逐步发展起来的势头。我和黄家教先生曾于1965年在《中国语文》第3期发表《谈汉语方言语法材料的收集和整理》一文，论及有关收集整理汉语方言语法材料的一些问题，当时我们是受丁声树先生1961年那篇呼吁重视汉语方言词汇语法研究的文章的感召而开动脑筋考虑起汉语方言语法研究的问题的。在那篇文章中，我们就汉语方言语法材料的收集汇总和整理分析谈了一些来自实践的初步想法。在收集方言语法素材方面，我们谈到如何收集、从哪些方面收集、在收集时必须注意哪些问题，如记音的准确性问题、方言中新旧因素并存并用的问题等；在整理分析方言语法现象方面，我们谈到如何进行方言语法材料的审核、分类和归纳整理；至于如何开展汉语方言语法研究的问题，我们提出在汉语方言语法研究刚刚起步之际，缺乏有关汉语方言语法体系的资料可供参考，不妨参考现代汉民族共同语的语法体系，首先把汉语方言语法的研究建立在方言和民族共同语相互比较的基础上，通过比较来认识方言中存在的语法特点，不失为可行之路。当时可供汉语方言语法研究参考的材料实在太少了，我们在那篇文章中所归纳分析的一些方言语法现象，自然是挂一漏万、很不全面的了。可就是那样一篇在20世纪60年代几乎是唯一一篇谈论汉语方言语法研究的文章，在那个汉语方言研究基本上仍处于方音研究一花独放的年代，对于提倡汉语方言语法研究来说，多少还是起了一点"点火"的作用。

说实在的，汉语方言语法的研究毕竟还是20世纪70年代以后才逐渐引起方言工作者关注的。尽管早在1972年就出现了张洪年的《香港粤语语法的研究》一书，但汉语方言语法研究的真正"起飞"，却应该说是70年代末80年代初以后的事。作为方言语法研究的专著，继上述张洪年的粤语语法专著之后，台湾罗肇锦在1984年由学生书局出版的《客语语法》，就算是比较早面世的汉语方言语法研究专著了。而恰恰这两部专著都不是由中国大陆的学者执笔的。在中国大陆，20世纪80年代刚刚热闹起来的汉语方言语法研究，初期还主要是在刊物上有一些单篇的研究论文出现，还来不及编写系统揭示某个方言语法的专著。在这里，我们要特别提到创刊于1979年的《方言》杂志在倡导汉语方言语法研究、推动汉语方言语法研究迅速发展中所发挥的积极作用。这份被认为是世界上独一无二的方言研究专业期刊，一诞生就把推动汉语方言研究朝着语音词汇语法齐头并进的路向发展作为办刊的指导方针之一。早在创刊不久的1980年第3期，《方言》就发表了朱德熙先生结合方言现象论述汉语中"的"字的论文《北京话、广州话、文水话和福州话的"的"字》，引起了语言学界的瞩目。据初步统计，1979—1998年这20年间，描写、分析、讨论有关汉语方言语法现象的文章在《方言》发表的就有120多篇，占《方言》20年间所刊全部文章的18%，比所刊方言词汇研究的文章还要多。《方言》编辑部显然是有意要在刊物上组织起对一些方言语法问题的讨论，如西南官话中的重叠式，在1987年一年间就刊出了9篇论文。最近几年《方言》刊出的方言语法文章仍然保持着相当的比重。1998年和1999年各有10篇，2000年有9篇，2001年有12篇，2002年有4篇。把这些数字加到上述20年间发表的120多篇中来，累计自1979年创刊至2002年年底，《方言》刊出的研究汉语方言语法的文章，总数就达175篇之多。我们不妨再来看看所谓"强势方言"的粤方言在方言语法研究方面的形势又是怎样的情况。从詹伯慧主编的《广东粤方言概要》一书所附录的《广东粤方言研究文献选录》（詹伯慧，2002）可以看到，该文献选录共选录篇目1445项，其中201项是属于粤方言语法研究的。在这201项中，只有8项发表于20世纪80年代以前，其余都是20世纪80年代以后才发表的。

　　在这里有必要一提的是，方言语法研究受到重视的程度之所以能够与日俱增，跟老一辈语言学家的反复强调和身体力行、认真实践是分不开的。早在半个世纪以前，袁家骅教授第一次在北京大学开设"汉语方言学"课程时，就在课堂上一再强调汉语方言语法的研究将有助于打破印欧语言语法体系对汉语语法研究的桎梏。他认为在大量汉语语法事实的支撑下，真正符合中国语言实际的、体现汉语特色的语法体系就有可能产生。袁先生当年没有多少时间来专门研究汉语语法，而朱德熙先生则通过自己长期深入的汉语语法研究,深切体会到要把现代汉语语法研究好,非着力把标准语(普通话)语法的研究和汉语方言语法的研究及汉语历史语法的研究结合起来不可,这也就是语法学界通常所说的语法研究的"大三角"理论。早在1985年,朱先生在为日本著名汉学家桥本万太郎的《语言地理类型学》作序时就指出:"研究现代汉语的人往往只研究普通话,不但不关心历史,把方言研究也看成隔行,画地为牢,不愿越雷池一步。这不管是对本人来说,还是对学术发展来说,都不是好事。"他还以他自己对"的"字研究过程的反思为例语重心长地说:"我在这里把自己三十年来在研究'的'字的过程中已经觉察到的疏忽和失误提出来,这也许可以作为今后语法研究工作中的一点小小的借鉴。"(朱德熙,1993)正是在这一观点的左右下,朱先生从20世纪80年代以来,先后发表了多篇贯彻"标准语语法—方言语法—历史语法"三结合的重要论文(朱德熙,1980,1985,1991),用语言事实有力地论证了在汉语语法研究中认真贯彻"三结合"精神的重要作用。在朱德熙先生辞世以后,《方言》编辑部发表了他的遗稿《从方言和历史看状态形容词的名词化》,更使我们进一步看到朱先生如何在他的语法研究中大力贯彻他自己经过长期实践后总结出来的语法研究"三结合"的重要理论。朱先生生前所提出的这一汉语语法研究指导思想,无疑是现代汉语语法研究,包括现代汉语方言语法研究在理论方法上的一次重大革新。它使研究现代汉语语法和研究汉语方言语法的人都大大开了窍,使彼此的研究工作有了新思路,进入了新境界。这也就自然而然地开通了现代汉语语法研究者和汉语方言研究者之间在研究理念上相互沟通、相互协作的新渠道。自从20世纪90年代以来,汉语方言语法研究不断升温,持续发展。从这十来年发表的著述来看,其中不乏成功之作,明显是受了朱先生立论的影响而在努力贯彻"三结合"理论的。众所周知,邢福义教授就是和朱德熙先生持同一见解,大力贯彻这一理论的一位语法学家。他在《方言》先后发表的《从海南黄流话的"一、二、三"看现代汉语数词系统》《说"您们"》《小句中枢说的方言实证》以及《"起去"的普方古检视》等文章(邢福义,1995,1996,2000,2002),就是很好的范例。邢先生的弟子汪国胜教授的《大冶金湖话的"的""个"和"的个"》等方言语法专论也是在朱先生和邢先生语法研究理论的指引下撰写成的。

综观近20多年来汉语方言语法研究的情况,从20世纪70年代末到

80年代末，主要是发表在《方言》以及有关学术刊物上的论文日渐增加，而到了20世纪90年代，除了学术刊物上发表的汉语方言语法研究论文以外，以专书形式出现的汉语方言语法论著也陆续出现，一扫长期以来汉语方言语法著作寥若晨星的局面。下面是迄今我们能看到的一些近期出版的汉语方言语法著作。

［专著］
《台湾闽南语语法稿》（杨秀芳，台北大安出版社，1991）
《客家方言语法研究》（何耿镛，厦门大学出版社，1993）
《大冶方言语法研究》（汪国胜，湖北教育出版社，1994）
《内蒙古西部方言语法研究》（邢向东、张永胜，内蒙古人民出版社，1997）
《上海话语法》（钱乃荣，上海人民出版社，1997）
《连城客家话语法研究》（项梦冰，语文出版社，1997）
《苏州方言语法研究》（李小凡，北京大学出版社，1998）
《上海方言语法研究》（徐烈炯、邵敬敏，华东师范大学出版社，1998）
《晋方言语法研究》（乔全生，商务印书馆，2000）
《鄂东方言语法研究》（陈淑梅，江苏教育出版社，2001）
《成都方言语法研究》（张一舟、张清源、邓英树，巴蜀书社，2001）
《汉语方言代词研究》（张惠英，语文出版社，2001）
《海南屯昌闽语语法研究》（钱奠香，云南大学出版社，2002）
《闽东方言词汇语法研究》（林寒生，云南大学出版社，2002）

［论文集］
《汉语方言体貌论文集》（胡明扬主编，江苏教育出版社，1996）
《动词的体》（张双庆主编，香港中文大学中国文化研究所吴多泰中国语文研究中心，1996）
《湖南方言的动态助词》（伍云姬主编，湖南师范大学出版社，1996）
《湖南方言的介词》（伍云姬主编，湖南师范大学出版社，1998）
《汉语方言共时与历时语法研讨论文集》（伍云姬主编，暨南大学出版社，1999）
《湖南方言的代词》（伍云姬主编，湖南师范大学出版社，2000）
《动词谓语句》（李如龙、张双庆主编，暨南大学出版社，1997）

《代词》（李如龙、张双庆主编，暨南大学出版社，1999）

以上共列举了 22 部著作，可能还有遗漏。除此以外，在一些综合性的汉语方言研究著作中，也或多或少会有专门的章节论述方言语法。拿出版著作较多的闽南方言来说，尽管专以闽南方言语法研究为题出版的论著尚属罕见，我们却可以从近期问世的综合研究某些闽南地点方言的专著中看到不少关于闽南方言语法的论述。例如周长楫、欧阳忆耘著《厦门方言研究》（厦门大学出版社，1998）一书，就以"厦门方言的造词法"和"厦门方言的若干句法特点"两章较为系统地论述了厦门方言的词法和句法，让读者可以从中略窥闽南方言代表点厦门方言的语法面貌。又如刘纶鑫主编的巨著《客赣方言比较研究》，对江西的客赣方言语法就有详尽的描写比较，并说明各种语法特点分布在客赣方言的哪些地区。还有像李新魁、黄家教等著《广州方言研究》（广东人民出版社，1995），全书九章中语法部分就占了三章，在全书 585 页中占了 160 多页；钱曾怡主编的《山东方言研究》（齐鲁书社，2001）；侯精一、温端政主编的《山西方言调查研究报告》（山西高校联合出版社，1993）；以及一些大型的省、市方言志，如吴积才主编的《云南省志·方言志》（云南人民出版社，1989），殷焕先主编的《山东省志·方言志》（山东人民出版社，1995），许宝华、汤珍珠主编的《上海市区方言志》（上海教育出版社，1988）等，也都有一定的篇幅描写论述方言语法。还有一点需要补充，从上面所列举的汉语方言语法研究的专著中，我们可以看出：除了少数几本于 20 世纪 90 年代初出版以外，其余都是 1996 年以后才问世的。可见尽管汉语方言语法的研究早在 20 世纪 80 年代已经"渐成气候"，不断有这方面的论文见诸学术刊物，但汉语方言学者由针对汉语某一方言中的某一语法现象进行探讨，从而撰写专题论文，进而发展到对某一方言的语法面貌作系统的、全面的描写和论述，还得有一个在不断进行调查、不断积累资料的基础上一边建构理论方法，一边分析归纳语法事实的过程，这样的过程一般不大可能在短时间内就完成，更不可能一蹴而就。也许可以这样认为，从 20 世纪 70 年代末 80 年代初汉语方言语法研究开始受到瞩目、逐渐"起飞"以来，这 20 年左右的时间内，汉语方言语法研究的发展大致经历了前后两个相互衔接的阶段，即从 20 世纪 70 年代末 80 年代初到 90 年代中，从以单项单篇的分散研究为主的阶段发展到 90 年代中期以后对某个方言的语法现象进行全面探讨和对方言中某些突出语法现象进行专题探讨两者并举的阶段。毫无疑义，对方言语法现象进行单项专题研究是方言语法系统研究不可缺少的基础，要全面、系统揭示一个方言的语法面貌，缺乏众多单项研究成果的支撑是不可能实现的。因此，当方言学者开始把注意力扩展到研究方言语法整体面貌时，大量的单项专题研究仍然会是汉语方言语法研究的主流。

二、前瞻——展望汉语方言语法研究的未来走向

如前所述，汉语方言语法研究发展到了今天，已经可以说进入到相当成熟的阶段，完全具备可持续发展的条件了。方言语法研究不受青睐、不受重视的历史已经过去，理论方法上的不断进步，前辈学者的带路引航，加上不断积累、不断丰富的方言语料和日渐增多的汉语普通话语法及汉语历史语法研究成果的相互支撑。应该说，如今正是汉语方言工作者可以在方言语法研究这个大舞台上大展拳脚、大显身手的黄金时刻。面对汉语方言语法研究的大好前景，此时正宜好好总结过去，策划未来。依个人的管见，今后的汉语方言语法研究，倘若能在以下几个方面多下功夫，必然会不断打开新的局面，不断获得新的成果。

（一）调查、调查、再调查

汉语方言的研究主要取材于实地调查（田野调查）所得的口语语料。以往方言调查在语音、词汇方面下的功夫较多，积累的材料也比较丰富；而语法方面，相对来说是方言调查的薄弱环节，积累下来的材料比较少，这就需要从"备粮"做起，把"粮草"备足了，才有足够的力气"上战场"。方言语法材料的积累需要迈开双腿，走进方言实际中去开展记录、搜集的工作，因此，我们就要在此大声疾呼：大家都来为方言语法的研究多做调查，要调查、调查、再调查。记得十年前余霭芹教授在第四届国际粤方言研讨会（香港城市理工学院，1993）上作题为"粤语研究的当前课题"的主题讲演时，首先提出的一项就是"粤语方言资料的收集"，她一再强调就汉语方言的研究来说，最要紧的是多做调查，多提供方言调查的语料，她认为从当时的情况看，可供方言研究使用的语言材料实在是很不够。那时候我们刚刚花了好几年工夫做完对珠江三角洲几十个方言点的粗略调查并整理出版了三卷本《珠江三角洲方言调查报告》，她就特别提

到此书，表示对这类工作的赞赏和期盼。事过十载，如今方言研究有了长足的进步，方言的调查面有了很大的扩展，方言语料的积累也已大大增加，堪称今非昔比了。然而，对于起步较晚的方言语法研究来说，方言语法资料的搜集始终还是难以充分满足日益发展的方言语法研究的需求的。因此，当1997年第六届国际粤方言研讨会在澳门举行时，余霭芹教授就亲自带来一些汉语方言语法调查的问卷，请到会的年轻朋友帮忙调查。其实这一方言语法调查的工作，她早在20世纪90年代初甚至更早的时候就着手进行了。1993年在法国出版的那本《汉语方言语法比较》（英文版），正是她费尽心机、多方调查的一项成果。长期以来，研究汉语方言语法的人都急切盼望能有一部能大致反映汉语方言语法现象的综合性著作。随着汉语方言语法研究的不断发展，由黄伯荣教授主持、历经多年筹划编集的《汉语方言语法类编》（简称《类编》）终于在1996年由青岛出版社出版问世了。此书取材于400多篇汉语方言语法论文和几十部汉语方言著作，按照一定体例整理归纳，以词法、句法的顺序排列，汇编成为收录汉语方言语法条目2500多、总字数180万、16开本800多页的皇皇巨作。尽管此书由于如实收录各方作者以各自不同的体系和方法来描写分析方言中的语法现象，难免带来了一些体例上、术语上的不统一，以至同样的方言语法现象在整理归类中偶有处理欠妥的地方，但总的来说，当前方言语法研究材料缺口不小，能有这样一本材料如此丰富的《类编》供大家使用，编撰者的筚路蓝缕之功，实不可没。还应该一提的是，以黄伯荣教授为首的《类编》编者，在编写《类编》之余，从长期以来汉语方言语法调查缺乏较为完善调查大纲的实际需要出发，又充分利用《类编》所提供的大量方言语法材料，爬梳剔抉，选取一些例句，从词法和句法两个方面入手加以分门别类，设计、编写了一本《汉语方言语法调查手册》（以下简称《手册》），于2001年由广东人民出版社出版，这对于汉语方言语法的调查研究，无疑能产生积极的促进作用。当然，光靠一本《类编》再加上一本《手册》，是无法满足汉语方言语法研究不断深入发展的需要的。最根本的"解渴"良方还是深入语言实际，调查、发掘，再调查、再发掘。对于任何一种汉语方言的语法研究来说，当务之急始终是通过调查汇集大量的语言材料，在掌握大量确凿可靠的语言事实之后，才谈得上整理分析，谈得上把方言中蕴藏着的特殊语法现象挖掘出来。总之，通过深入调查来挖掘汉语方言的语法特点，这是任何从事方言语法研究的人必不可少的功课。一次调查不够就进行第二次调查、第三次调查,直到调查的材料可以满足方言语法特点的发掘和分析为止。调查当然也应该包括别人的调查、同行学者的调查,不一定都要是自己本人亲历亲为的调查。如果每个方言区、每个方言点都有人做过详尽的语法调查,各人调查所得的材料就可能成为大家共享共用的宝贵财富,这就有可能在各自运用自己掌握的材料进行单点方言语法研究的基础上,进而开展汉语方言语法的综合研究,使汉语方言语法的研究步步扩展、步步深入。要达到这一目标,说到底还是要再三强调资料积累的重要性,强调深入调查的重要性。这里再引用余霭芹教授的一句话:"方言资料是咱们研究的基础,资料不够就大大限制了研究的范围和结论。"(余霭芹,1993)

(二) 比较、比较、再比较

汉语方言语法研究的核心是比较。倘若没有比较,只停留在罗列现象、描写现象上,或者说,仅仅反映一点方言语法调查的结果,说明方言中存在哪些语法范畴,有哪些表达的方式,这显然是很不够的。我们调查研究汉语方言语法,要达到步步深入,就必须通过我们在调查中掌握的大量方言事实来进一步深入分析,从中挖掘出方言事实中所反映出来的语法特征,并竭力寻找出其中带有规律性的东西来。特征也好,规律也好,都只有通过比较研究才能够得出合乎实际的、科学的结论来。长期以来欧洲语言学中广泛采用的历史比较法,是具有特定范围、特定内涵的语言比较法。我们在汉语方言的研究中论及比较,一般总是指共时的比较和历时的比较,有时也指内部的比较和外部的比较。把共时和历时结合起来考虑,那就是既要做横向的共时的比较研究,也要做纵向的历时的比较研究。这横向和纵向两个方面的研究,始终贯穿着比较的内容,也就是通常所说的比较研究了。横向的比较研究往往透露历时发展的线索,而历时的比较研究又往往加深我们对横向比较中语言异同现象的认识。前面谈到朱德熙先生倡导的"标准语语法—方言语法—历史语法"三结合的语法研究模式,其实也就是横向比较和纵向比较相结合的模式。朱先生发表在《方言》杂志上的最后一篇论文,题目是"从方言和历史看状态形容词的名词化",文中既拿几种方言的"的"和北京话的"的"作比较,又拿方言中的"的"和历史文献中的"的"作比较,正是通过横向和纵向的反复比较,仔细剖析了"的"字的种种不同表现,从而科学地论证了他所要阐明的命题：状态形容词的名词化。现在我们要强调深化汉语方言语法的研究，这"深化"的路子如何走？我看，归根结底也就是要好好把握朱先生所倡导的这个"三结合"，也就是邢福义教授所说的语法研究的"大三角"。认真做好"三结合"的实践，把"大三角"研究的功夫做足做透，自然就会在深挖方言语法特点、揭示方言语法规律上不断取得新的突破，并可由此而进一步对语言学理论上的一些深层次的问题进行探讨。从近期发表的一些研究汉语方言语法专题的著述看来，"三结合""大三角"的理论已在汉语语法研究中占据了主导的地位，但除了这个"三结合""大三角"外，还有多方面的研究方法值得我们重视。例如"类型学"的方法，把一些方言的现象放到更大的范围来考察，桥本万太郎教授的"语言地理类型学"理论（桥本万太郎，1985）就值得我们汉语方言语法研究者好好学习，认真借鉴。再如人们常说的语法研究中的另一个"三结合"——语形、语义、语用的"三结合"，也就是邢福义教授所说的语法研究的"小三角"，在方言语法的研究中同样应该受到重视。如果能够把"方—古""方—普""方—方"的三结合和"语形、语义、语用"的三结合结合起来考虑，对于探索汉语方言语法的特点和规律及其发展变化的轨迹，无疑将会有显著的效果。此外，汉语方言中语音—词汇—语法间的密切联系也应引起我们的关注。汉语方言中不乏通过语音的屈折变化，即通常所谓形态变化的方式来表现语法特征的实例，在方言语法研究中，注意语音、词汇、语法间的关系，这又是另一种"三结合"的考虑。总之，在汉语方言语法的探讨中，脑子里要多一点"结合"上的思考，而所有"结合"方面的研究，总是离不开"比较"这一总课题。可以说，在方言语法现象的调查研究中，处处可见"比较"的踪影，正因为这样，我们在这里要特别强调"比较"的重要性：比较、比较、再比较。用一句顺口溜来说，就是"比较是个宝，万万不可少"。

（三）抓点汉语方言语法研究的大工程，把方言语法研究推向新的台阶

汉语方言的调查研究自从20世纪80年代进入飞跃发展的历史时期以来，20年间所取得的辉煌成果有目共睹，堪称史无前例。《中国语言地图集》的编成，《现代汉语方言大词典》（41卷分地本和巨型的综合本，李

荣主编）和五大卷《汉语方言大词典》（许宝华、宫田一郎主编）的相继问世，为汉语方言学的建设树立了巍巍丰碑，在中国语言学史上写下了辉煌的篇章。如前所述，汉语方言的研究在语法方面业已打破长期以来冷冷清清、明显滞后的局面，出现了日趋繁荣的势头，取得了令人瞩目的成绩。此时此刻，方言研究者正宜乘胜前进，不断开拓进取，争取更大的丰收。而及时组织力量，打造几个方言语法研究的大工程，为汉语方言学的发展再创新的辉煌，更应提到议事日程上来，成为当务之急。依个人的管见，汉语方言语法研究的大工程，首先应是在现有的基础上，组织起各大方言区的汉语方言研究力量，着手编纂一批能够较好反映汉语各大方言语法面貌的综合性方言语法专著，以丛书的形式出版，如《粤方言语法》《闽方言语法》《吴方言语法》《客家方言语法》等；有了如实反映各大方言区语法面貌的综合性著作以后，接下来就有可能迈入第二步，再组织起一支方言学界强有力的学术队伍，综合吸取各地方言语法研究的成果，策划另一个方言语法研究的大工程：编纂出一部能反映汉语方言语法总体面貌的《汉语方言语法》来。至此，汉语方言语法的研究，也就有望登上一个"俯瞰众山小"的高山平台了。

参考文献

[1] 丁声树. 关于进一步开展汉语方言调查研究的一些意见. 中国语文，1961（3）.

[2] 高华年. 广州方言研究. 香港：商务印书馆，1980.

[3] 侯精一. 现代汉语方言概论. 上海：上海教育出版社，2002.

[4] 黄伯荣. 汉语方言语法类编. 青岛：青岛出版社，1996.

[5] 李小凡. 当前方言语法研究需要什么样的理论框架. 太原：语文研究，2003（2）.

[6] 李新魁. 广东的方言. 广州：广东人民出版社，1994.

[7] 李新魁. 广州方言研究. 广州：广东人民出版社，1995.

[8] 罗肇锦. 客语语法. 台北：学生书局，1984.

[9] 眸子. 方言语法研究的思考——兼评陈淑梅《鄂东方言语法研究》.

方言，2003（1）．

[10] 桥本万太郎．语言地理类型学．余志鸿，译．北京：北京大学出版社，1985．

[11] 汪国胜．新时期以来的汉语方言语法研究．华中师范大学学报，2000（5）．

[12] 邢福义．从海南黄流话的"一、二、三"看现代汉语数词系统．方言，1995（3）．

[13] 邢福义．说"您们"．方言，1996（2）．

[14] 邢福义．小句中枢说的方言实证．方言，2000（4）．

[15] 邢福义．"起去"的普方古检视．方言，2002（2）．

[16] 游汝杰．汉语方言学导论．上海：上海教育出版社，1992．

[17] 余霭芹．Comparative Chinese Dialectal Grammar．Paris：EHESS，1993．

[18] 余霭芹．粤语研究的当前课题．第四届国际粤方言研讨会讲演稿，1993．

[19] 余霭芹．广东开平方言的"的"字结构——从"者""之"分工谈到语法类型分布．中国语文，1995（4）．

[20] 袁家骅．略论汉语方言研究//语言学论丛（第二辑）．上海：上海教育出版社，1958．

[21] 袁家骅，等．汉语方言概要．2版．北京：文字改革出版社，1983．

[22] 詹伯慧．汉语方言语法研究大有可为——序《汉语方言语法调查手册》．语文研究，1994（4）．

[23] 詹伯慧．二十年来汉语方言研究述评．方言，2000（4）．

[24] 詹伯慧．汉语方言及方言调查．武汉：湖北教育出版社，1991．

[25] 詹伯慧．广东粤方言概要．广州：暨南大学出版社，2002．

[26] 詹伯慧，黄家教．谈汉语方言语法材料的收集和整理．中国语文，1965（3）．

[27] 张洪年．香港粤语语法的研究．香港：香港中文大学出版社，1972．

[28] 张振兴．蓬勃发展中的汉语方言学//许嘉璐．中国语言学现状与展望．北京：外语教学与研究出版社，1996．

［29］朱德熙. 北京话、广州话、文水话和福州话里的"的"字. 方言，1980（3）.

［30］朱德熙. 汉语方言里的两种反复问句. 中国语文，1985（1）.

［31］朱德熙."V – neg – VO"与"VO – neg – V"两种反复问句在汉语方言里的分布. 中国语文，1991（5）.

［32］朱德熙. 从方言和历史看状态形容词的名词化. 方言，1993（2）.

关于方言词的用字问题[①]
——以粤方言为例

一、引言

长期以来，我国十分重视语言文字应用的规范问题，1955年在北京举行的那次影响极大的"现代汉语规范问题学术会议"，就是一次全面研讨现代汉语规范中方方面面问题的学术盛会。由于记录汉语的汉字体系的特殊性，汉语的规范问题，一般也包括汉语的书写形式——汉字的规范问题。40多年前出台的《汉字简化方案》，正是推行汉字应用规范化的一项重大措施。几十年来的实践证明，把简化汉字作为我国通用的规范汉字来使用，对于推动我国语言文字应用的现代化，促进文化教育事业的发展，都发挥了极其显著的作用。近十多年来，针对社会上出现的一些汉字使用混乱、不注意汉字规范的现象（如乱造简化字、滥用繁体字等），国家及地方各级语言文字职能部门和广大语言文字工作者做了大量的纠偏工作，目的就在于强化文字应用中的规范意识，贯彻语言文字规范化的精神。

当前，在汉字的社会应用中，出现了一种不容忽视的现象，即在大力规范通用汉字应用的同时，在通行汉语方言的地区，特别是南方方言势力较为强劲的地区，随着一些方言词语的书面化，出现了不少专用于表达方言词语的方言用字。以粤方言为例，据不完全统计，进入粤方言地区书面语并出现在粤方言辞书的粤方言词语特殊用字，少说也有两三百个。由于地方性的报刊及影视作品，以至广告招牌等都频频出现，这些记录粤方言词语的方言字几乎可以说是家喻户晓。在改革开放的大潮中，随着南北交流的日益频繁，一部分原先只属于粤方言地区专用的方言词语也"北上"进入民族共同语，其中个别属于粤方言词专用的方言字也出现在像

[①] 原载于《庆祝〈中国语文〉创刊50周年论文集》，商务印书馆2004年版。

《现代汉语词典》《新华字典》以至出版不久的《现代汉语规范字典》这样权威的共同语词典中来了,如"靓""孖""腩""煲""镬""焗"等。众所周知,推广普通话的目的并非要消灭各地方言,而是要使方言地区的人民除了会说自己的家乡话外,都学会使用共同语——普通话作为全社会共同交际的语言,使共同语成为通用的语言。在"推广共同语、保留方言"的政策下,像粤方言这样的"强势方言",是不大可能因为大力推广普通话而丧失它继续作为地方性社会交际工具的作用的。既然粤方言会长期存在、长期流通,也就使粤方言的词语连同它特有的用字会在一些粤方言区的地方性报刊、影视,以及一些带有粤语地方色彩的通俗文艺作品中出现。面对这样的现实,作为粤方言地区的语言文字专业人士,本着理论联系实际的精神,当我们在考虑语言文字应用的规范问题时,难道就不应该也想想出现在粤方言区中的方言用字问题?事实上,方言用字问题早就引起方言学者们的注意了。近一二十年来,在一些有关方言的学术会议中,我们常常听到有关方言字问题的讨论。就拿粤方言词的用字来说,编过多本粤方言辞书的粤语专家周无忌先生就先后在第六届(1997年)、第八届(2001年)国际粤方言研讨会上发表专论,论述粤方言中的方言词用字问题,深受与会学者的瞩目。①暨南大学博士研究生黄小娅近期还专门以"近两百年来广州方言词汇和方言用字的演变"为题撰写了博士论文②,文中以大量篇幅论述广州方言词用字的演变。香港理工大学粤语学者张群显博士和包睿舜(Robert S. Bauer)博士最近也在合作完成关于粤方言用字的专著。③ 可见粤方言用字问题,是多么值得探讨的现实问题。

二、方言词用字的种种表现

下面我们以粤方言为例,先来看看方言词用字的种种表现。

---

① 参见周无忌《粤方言词语用字应予规范》(第六届国际粤方言研讨会,1997年8月)、《谈谈〈广州话正音字典〉粤方言用字原则》(第八届国际粤方言研讨会,2001年12月)。

② 参见黄小娅《近两百年来广州方言词汇和方言用字的演变》(暨南大学汉语言文字学专业博士论文,2000年)。

③ 参见张群显、包睿舜《以汉字写粤语》(未刊稿)。

(一) 沿用古已有之的古（本）字

广义的本字通常包括两类：一类是某些方言都在使用着的一些本字，但在民族共同语和另外一些方言中却已经不大使用，或者说只在带有文言色彩的书面语和成语中才能遇上。而在某些方言中，这类本字却频频出现在日常用语中，在书面语和口语中都可以见到。其实这只是保存古词古义所用的本字，这些字在我国的通用汉字中也都可以见到，算不上是什么方言的专用字，如粤方言中的"翼"（翅膀）、"颈"（脖子）等。另一类则是某个方言中保留了某个古代汉语的语词，不仅音义依旧，而且用字上也完全沿用了该古词的写法，这种写法（本字）在现代通用汉字中已不大使用，只是出现于一般人很少接触的古籍中，堪称是生僻汉字。许多以考本字为题的著述，所考的本字正是这类鲜为人知的生僻古字，如粤方言中常用的"睇"（看）、"焗"（闷热、焖煮食物）、"黐"（粘）、"睩"（眼睛转动）、"敨"（展开）、"菢"（孵）、"捆"（打）等等。

(二) 训读字

用现有跟该词词义相同或相近的通用汉字来书写读音并不相同的另一个方言词。如粤方言中的"孖"，意为"双"，《广韵》为"子之切，双生子也"。粤方言取其义，而读音为 ma^{55}，则无所本。又如粤方言"罅"，意为"缝儿"，《广韵》为"呼讶切，杩韵"。"罅，孔罅。"粤方言取其义而另读为 la^{33}，亦无所本，为训读字。

(三) 自造方言俗字

方言地区存在着不少民间通用的方言俗字，这些俗字大都沿用"六书"的造字方式来创造，造出来的方言字一般只用于本方言，在本方言的字（词）典中可以看到。下面是粤方言的例子：

（1）会意字。仿效"六书"中的会意字新造出来的方言字。例如，"孭"（背负）、"乸"（母，母的）、"氹"（水塘）、"奀"（瘦小）、"嬲"（生气）等。

（2）形声字。仿效"六书"中的形声字新造出来的方言字，声符以粤音为据，义符则起到意义归类的作用。例如，"谂"（想）、"掟"（扔）、"搲"（拔）、"餸"（下饭的菜）、"煲"（锅、煮）、"脷"（舌头)、"肶"(腿)等。特别令人瞩目的是,粤方言词中有许许多多新造的方言字,就简单化地由口旁加上一个表示声音、用作声符的声旁来组成。这个口旁虽不同于传统形声字的义符,却笼统地表示这个字是方言口语中的特殊用字,叫人一看就知道这是粤方言词新造的方言词用字。不妨把这许多带口旁的新造字也看作粤方言特有的方言形声字。例如,"咗"(相当于助词"了")、"喼"(装衣物的箱子,一般多指"皮箱")、"啱"(对,刚好)、"啖"(量词"口")、"呃"(骗)、"咁"(这样,那样)、"唞"(歇息)、"郁"(动)、"嘅"(助词"的")、"嘢"(东西)、"叻"(能干)等等。

(3) 借用音同或音近的通用汉字作为"假借式"的方言词用字。这跟前述的"训读字"有所不同。"训读"是借义不借音,"假借式"方言字是借音不借义。粤方言词用字中,这类现象很多。外地人看着这类面熟的字形,却没法理解在粤方言中它被假借过来后所表示的词义。例如"叹"可以表示"享受"的意思,"痕"可以表示"痒"的意思,"喊"可以表示"哭"的意思,"茅"可以表示"蛮横"的意思,"点"可以表示"怎样"的意思,"杰"可以表示"稠"的意思,"凑"可以表示"照料(小孩)"的意思,"遮"可以表示"伞"的意思,"虾"可以表示"欺负"的意思,"而家"可以表示"现在"的意思,"点解"可以表示"为什么"的意思,"牙烟"可以表示"危险"的意思,"边度"可以表示"哪儿"的意思,如此等等,真是不胜枚举。此外,外来语词译音的用字一般也是借音不借义,亦属这一"假借式"类型,如"波"(球,源自英语 ball)、"骚"(表演,源自英语 show)、"多士"(烤面包,源自英语 toast)、"士多"(商店、铺子,源自英语 store),如此等等,在粤方言中也不胜枚举。值得注意的是,同一个来源的外来词,不同方言借入时,由于各自运用自身熟悉的通用汉字或本方言特有的方言字来对译外来词语,也就自然出现同一个外来词进入汉语不同方言时会有不同的面孔出现的现象。

以上以粤方言为例,大致归纳了方言词用字的几种类型。其中以自造方言俗字为数最多,沿用古字(本字)次之,而以使用训读字的为数最少。在大量的自造方言俗字中,尤以借助音同或音近的方式居多。这反映出粤方言词的用字是充分利用了"六书"中的"形声""假借"的造字方式来使得大量具有特色的粤方言词得以用方块汉字表现出来。在粤方言书面语中常见的方言词用字,大都是长期以来广泛流行于民间的,有的俗字可以追溯到百年以上的历史。例如,明代的木鱼书《花笺记》《二荷花史》等都是用粤方言写的文学作品,已有 500 年的历史了。其后流行于粤方言区的大量民间说唱艺术,包括南音、龙舟、咸水歌、粤讴等,都是我们研究岭南文学艺术的宝贵财富,蕴涵着许多粤方言词语及为这些词语而创造的方言俗字。时下出现在两广粤方言地区,特别是香港、澳门两个特别行政区的传媒、影视、报刊以及到处可以遇见的广告、标牌中的许许多多形形色色的方言用字,应该说,大部分也都是由来已久、代代相传下来的方言俗字。只有一部分方言字是随着社会发展的需要,于近几十年才由粤方言地区广大的人民群众陆续创造出来。例如,出现在港澳地区的新造粤方言字"軩"(电梯)就是一个很典型的新字,其造字构思仍没有跳出"六书"的体系。取"立体的车"来表示"电梯",语音上又接近这一外来事物的英文原名 lift,堪称是当代"仓颉"的佳作。

三、汉语方言用字的规范问题

上面我们略举了汉语方言词用字的一些情况。实际上,在书写方言词时,不同的人笔下有可能会用不同的汉字来表示同样一个方言语词。这就使得某些方言词在"入文"之际,由于作品、作者以及出现场合的不同而可能有不同的词形出现。同一个方言的同一个词,倘若写法上有所不同,难免会被误认为是不同的方言词。这类现象如果只是偶尔见到,倒也无须过于介意。但如果像粤方言这样,方言词语大量出现在各种地方性的文字作品中,有的甚至在中小学生的作业中也可见到,始终缺乏规范性的写法,任由方言词用字的随意性和不稳定性现象维持下去,就难免要影响语言运用的效果了。例如,表示"现在"意义的粤方言词,通常人们写作"而家",但也有写成"依家"或"宜家"的;另一个表示"刚才"的粤方言副词,通常人们写作"头先",但也有人写作"求先";表示"给予"意义的粤方言词,通常人们写作"畀",但也有人写作"俾",甚至还有写作"比"的。如此等等,并非个别现象。除了一词多形以外,还有用同一个字形来代表不同方言词的现象,例如一个"冚"字,在粤方言词中既用来表示"(器皿)严密、严实",又用来表示"盖"的动作,还用在表示"全部"的方言词中(如"冚嘛吟""冚唪"),这在书面语中同样也难免会造成混乱。粤方言词用字中存在的种种缺乏规范的现象，在粤方言通行地区，早就引起社会各界，特别是文教界、学术界的深切关注了。目前，两广、港澳及海外操粤方言者七八千万人，对粤方言词用字进行规范的呼声常常可以听到。随着粤方言的发展，方言词、方言字可能还会不断产生，倘若不注意对粤方言词的用字进行必要的引导和规范，那么，方言词用字的混乱现象将愈演愈烈，势必给粤方言的使用和研究带来诸多的不便，也会影响到粤方言的健康发展，不利于粤方言地区经济、文教事业的发展。

下面就粤方言词用字的规范问题谈谈我们的看法。

汉语方言用字采用什么原则来加以规范？拿粤方言来说，多年来我们粤、港、澳一些研究粤方言的学者，在共同审订粤方言的读音以及随后编纂《广州话正音字典》的工作中，就有意识地注意到粤方言词在书写上出现的情况，对粤方言词的用字有过一些思考和讨论。从粤方言中有音无字较多的实际出发，我们认为应尽量为粤语口语中的每一个方言词找出或造出适当的用字来，尽量少用"开天窗"（□）的办法。对于普遍存在方言"入文"、方言书面化现象的粤方言来说，广大人民群众笔下用到方言词时，常有无字可写之苦，倘若经过我们专业人士的努力，许多方言词都结束了无字可写的局面，那该是多大的好事！应该说，这正是语言文字研究为语言文字应用服务的一大善举。朝着这一思路，我们要考虑的是尽量往方言词用字"一音一字"的方向去努力。文字是记录语言中的语词的，汉字不是拼音文字，长期以来一直存在着用同一汉字代表不同语音的现象。与此同时，也存在着一音多字的现象，多音多义字在汉字中占有相当的比重，这是现代汉字的实际表现。这种表现正是历史悠久、相对稳定的方块汉字难以跟不断发展的语言相适应的结果，是历史遗留下来的、不可避免的现象。现在我们要为尚未明确或尚未固定以何种字形来表达的汉语方言词确立它的书写规范形式，自然应该遵循"一音一字""同词同字"的原则来考虑，以避免产生方言词用字"音无定字"的麻烦，给粤方言的教学研究和社会应用带来诸多的不便。这一工作应该参照前述汉语方言词用字产生的多种方式，一方面为尚未有书面形式的方言词确立一个合适的书写形式；一方面为那些在同一方言词中存在着的不同书写形式遴选一个比较合适的字形，对方言词中同音异字、同词异字而缺乏规范的现象进行必要的整理，最终达到克服方言词用字随心所欲、用字混乱局面的目的。总之，我们在考虑方言词用字问题时，指导思想始终十分明确，方言词用字必须合理规范。至于具体如何做好方言词用字的规范工作，我们的粗浅看法是：

（一）某些方言词的用字业已进入《新华字典》《现代汉语词典》的，宜乎无条件地作为方言词的规范用字

众所周知，《新华字典》和《现代汉语词典》这两部权威的辞书，是不轻易收入方言字（词）的。而在新版的这两部字（词）典中，我们发现有一些粤方言词的用字，如"焗""孖""腩""睇""煲""啉""冇""桤""镬""奀""靓"等，都已被收录进去，说明了这些方言词的用字在汉语中有比较高的使用频率。这类已进入民族共同语辞书中的方言词用字，在方言词的书面语中，自然应该可以当作规范字形来看待，对此大概不会有什么争议。

（二）充分尊重约定俗成的方言俗字

拿粤方言来说，在方言词的用字中，有许多是长期以来流行在粤方言地区的通俗作品中，并在社会上广为传播的方言俗字，这在前面已经介绍过。由于许多方言俗字历史悠久、家喻户晓，我们在考虑方言词用字的规范问题时，自然没有理由把它们撇开而费尽心机去另找"更合适"的字形。语言文字总是约定俗成的产物，拿粤方言来说，数以百计的方言俗字，正是长期扎根于粤方言区群众之中，日积月累而成为大家都乐于使用的约定俗成的方言用字的。像"嘢""啱""唔""咁""呖""刬""瞓"等在粤方言中很常见的方言俗字。当年我在参加《汉语大字典》编纂、负责收录各种流行于方言中的特殊用字时，就尽可能地有闻必录，使这部大字典名副其实地成为我国收字最多的汉语字典。像这类业已约定俗成的方言俗字，即使有些不大符合汉字传统的造字原则，作为方言地区方言词的专用字，我想也就不妨顺其自然，不必过于计较，过多挑剔了。

（三）有选择地使用古字本字

各种汉语方言都跟古代的汉语存在着继承发展的关系。南方一些历史悠久的方言，如闽语、粤语等，保留着较多古代汉语的词汇，这是十分自然的事。随着许许多多古词古义在粤方言中的保存，一些在现代汉语中已

不用或少用的古汉语用字自然也在粤方言中被沿用下来，而且在粤方言词的用字中占有相当大的比重。其实这许多出现在粤方言书面语中的古字，正如我们在前面介绍方言词用字表现时所提到的，有一部分古（本）字实际上并非严格意义上的方言词专用字。这部分"古（本）字"在现代汉语的辞书中也大都可以见到，只不过它们作为口语语词在共同语和其他方言中并未出现，而只出现在某一特定的方言（如粤语）中。这样一来，人们也就把记录这类古代语词的用字看作某个方言的方言词专用字了。

方言特有的口语词利用古字来表达，我们认为应该有所选择，不能无条件地一概"存古"。那些在古汉语书面语中出现较多，人们比较熟悉、容易理解的古字，用来表达本来就是从古代继承下来的方言词，自然是顺理成章，不会有什么问题。可是，有些方言中的口语词表面上已不容易看出它跟古代语言的承传关系，语言学者本着考本溯源的精神在考本字上下功夫考证，结果往往能为这些方言中的口语词考出它的"本字"来。在语言学的层面上，考本字当然是具有学术价值的研究课题。但是，经过学者考证出来的本字，有不少很生僻，甚至很难写的古字。倘若一股脑儿地把这些生僻字都用来作为相应方言词的书写形式，恐怕就值得商榷了。一些生动活泼的方言口语词，有可能由于用了生僻难懂的古（本）字而蒙上一层晦涩的面纱，这是许多在口头和通俗书面语中经常使用方言词语的人士所不愿意见到的。语言文字的第一职能无疑是方便人们之间的交际和交流，倘若方言词的表达用的多是生僻难懂的文字，势必妨碍语言功能的充分发挥，这是不能不加以考虑的。我们也许可以定下一个原则：当有音无字的方言词需要用上经过严格考证、确凿无误的古字本字时，就得看看这个古字本字会不会过于冷僻，对广大民众的使用会不会带来不便。必须明确，在记录方言时适当运用古字本字，绝不是为存古而用古。倘若该方言词在当地社会中已有普遍认可的用字，不论这个字通过什么方式产生，是否能够"存古"，我们都没有必要以不符合古字本字为由而去做正本清源的纠偏工作。这也就是考证归考证，应用归应用。考证的学术成果不容抹杀，但在社会应用的层面上，考虑取舍的角度就不单纯只是学术问题了。这正如古文字学家在学术研究中会不断有所发现、有所前进，但从来也没有哪一位古文字学家动过要让古文字来代替现行的通用文字（包括已简化的汉字和未简化的汉字）在社会上广为流通的念头。举例来说，粤方言中表示第三人称单数的代词用"佢"，此字的本字应是"渠"，但既然"佢"已为粤方言区广大人民长期习惯使用，也就不必因为它不符合本字的写法而一定要改用"渠"来代替"佢"；同样的道理，粤方言中一般以"企"表示"站立"的意思，有学者考出此字的本字应该写作"徛"，但既然长期以来大家都写作"企"，都理解这个"企"就是"站立"的意思，也就宜乎从众从俗，不必计较它符不符合本字的写法了。总之，在已经有了通俗写法、在社会上广为流通的情况下，我们就不必再费心机去考虑是否要改用本字写法的问题了。

（四）原则上认同借用音同音近的字，必要时可考虑有所规范

在方言词的用字中，大量借用了音同或音近的汉字［参见本文二（三）］，这种做法原则上应该加以认可。只是当同一个方言词用了多个不同字形的同音（或近音）字来书写时，就有必要考虑要不要取其一作为规范写法的问题了。这类方言用字规范的原则无非就是比较几种不同的写法，既要看看哪一种写法更符合方言读音的实际，所借的字音读起来是否贴切，也要看看几种不同写法在应用中实际出现的频率，在多作比较后再来提出规范写法的意见。归根结底，最终还是以约定俗成的原则为依归。如表示"还有"中的"还"，粤方言读为 tʃuŋ²²，就有"仲""重"等不同的写法；表示"上班"就有"返工""翻工"等不同的写法；表示"刚才"既可以写"头先"，也有人写"求先"；还有做指示词"这－""那－"用的 kam³⁵，粤方言既有取"甘"音加口旁的"咁"，也有取"敢"音加口旁的"噉"。这些不同的写法，如果能够有所规范，一定会受到粤语应用者的欢迎。有一种情况是，方言中某个词跟共同语其实并没有多少差别，只不过语音不同，方言中就大可不必另找一个音同的字来作为这个词的方言写法，以别于共同语中与之相应的词。例如，"裤子"粤方言叫 fu³³，其实就可以跟共同语一样写作"裤"，没有必要再借"夫"的音，新造一个粤方言的形声字"裇"。与此相关，对于那些由于方言读音不同而各自翻译成不同文字的外来借词，难免也会给人们的学习和应用带来额外的负担。这类译音词的用字有必要在不影响方言地区人们正确理解的前提下参照共同语的译音作适当的规范。例如"麦克风""马达""巧克力"等，在现代汉语的书面语中经常出现，方言区的人民同样十分熟悉。随着普通话在方言地区的日益普及，这些外来词在粤方言区家喻户晓，也许有朝一日，"马达"可能会代替"摩打"，"巧克力"可能会代

替"朱古力",成为粤方言词汇中的一员呢!

(五)尽量避免同一个字充当不同方言词的书写形式

用同一个字来表示不同词义的方言口语词,这种现象是方言词用字混乱的主要表现之一,解决的唯一办法是摸清底细,了解方言词中这类实例到底有多少,然后进行必要的规范。拿粤方言来说,像前面提到过的"冚"这个字,就不要让它时而用作动词"盖"（k'em^{35}）,时而用作形容词"（器皿）严密"（hem^{22}）;同样的道理,也不要让"冧"这个字时而用作动词"哄骗（小孩）"（lem^{55}）,时而用作动词"倒塌"（lem^{33}）,如此等等。倘若不加规范,当人们在粤方言的书面语中看到"冚唔冚"时,就无法理解到底是指的"盖不盖"还是指的"盖得严不严"了。与此相关的还有一个值得考虑的问题:我们在几部权威的汉语字（词）典中都看到有"甩"这个字（词）,意思是"挥动、抛开",读作 shuǎi,但粤方言却把此字用来作为表示"脱落"的方言词,读作 lɐt^{55},这样恐怕也就不合适了。"甩"字显然不能当作仅仅是粤方言词的用字来看,它在共同语中有固定的音义,如果借其音而用来当作粤方言中与之同音的某一个方言词的书写形式,那倒没有什么不可 [参看前述三（五）],但如果并不只是借音,而是取共同语中一个有固定音义的字来书写方言中另外一个音义毫不相干的方言词,就难免产生一些误会。在方言词的用字中,我们是不希望出现这类情况的。

四、汉语方言词典中的"本字"与"俗字"问题

前面谈了方言词用字规范中的几个具体问题。在《广州话正音字典》所收的8781个字目中,有230多个属于粤方言词的特别用字。其中除了借用通用汉字的以外,有177个字在普通话中一般是不用的,这177个字也就是没有普通话读音的广州方言用字。我们把这177个方言用字用附录的方式集中列在字典的末尾供读者参考。一般说来,《广州话正音字典》在对待粤方言词的用字时,大体上是按照前述规范的原则来处理的。鉴于汉语方言的词典越出越多,粤方言的字（词）典更如雨后春笋般出现在众多的辞书丛中,而各种方言词典在对待古（本）字和俗字的态度和处理的方式上又各行其是,颇不一致,笔者愿借此机会再就汉语方言词典用

字中的"本字"和"俗字"问题略抒管见。

(一) 三种不同的处理方式

如前所述，方言词的用字既然可以有种种不同的类型，同一个方言词也可能有不同的用字。时下我们看到的一些汉语方言词典，对于方言词的用字，处理的方式各有一套，其中分歧较大的焦点主要集中在如何对待"本字"和"俗字"上。在到底使用"本字"（古字）还是使用"俗字"的问题上，存在着三种不同的处理方式：一是编者着重于考证本字，意在通过为每一个尚无现成用字的方言词都考出一个有确凿根据的本字来，以达到引导读者正确使用方言词用字的目的。这类方言词典对于存在民间的方言俗字没有进行调查，即使看到了也视若无睹，采取了"不值得提"的态度，基本上是不用方言中存在的俗字来记录方言词的。二是编者着意了解社会上方言词用字的实际情况，对大量存在于民间的方言俗字基本上持认同的态度。在这类方言词典中，大致上能尽录广为流行的方言俗字，至于本字（古字），凡经考证出来而又通俗好懂的，一概作为方言词用字录入，但对于那些生僻难懂的本字（古字），则视乎有无必要而有所选择地加以吸收，并非所有生僻的本字都一概录入。三是编者在编撰方言词典时就十分明确，在方言词的用字上既要广泛收录社会上业已通行的方言俗字，也要注意录入经过方言学者认真考证而得出的"本字"（古字）。这类方言词典对方言词用字的具体做法是：首先以业已流行的俗字来表示方言中的特有语词，然后注意该方言词的写法是否已有学者考出其"本字"（古字），若有考出可信的"本字"（古字），则将该"本字"（古字）同时列出；对于那些并无通行俗字表达的方言词，倘若有现成已经考出的"本字"（古字）可用，也就酌情使用"本字"（古字）来记录这个方言词了。上述三种不同的处理方式，无疑反映出方言词典的编撰者对待"俗字"和"本字"（古字）在方言词用字中所处地位的不同态度。

(二) 把学术研究和社会应用结合起来考虑

我们认为，从学术研究的角度出发，每一个方言词的用字都有必要深入挖掘、追根溯源，对方言词进行严格的科学考证。语言学者在音义吻合的前提下考求出不少汉语方言词的"本字"（古字）来，这自然是很有意义、很有价值的事。历来不少考求方言本字的专论和专著，都是这方面的学术研究成果。有学者还利用这些成果编撰《字源》《语源》一类的辞书。毫无疑问，考本字、溯语源在中国传统语言学研究中的作用是不能低估的。可是，如果我们注意到编撰汉语方言词典的目的不仅要为方言的研究服务，为汉语史的研究服务，而且要为广大方言使用者的语言应用服务，那么我们在处理汉语方言词用字的问题时，就非把学术研究和社会应用两个方面结合起来考虑不可了。作为学术研究成果所考证出来的方言词的"本字"（古字），是否要一个不漏地全部作为现代方言词的用字放到方言词典中来，从方便广大读者使用方言词典的角度出发，也就有值得斟酌的余地了。关于方言词典的作用，李荣先生在为41卷《现代汉语方言大词典》所写的《分地方言词典总序》中说："方言调查记录语言的现状，方言比较反映语言的历史。方言词典用分条列举的形式表达调查研究的初步成果。读者可以用来查考方言词语的意义。语言工作者可以据此从事专题研究，文史方面的学者，也可以取用其中的语料。"①

　　这段话表明编撰现代汉语方言词典的作用是多方面的，并非只是为了显示方言中的每个与众不同的特殊词语都是"有所本"的。对于方言词典中存在着的方言词用字问题，看来还是有必要兼收方言区中广为流传的方言俗字和经过语言学家们考证出来的"本字"（古字），不宜只收"本字"（古字）而把所有的方言俗字都拒之门外。其实就广大使用方言词典的读者来说，尽管方言俗字存在着某些使用上的混乱现象，但是许多人相对而言还是更乐意接受通俗好懂的俗字的。拿粤方言来说，大量方言俗字来自民间，都是为了填补方言词无字可写的空白而产生的。在我国通用的汉字中，有许多冷僻字在汉字规范化的整理过程中已被作为"异体"字从汉字（词）典中淘汰出去。现在我们编撰汉语方言词典，在为特殊的方言词选择适当的书写形式时，怎么能回过头来千方百计地寻找那些冷僻古字，让它们来个"借尸还魂"呢？如前所述，其实解决方言词用字问题的路子是宽阔的，并非只有考求"本字"（古字）这一办法。作为文字，我们始终认为，约定俗成的原则总是应该得到充分重视，为方言词厘定适当的用字，更非切实掌握有无约定俗成的书写形式可供利用不可。倘若方言词典中某个方言词已有在社会中通行的方言俗字可用，我们千万

---

① 参见李荣主编《现代汉语方言大词典》分卷本（41卷），江苏教育出版社1991—1998年版。

不要随意抛弃，即使我们已经考求出可信的本字来，且估计这个本字会被广大的方言使用者接受，但还是让本字和俗字都出现在方言词典中为好。如果某个方言词确有约定俗成的写法，方言词典就应该以此写法列目，然后再附上确凿可信的该方言词的本字，加以"本字应为×"的说明。这样既尊重了约定俗成的用字习惯，也提示读者这个方言词是"有所本"的，实在是何乐而不为的大好事。至于某些实在过于冷僻的"本字"，估计读者是不大可能使用的，我们就大可不必非把它视为某个方言词的"正确写法"不可。把这些由语言学家们费尽心血考求出来的冷僻古字，放到专论专著中去，使之在方言史研究、汉语史研究以及一般文史研究中发挥作用，也是很有意义的。循着这样的思路来处理方言词典中"本字"（古字）和"俗字"的问题，无疑是比较切合实际的，因而也必然会受到方言词典使用者的欢迎。前述第三种处理"本字"和"俗字"的方式〔参见本文四（一）〕，即既录"俗字"，又录"本字"，只要有现成的"俗字"就尽量用"俗字"来书写方言词的处理方式，正是值得赞赏的处理方式。事实上，"俗字"和"本字"并不完全是对立的。不少方言词典中的"俗字"，从来源上看正好也就是"本字"。"俗字"和"本字"合二为一的现象在方言词的用字中并不少见。可以想象，如果在方言词典中，过多运用冷僻的"本字"来书写方言词语而罔顾是否已有方言俗语在社会上广为流行的事实，这样的方言词典难免会给读者的应用带来不便，有违语言研究密切结合语言应用、为语言研究提供服务的精神。必须明确，考求本字是方言研究中一项重要的工作，却不是编撰方言词典的主要内容。方言词典中出现多少方言词的本字，也绝不是评价方言词典水准高低的标尺。如何正确处理"本字"与"俗字"的关系，倒是值得方言词典编纂者关注的问题。

粤语研究与粤语应用[①]

一、粤语研究是世界性的语言研究课题

众所周知,当今社会语言运用的多元化是语言社会发展的一大趋势。它既是文化多元化的基础,又是多元文化的具体体现。道理很简单,任何民族的文化,任何类型的文化,都离不开语言这一重要的载体。不同语言承载着不同的文化,一个民族的文化,以至于同一个民族内不同地域的文化,都只有通过语言这个载体才能得到很好的传承与推广。古老的汉民族语言承载着几千年灿烂辉煌的华夏文化,而长期以来世世代代聚居在神州大地各个不同地域的华夏子孙,又创造了许多具有浓郁地方色彩的地域文化。这些地域文化同样是优秀华夏文化的一部分,它们自然也需要依托具有地域特色的"土谈"来承载。我们通常所理解的各种不同方言,正是这些承载着各地具有地方特色文化的地方"土谈",一般称为地方方言。在全民族统一的民族语言逐步形成以后,这些地方方言并不会从语言社会中消失。它们依然活跃在一定的地域内,作为当地人民日常生活中的交际工具,并担负着承载和发展地域文化的重要角色。这就是为什么即使到了现代社会,民族共同语的推广和普及已成为语言生活中不可逆转的潮流,像我国这样半个多世纪以来一直致力于提倡推广全民族共同语——现在称为社会通用语的普通话("国语"),仍然始终得承认地方方言有其存在的价值,要让其继续发挥地方性的社会交际工具的作用,并充分发挥其在传承地域文化中的重要作用。

2001年开始在全国范围内实施的《国家通用语言文字法》,在大力贯彻推广普及社会通用语——普通话的同时,也充分考虑到地方方言在社会语言生活中不能忽视的作用,因而,这部语言文字的大法给地方方言的应用也预留了一定的空间。我们对国家这一语言政策应该有正确的认识和理

[①] 原载于《学术研究》2008年第10期。

解。实际上,大力推广民族共同语——普通话,是要使广大通行地方方言的地区,在社会语言应用上来一个重大的改变,从单一的只用方言交际过渡到既使用方言又使用全社会通用语——普通话的双语交际。也就是使每一个自幼说家乡方言的人都学会一种家乡以外的人都能相互听懂的全社会通用语言——普通话,让每一个过惯只说方言单语生活的人都能过上既说方言又说普通话的双语生活。以此为基础,在全社会逐步形成一个以普通话作为社会公共交际用语,以方言作为家庭、乡亲间的交际用语,有主有从,既推广了社会通用语——普通话,又保留了方言在一定场合仍然发挥作用的语言应用格局。简单地说,就是要使方言地区的社会语言应用形成"1+1=2"的局面,而不是要让方言完全退出,从而形成普通话取代方言的"1+1=1"的局面。这样一个双语应用的格局既体现出社会语言生活的多元化,也适应了方言地区经济文化发展和社会进步的需要。《国家通用语言文字法》让地方方言在一定范围内继续发挥作用的意图是十分明显的。其中第十六条规定:"有下列情形的,可以使用方言:(一)国家机关的工作人员执行公务时确需使用的;(二)经国务院广播电视部门或省级广播电视部门批准的播音用语;(三)戏曲、影视等艺术形式中需要使用的;(四)出版、教学、研究中确需使用的。"认真领会这些规定的精神,我们完全可以在涉及地域文化的领域中大胆使用地方方言。像粤方言这样的"强势方言",无疑会有它发挥作用的广阔天地。拿在"百花齐放"中深受瞩目的粤曲粤剧来说,它始终离不开具有独特神韵的粤方言。它一直在通行的地区,包括珠江三角洲地区、广西东南地区、香港澳门地区以及海外众多的华人聚居地区,受到千百万人民大众的喜爱,经久不衰;当今用粤语演唱的流行歌曲,更是风靡海内外,可谓家喻户晓。众所周知,港、澳两个特别行政区的中小学教学用语绝大多数都是运用粤语的,实际上在700多万港澳同胞的心目中,粤语就是他们的"母语"。还值得一提的是,在港澳地区的新闻媒体中,粤方言词语登堂入室,已到了不懂粤语的外来旅客难以读懂当地报纸的地步。近20多年来,随着粤语地区经济的不断腾飞,粤语区以外的人学习掌握粤语的热情不断升温。实际的情况是,粤语作为汉语方言中独具"强势"的一支,其社会应用范围并未因普通话的大力推广而有所萎缩。相反,在广东省内,非粤语区(闽语区、客语区)的人民大众,学习粤语的劲头绝不亚于学习普通话的劲头,以至于有人把粤语戏称为"广东省的普通话"。粤语的社会影响越来越大,它在海内外语言社会中发挥的作用也越来越受到社会各界以至政府官方的关注。以下几则录自三年前《广州日报》的报道,可以略见社会各界重视粤语的一斑:

(1) 2004年3月11日,《广州日报》以醒目的标题报道了全国政协委员方威提出推广普通话不必排斥方言,建议在幼儿园至小学初级阶段实行普通话与方言双语教育。这则报道同时介绍了市人大代表、广州电视台主播尹婕的见解。她认为广州青少年能说原汁原味粤语的人少了,在提倡普通话的时候能否多给粤语一点空间。她建议成立粤语粤剧博物馆,在博物馆里展示岭南文化。

(2) 2004年3月23日,《广州日报》以"申办亚运会可打粤语文化牌"为题,报道广州市第十一届人大二次会议开幕。有代表针对当前很多本地青少年对广州粤语文化认识了解越来越少的现象,认为在推广普通话的同时不应该排斥方言,正考虑写一份建议,建议广州在建设文化大市的过程中应该围绕着粤语文化进行挖掘与弘扬;还认为粤语文化在东南亚很多国家的影响非常大,我们在"申亚"的时候更应该打出粤语文化这张牌。

(3) 2004年7月29日,《广州日报》在头版发布了"广东启播全球首个粤语卫星电视频道"的消息。省委副书记蔡东士,国家广播电影电视总局副总编辑田进,省委常委、宣传部长朱小丹等出席了首播仪式。据悉,2004年3月,国家广电总局正式批准将南方电视台都市频道调整为粤语卫星频道,向广东省、港澳地区及海外粤语人群播出。这是全国首个上卫星的地方方言电视频道,也是全球第一个纯粤语播出的卫星电视频道。

以上报道反映出作为汉语重要方言的粤语,在当今社会语言应用中所发挥的作用,已经得到从政府到民间的广泛认同。粤语的作用绝不仅仅是充当粤语地区的社会交际工具,更重要的是突出表现为能够很好地反映、承载深具特色的岭南地域文化,并且能在联系、团结、凝聚海内外炎黄子孙方面发挥积极的作用。而这些却是全国通行的民族共同语——普通话所难以完全代替的。

许多事实说明,正是由于粤方言在汉语方言中的重要地位,长期以来,粤语的研究在整个汉语方言的研究中显得格外引人注目。自1987年开始在香港中文大学举行首届国际粤方言研讨会以来,该研讨会两年一届从未间断,迄今已开过11届,第十二届研讨会将在今年12月于广东中山举行。光是历届研讨会结集出版的论文集就收录了超过500篇的论文,可见粤语研究持续发展的势头十分喜人。还应该看到,粤语作为一种具有吸引力的汉语方言,在海内外的讲坛上也深受青睐。种种迹象表明,海外不少热衷于学习汉语、渴望了解中华传统文化的人,同时也对汉语这一独具魅力的粤方言深感兴趣。近期来华求学的海外学子,除了必不可少地要学会现代汉民族共同语外,有不少人还要求所在学校为留学生开设粤语课程。据了解,美国有一些大学规定选修粤语课程可以拿到学分。一种汉语方言在国外大学里跟汉民族共同语同样作为外语课程被开设的,大概只有粤语这一门了。粤语的广泛应用使一批批供粤语教学用的教材和工具书应运而生,粤语的地位和作用如此显著,难怪一位中国国际广播电台的记者在一次采访国际粤方言研讨会后,就在他发出的专题报道中用了一个十分醒目的标题——"粤语研究已成为世界性的课题"。是的,我们今天完全可以这样说,粤语已经成为海内外汉语学者瞩目的一种语言(方言),粤语早已走向世界,粤语的研究已经名副其实地成为汉语研究中一个重要的课题。

二、粤语研究要为粤语应用服务

如前所述,如今粤语的研究业已蔚然成风,称得上是备受重视的热门课题。回顾历史,粤语的研究可谓源远流长,至少在200多年前就已经有文献记载了。下面不妨让我们来重温一下粤语研究发展的简要梗概:清乾隆壬寅年(1782年)流行坊间的《分韵撮要》(虞学菩、温歧石辑录),已是颇具影响的粤音著作。100多年前陈澧的《广州音说》(1892),更是研究广州音的一部重要论著。进入20世纪,出现了詹宪慈的《广州话本字》,此书成稿于1923年,以前人们大都只能读到它的"序言",幸好香港中文大学出版社于十多年前(1995年)出版了完整的书稿,我们才有机会窥见《广州话本字》的全貌。比《广州话本字》稍迟几年成书的孔仲南著的《广东俗语考》(1933),也可算是20世纪初少有的几部粤语著作之一。至于运用现代语言学的理论、方法来对粤语进行调查研究,那还是20世纪20年代以后在我国语言学大师赵元任、王力等的倡导和实践下才开始启动的。王力的《两粤音说》(《清华学报》1928年第5卷第1

期)和《博白方音实验录》(巴黎大学博士论文,1932),就已经把粤语的调查研究纳入到现代语言学的轨道上来了。赵元任早在1929年就对台山粤语进行过调查,只是随后并未将调查成果发表问世。近期余蔼芹教授再对赵先生调查过的那个方言点进行调查,并整理成书以《台山淡村方言研究》为名付梓出版(香港城市大学语言资讯科学研究中心刊行)。继王、赵两位之后,岑麒祥、罗常培也十分关注粤语的研究。他们两位都从20世纪30年代起陆续发表过有关粤语的著述,如罗先生1932年发表在《世界时报国语周刊》上的《关于广州话入声的讨论》(1932年第41期),岑先生1936年发表在《语言文学专刊》上的《粤语发音实验录》(1936年第1卷第2期)等。进入40年代,赵元任先生陆续发表了他调查研究粤语中山方言和台山方言的著述,还为海外学习粤语人士编写了英文版的《粤语入门》(哈佛大学出版社1947年版)。与此同时,20世纪40年代初还出现了一本迄今一版再版、在粤语研究中影响很大的著作《粤音韵汇》(黄锡凌著,上海中华书局1941年版,其后在香港多次重版)。50年代以后,中国社会发生了翻天覆地的变化,中国大陆的方言研究工作基本上围绕着"推普"转,粤语的研究也不例外。从50年代到60年代中"文革"前夕,出版了一些帮助粤语区人民学习普通话的小册子,而深入探讨粤方言的专著几乎阙如。这期间香港及海外的粤语社区,则开始出现一些研究粤语的著述。例如,由林莲仙博士、张日昇博士撰写的一些专论,以及由乔砚农、冯思禹等分别编写的粤语工具书,等等。总的来看,从20世纪20年代到60年代,这几十年间粤语的研究还只能说是草创阶段,直到70年代,粤语研究才逐步进入中兴时期。70年代初,余蔼芹教授和张洪年教授几乎同时分别在美国和香港推出了他们的粤语研究力作:余蔼芹的《粤语研究》第一卷(*Studies in Yue Dialects I: Phonology of Cantonese*, Cambridge U. Press, 1972)和张洪年的《香港粤语语法研究》(香港中文大学出版社1972年版),这两部佳作也许可以看作粤语研究开始深入发展的信号。由此发端,到了八九十年代以至进入新的世纪,粤语研究终于出现了日趋繁荣、持续发展的局面。近20多年来,除了陆续产生一些挖掘粤语特色、探索粤语渊源,从音韵、词汇、语法各个方面、各个层面深入研究粤语的著作之外,还出现了许多前所未见的大面积调查粤语的调查报告,填补了长期以来没有触及的空白,突破了以往粤语研究只局限于穗、港及珠江三角洲少数地区的格局。如80年代中以来由詹伯慧、张日昇主持的一批粤、港粤语学人协力完成的珠江三角洲、粤北、粤西的粤语调查报告，近期由张双庆、庄初升主持的对香港新界地区方言的详尽调查，以及陈晓锦对广西粤语的多点调查，等等。今天摆在我们面前的，正是一个粤语研究繁花似锦、不断攀升、不断拓展的喜人景象！各种类型的学术研讨活动接二连三，粤语研究新秀不断涌现，开发粤语资源的呼声不绝于耳，过去长期无人问津的粤语研究的"处女地"越来越少……前面提到的，定期举行的从未间断的国际粤方言研讨会已经开过 11 届，第十二届即将举行。如此等等，只要稍稍盘点一下这 20 多年来粤语研究的发展进程，温故而知新，简略的回顾更使我们信心倍增。可以预见，今后粤语的研究将不断攀登新的台阶，不断取得更多的丰硕成果，显示出它作为"强势方言"的勃勃生机。

　　面对当前粤语研究蓬蓬勃勃的大好形势，我们今后应该如何继往开来，把握粤语研究的路向呢？语言研究尽管在方方面面可以有各种不同的课题，可以从不同的角度切入，但归根结底，支撑语言研究的主要动力无疑应是语言的应用。没有应用价值的语言，实在很难激发人们的研究热情，否则今天我们就用不着提出要"拯救濒危语言及方言"的口号来了。语言研究总是要为语言的应用服务。研究语言的人总是要关注所研究语言的应用情况，把精力多多放在语言应用问题的探讨上，这大概应是古往今来人同此心、心同此理的事，是不会有什么偏差的。古代学者编修韵书，不正是为了"正音"的目的吗？半个多世纪以来，我国语言学者在研究、制定、推行国家语言文字政策上付出了大量的心血，坚持不懈地进行语言的规范化工作，不也就是为了使语言的应用能够取得更好的效果，为了能更好地发挥汉语作为世界上使用人口最多、历史悠久的发达语言的社会功能！如前所述，粤语研究今天之所以能够出现如此红红火火的场面，跟粤语在社会应用中的重大作用是不无关系的。粤语的研究当然可以有不同的需要，就语言学术的层面而言，粤语保留着许多汉语史上的古音古词，人们常常用"活化石"来形容它，研究粤语对汉语史上一些重要语言现象的理解自然会有帮助；粤语词汇中不少跟今天南方少数民族中的壮侗语有相似之处，这对于我们探讨、论证古代的"百越语"自然也是必不可少的资料。现代粤语的研究同样可以从不同的方面入手。如果只是为了了解粤语某方面的现实情况，揭示粤语语音、词汇、语法的特征，我们用共时语言学的方法对粤语进行调查，然后在掌握材料的基础上进行描写分析、归纳整理就可以达到预期的目的了。如果要进一步探索现代粤语的渊源，认识粤语发展的轨迹，就非了解粤语地区人民的历史，联系这个地区的移民史和相关的民族史，把共时的研究和历时的探讨结合起来探讨不可。总之，粤语的研究可以有各种不同的课题，可以采用多种调查研究方法。然而，我们今天要特别强调的是，粤语既然在社会语言应用中有如此重要的作用，我们就有必要大力加强粤语应用方面的研究，有必要认认真真地贯彻语言研究为语言应用服务的精神，时刻关心粤语各方面应用的情况，关注那些粤语应用中亟待解决的问题，多做调查研究，从实践中来，到实践中去，用我们语言专业人士精心研究粤语的丰硕成果来切切实实地解决广大人民群众在运用粤语中遇到的问题。我们要善于运用当代社会语言学和应用语言学的理论和方法，要尽量做到能够客观地、科学地解决粤语应用中出现的种种问题。

三、粤语应用中需要研究的问题

在当前粤语的应用中，有哪些问题急需研究、急需解决呢？就粤语作为社会第一交际语，粤语的社会应用最为广泛的港、澳两个特别行政区来看，粤语在应用中呈现出来的最需要关注的问题有三方面。

（一）在香港实行"三语两文"的政策下，粤语的研究如何为普通话和粤语的学习服务

方言研究为"推普"服务，这本是天经地义、老生常谈的事。可是对于许多长期以来一直没想到过自己也要学习普通话的香港人来说，却是完全新鲜的玩意儿。通过掌握自己方言跟普通话的对应关系，通过粤语跟普通话的比较研究揭示带规律性的、可以类推和举一反三的"粤语—普通话"差异来引导香港同胞学好普通话，这就成为今天能否加快"推普"进度，能否让广大香港同胞都在既能使用粤语，也能使用普通话的前提下自觉地贯彻"三语两文"政策，构建起香港多元文化、多元语言的和谐社会来的重要因素。如果粤语学者能够齐心协力、有计划地推进这方面的研究工作，并且在特区政府相关部门的组织和支持下，广泛开展针对性强、方法对头的普通话教学、培训活动，把研究的成果及时用到学习普通话的实践中来，无疑会产生积极的效果。香港人要学习普通话，一些来自

内地非粤语区的新移民，还有一些长期居住在香港的台湾同胞和外国人，却又有学习粤语的强烈愿望。他们在学习粤语中也会遇到各种各样的问题。因此，粤语作为第二语言的教学如何进行得更好，无疑也应是粤语应用研究中值得关注的问题。港澳地区普通话的推广也好，粤语的学习也好，无疑都必须透过对粤语进行有的放矢的研究来加以解决。

（二）在使用粤语作为教学语言时，如何面对粤语"入文"对学生掌握现代白话文的干扰

当今港澳地区中小学使用的中文课教材，除部分古汉语（文言文）外，基本上都选用比较典范的现代白话文。选教现代典范白话文，目的自然是希望在学生练习写作时，这些"范文"可以发挥参照、借鉴的作用。可是，港澳学生平常习惯于用粤语进行交际，而港澳粤语不仅在口语中发挥交际工具的作用，也在一定程度上进入到书面语中来，特别是在一些通俗书刊及大众传媒中，粤语口语"入文"的现象更是十分普遍。学生们经常接触这些粤词粤语充斥其中的书面语，难免深受影响，以至于在他们的白话文作业中，经常出现一些不符合民族共同语规范的粤语词语。与此同时，由于习惯使用粤语，教学用语也是粤语，在没能掌握粤语与普通话差别的情况下，类似"少""小"不分，"造""做"不分之类不该有的差错也经常出现在学生的语文作业中。因"粤语—普通话"差异、粤语入文及使用粤语作为教学用语等原因而给中小学语文教学带来的干扰，已成为影响港澳地区提高中小学语文教学素质不可忽视的因素。这类问题只有通过研究粤语的专业人士和语文教师的携手合作，面对教学实际，加强调查研究，才有可能得到切实的解决。我们认为，对像港澳运用粤语作为教学工具的学校的地区，要合理看待学生笔下出现的因方言的干扰而产生的语文差错现象：既要教育学生明白错在哪儿，要对错误有所抵制，也要考虑到社会语言环境的实际和学生语文作业的实际，适当地从宽处理。既然粤语在港澳社会是多元语言中的主导语言，进入书面语总是难以避免的。我们只能面对现实，合理对待，有所抵制，有所宽容。关键在于必须掌握好分寸，以可宽则宽、该严方严的态度来对待。学生作业中出现一些粤语，要看不同的情况来酌情处理，对于那些口语化较浓的文字，不妨多允许一些反映本地文化习俗的、生动活泼的粤语词语进入；对于一些比较严肃的论述性文字，就不宜太多运用方言。总之，在粤语作为教学语言的

情况下遇到的许多因方言而带来的实际问题,要本着从实际出发、该严就严、可宽就宽的原则,既要引导人们不随便放弃语言规范化的原则,又要允许有所宽容。这里面值得研究的问题很多,从事粤语研究和粤语教学的人都有大量的工作要做。大力开展粤语和普通话的全面比较工作是当务之急。要用比较研究的成果告诉人们,两者的差异具体表现在哪些地方。一旦中小学语文老师都明白了、弄通了,自然就会把差异的情况告诉学生,而学生也就会在知己知彼的基础上一方面加紧学会全国通用的普通话,另一方面尽量减少粤语词句给自己语文作业和汉语应用带来的干扰。

(三) 粤语读音的规范和方言用字的规范

汉民族共同语——普通话需要正音,需要对存在分歧的读音进行规范,方言的音读,如果也有分歧的读法,是不是也有必要进行正音呢?我想,回答无疑应该是肯定的。从应用的角度出发,既然方言也在社会上应用,就应该读音读得准确,不能没有是非。更何况粤语这样作为学校教学用语的方言,老师不能在课堂上教错读音,学生读音读错了,教师也应该给予纠正,这就使得粤音的正误成为教学中不可忽视的问题。十多年前(1990年),我们粤、港、澳三地一批从事粤语研究的同道,正是本着粤语研究要为粤语应用服务的宗旨,组织起一个广州话审音委员会来,对每一个存在音读歧异的字进行认真的审订,然后在此基础上组织《广州话正音字典》的编写。在经历了逾十载旷日持久的共同努力之后,终于在2002年出版了《广州话正音字典》一书,给广大粤语使用者提供了一个粤音正读的参考。据了解,此书可算是我国第一部专为方言正音的方音字典。我们不敢指望这样一部出自众人之手的工具书会没有纰漏,我们只希望通过我们这一举动,向社会表达粤语研究者对粤语应用问题中的重要一环——粤音正读问题的关注。我们之所以这么执着、这么旷日持久地把这一工作坚持做下来,是因为我们深感粤语的研究必须面对粤语应用的现实,既然客观存在着某些粤语音读歧义的现象,并且已反映到粤语工具书和专著中来,甚至影响到学校的教学,令教师们无所适从,就非认真研究、妥善解决不可了。当初我们考虑给粤语审音的宗旨,简而言之,就是为了"明确规范,减少分歧,树立标准,以利应用"。希望通过认真的调查研究,为广州话审订出一个个正确的音读来,并据此编纂一部广州话的正音字典。我们的目标首先是把《现代汉语词典》中所收的单字目及在粤语中经常出现的方言用字和人名地名用字等一一加以审订，以应粤语社会的急需。我们花了三年左右的时间为每一个字制作了包括《广韵》、现代汉语及常见粤语字词典音读的卡片，然后在此基础上一一进行逐字的讨论定夺，遇到举棋难定的问题，往往请出《汉语大字典》这部收字最多、音读最全的辞书来，力求做到订音有据。由此可见，我们粤、港、澳的粤语研究者是十分认真对待粤语的正音工作的。近期我们了解到香港社会对粤语音读问题倍加关注，传媒经常发表关于粤语音读争议的文章，有的言论针锋相对，显得相当激烈。我们认为，语言作为社会现象，从来都是约定俗成的；语言随着社会的发展而不断发展，现代语言既是古代语言的继承，又是古代语言的发展。这些语言学上的基本观念，在看待任何一种当代语言或方言的语音、词汇、语法现象时，都不能不认真考虑。具体到今天粤语某些读音的争议，我们粤、港、澳参加过粤语审音工作及编纂《广州话正音字典》的同道一致认为，粤语音读的厘定一定不能闭门造车，要从粤语应用的实际情况出发，要尊重社会上业已广为流行的音读，每一个活在今天粤语使用者口里的音读，都应该作为我们审音、订音的重要参考。我们给今天使用着的粤语正音，决不能简单化地只根据古代的韵书就推算出粤语的读音，将其作为粤语正音的唯一依据。粤音跟《广韵》的音韵无疑存在着相当整齐的继承关系，但由于粤语历史悠久，在长期的发展中也难免受到其他语言（方言）的影响，从而使它的语音发生了一些变化，导致产生一些新的因素。因此，我们给今天的粤语正音，一定得对粤音的发展有一个清晰的认识。我们的订音原则就是既要考虑汉语语音历史发展的规律，参考当今粤语音读跟《广韵》等韵书的继承发展关系，也要正视粤语的现实读音状态，考虑约定俗成的因素。这样一来，我们才有可能比较客观、比较妥善地给粤语进行审音正音，而不至于处处拘泥于古音的系统，让我们的审音工作被古人牵着鼻子走。遇到粤语今读不符合古今音发展规律时，我们也不会轻易就给这个今读判处死刑。如果此音确有谬读之处，但已在社会上广为使用，成为约定俗成、社会认同的音读，我们还是作为"俗读"予以保留。

　　方言用字问题也是粤语应用中一个突出的问题。粤方言中有不少与众不同的独特方言词，体现出鲜明的粤语文化色彩。粤语区中用来记录粤语方言词的方言字，据统计，经常出现在粤语地区书面语中的，少说也有两三百个。而香港理工大学粤语学者张群显教授和包睿舜教授（Robert S.

Bauer）几年前合著了一本《以汉字写粤语》的专著，书中提及的粤方言用字则有1000多个。可见，粤语方言字的应用已成为粤语研究中一个很引人注目的课题。在众多用来记录粤方言词的方言字中，有一些是用同音汉字来表达的，外地人看到这样的汉字会觉得面孔熟悉，可就是无法理解它的含义。例如，"而家"是"现在"的意思，"点解"是"为什么"的意思，等等；有一些是沿用古已有之的古（本）字，如日常生活中常见的"翼"（翅膀）、"颈"（脖子）等；也有个别利用现有跟该粤方言词词义相同或相近的通用汉字来书写读音并不相同的另一个粤方言词的训读字，如"孖"，意为"双"，《广韵》"子之切，双生子也"，粤语取其义，而读音为ma，则无所本。粤语方言用字中最具特色的还是那些粤语区人民自创的特殊方言字。许多特殊方言字充分利用了传统"六书"中"形声""假借"等造字方式，例如属"形声"的"餸"（下饭的菜）、"掟"（扔）、"脷"（舌头）等，属"会意"的"氹"（水塘）、"孭"（背负）、"冇"（瘦小）等。还有一大批新造的粤语字简单化地由一个"口"旁加上一个表示声音、用作声符的声旁来组成，例如"咗"（相当于助词"了"）、"嘢"（东西）、"呃"（骗）等。粤语方言用字形形色色，在不同的人笔下，往往有可能出现以不同的字来表示同一个方言词的情况，随意性比较大。例如，表示"现在"的"而家"是个同音借用的"假借式"粤方言词，但同时又有人用"宜家"或"伊家"来表示。这就容易被人误认为是不同的粤语方言词。还有一种情况，同一个粤语的方言字，在不同场合含义并不相同，实际上是一形两词，同一个方言字被两个方言词共用。例如，"冚"这个粤语方言字既可以读ham，表示东西盖得严密、不透风的意思；又可以读成kam，作动词"盖"讲。像这类现象，反映出在粤语方言词大量入文，粤方言字被广泛使用的情况下，明显存在着一个方言用字的规范问题，需要粤语研究者加以关注。希望能通过必要的调查研究，对这些问题加以讨论解决。

以上略举了粤语应用中需要面对、需要解决的问题。此外，还有其他一些涉及应用的课题，如粤语教材的编写、粤语拼音方式的改进、粤语辞书的编纂等等，都有待粤语研究者多多关注。总之，在语言研究为语言应用服务的理念下，把应用范围如此广泛的粤语应用问题摆到粤语研究的日程表上来，以更多更好的粤语研究成果来推动粤语的各项应用工作，粤语研究者无疑是责无旁贷的。

关于闽方言研究的几点思考①

一、闽方言研究的现状

闽方言在汉语方言中处于相当突出的地位。就使用人口而言,据张振兴先生近年来的统计,闽、台、粤、琼等省以及浙、桂、苏、赣等省(自治区)的少数地区就有 5462 万多人使用闽方言,海外华人及港澳同胞中以闽方言为主要交际工具的也有 1000 万人,这样,世界上用闽方言作为日常交际工具的就有大约 6500 万人。② 这个数字当然比不上作为民族共同语基础的北方方言(官话方言),但以其在海内外的影响而言,闽方言的地位和作用绝不亚于其他汉语方言。最近有人就现代汉语各方言的势力进行排队,认为最强势的方言在北方为北方方言,在南方为粤方言。③ 除了南北两大强势方言之外,我想闽方言和吴方言无疑也该属于强势方言之列。吴方言在中国大陆的影响力不亚于闽方言,但在中国大陆以外,闽方言的影响却大大超过吴方言。

闽方言的地位和影响使闽方言的研究深受海内外学术界的重视。远的如 18 世纪一些"十五音"系统的闽方言音韵著作及 19 世纪以来一些传教士编纂的闽方言字典暂且不说,单就近半个世纪海内外关于闽方言的研究来说,其人数之众多、成果之丰硕都居汉语各大方言的前列。据不完全统计,几十年来已刊闽方言研究成果超过 500 篇(册)。我们在《汉语方言及方言调查》一书的附录"现代汉语方言研究参考资料选目"中遴选了闽方言的著述 371 项,而同时选入的粤方言著述是 206 项。这还只是选到 1987 年为止,此次闽方言研讨会上,林伦伦先生在宣读他的《广东闽方言研究述评》一文中所附"广东闽方言研究文献要目(截至 1992 年)"

---

① 原载于香港《中国语文研究》1995 年第 11 期(第三届国际闽方言研讨会专号)。
② 参见张振兴:《闽语的分布和人口》,《方言》1989 年第 1 期。
③ 参见易丰:《汉语方言势力探微》,香港《语文建设通讯》1992 年第 37 期。

时，就列出广东一省的闽方言著述 181 项。可见，粤方言尽管被认为是比闽方言更具强势的方言，实际上闽方言的研究成果却大大超过粤方言。几十年来闽方言研究的覆盖面已遍及闽、台、粤、琼各省不同类型的闽语，就研究内容而言，既有共时的描写研究，包括语音、词汇、语法等各个方面，也有历时的比较研究，涉及音韵、训诂等许多课题；闽方言的形成问题、分区问题，以及一些突出的方言现象，如文白异读、连读音变、训读现象、本字探索等，或多或少也都陆续有所发现、有所讨论。此外，在研究队伍的不断壮大、研究机构的日益增多、学术活动的持续活跃方面，闽方言也是相当令人瞩目的。像这样两年一度的闽方言学者国际盛会，现在是第三届了，今后还会继续举办下去，通过这种定期举行的学术研讨会，检阅闽方言研究的成果，总结闽方言研究的经验，交流闽方言研究的心得，作用无疑是非常显著的。

尽管闽方言的研究已经取得了许多成果，甚至可以称得上是"硕果累累"，但也存在一些值得我们重视的问题。其中比较突出的就是两个不平衡。

一是研究布局的不平衡。长期以来，我们闽方言研究者的注意力较多地集中在闽南、闽东这两支闽方言上。闽南方言尤其是"众矢之的"，成为闽方言研究的聚焦点，包括福建闽南话、台湾闽南话和广东潮汕闽南话在内的三大支闽南方言，几十年来先后发表的著述估计超过 400 篇（册）；而闽方言其他支系的调查研究、成果就大大不及闽南方言了。一些地方的闽方言，如海南闽方言、粤西雷州半岛闽方言，以及分散在浙、赣、桂各省（自治区）的闽方言，至今研究者仍然寥寥无几。

二是研究内容的不平衡。长期以来，我们较多地在描写分析方言音系、整理归纳方言词语，以及揭示文白异读、连读音变、本字词源等方面做文章；而对于闽方言的宏观研究，如综合比较方面和理论方面的一些问题却注意得比较少，著述也就很难见到了。1985 年张琨先生发表的论文《论比较闽方言》和 1986 年张光宇先生的博士论文 *Comparative Min Phonology*[①] 以及 1991 年出版的陈章太、李如龙两位闽语学者的专著《闽

[①] Chang Kuangyu. *Comparative Min Phonology*. U C Berkeley Ph. D. Disertation, 1986；张琨：《论比较闽方言》，台北《历史语言研究所集刊》（55 本第 3 分），1985 年。

语研究》① 等，可算是综合比较研究闽方言中较为重要的论著。近年来在《方言》等刊物上虽然偶尔也有一点从整体上、宏观上论及闽方言的文章发表，但是从数量和分量上看，都和闽方言研究的客观需要不大相称。时至今日，我们还没有把描述整个闽方言面貌、绘制整个闽方言地图、编纂整个闽方言词典的工作摆到显著的位置上来；而福建省早在20世纪60年代就开始编写的《福建省汉语方言概况》，在印出讨论稿以后，陆陆续续进行了旷日持久的修改、定稿工作，迄今也还没能正式面世；至于广东、海南等省的闽方言全面调查工作，更是迟迟未能起步。可见，闽方言的研究工作，还有许多填空补缺的任务需要我们去完成；研究布局和研究内容不够平衡的现状，看来一时还难以得到迅速的改变。

二、闽方言的分区问题

闽方言分布地域广，内部差异也很大。关于闽方言的分区，从大区到小区，从省内到省外，历来有不同的看法。经过几十年来的讨论和实践，现在有的问题解决了，有的问题尚未完全解决，还有待进一步研究以取得共识。

长期以来，语言学大师赵元任先生在给汉语方言分区时，一直是把闽方言作为汉语方言中两个并列的大方言区对待的。他先是在1934年为上海《申报》60周年纪念印行的《中华民国分省新图》中所提供的语言区域图里把汉语方言分为九区，其中就有闽方言和潮汕方言两区。后来在20世纪40年代，他对自己所提的九区方言做了修订，修订后仍是九大方言，而闽方言仍为两区，只不过把原先的"闽方言"具体化为"福州方言"，而把"潮汕方言"改为"厦门—汕头方言"。这反映出赵先生始终认为福建东部福州一带的闽方言，跟闽南地区包括粤东潮汕地区的方言，是应该在汉语方言的分区中分立两区的。② 与此同时，另一位语言学大师李方桂先生，则把汉语方言分为八区，而认定"闽语"只能算作汉语八

---

① 陈章太、李如龙：《闽语研究》，语文出版社1991年版。
② 赵元任的方言分区观点转引自丁邦新《汉语方言分区的条件》一文注二，该文刊于《清华学报》1992年第14卷第1～2期合刊。

大方言中的一个区。① 20世纪50年代中期以后，中国大陆的语言学者一直采用丁声树、李荣两位先生提出的分列两区。② 而台湾的语言学者，以董同龢先生为代表，则基本上沿用赵先生的九区说而略作调整，在闽方言的处理上改从李方桂先生的闽语合为一区说。③ 海峡两岸语言学者对于汉语方言中闽方言这一支的态度，30多年来一直保持着合为一区和分为两区两种不同的分区见解。把闽语分为两区的学者多着眼于差异性，目的在于突出两支不同闽语的差别；把闽语合为一区的学者则多着眼于一致性，目的在于显示闽方言的共性。尽管各地存在着许多差异，但仍然有"大同"的一面，有许多的"共性"。这两种不同的分合之见，应该说都是有一定根据的。

随着闽方言调查工作的逐步深入，各地闽语的研究成果日渐增加，在比较全面了解闽方言内部分歧情况的基础上，许多闽语学者，特别是福建省内的闽语学者，大都感到就闽方言的内部差异而言，分为闽北（或闽东）和闽南两个方言区是难以反映闽方言内部分歧的实际情况的，闽方言至少有好几个不同的支系，各支系都有明显的差别，但同时又存在着共同闽语的特征。与其分列闽北（东）、闽南两区，倒不如取其"大同"的共性而把各地闽方言统统列为一个大方言区——闽方言区，至于这个闽方言大区中内部各种差异，则留到分区的第二个层次——次方言（或称方言片）中去反映。这种观点早在20世纪60年代就已有人提出④，基本上认同于早年李方桂先生把闽方言统列一区的观点，只是当时还未能引起方言学者的足够重视。进入80年代以后，闽语合为一个方言区之说才逐渐在中国大陆的语言学界成为主流。1979—1980年，我写《现代汉语方言》一书和袁家骅教授修订《汉语方言概要》一书时，都用了"闽方言不再分闽南、闽北两大区"的观点，而使汉语方言的分区从原来的"八区"

---

① 李方桂的分区观点原载 Chinese Year Book，上海商务印书馆1973年版，第59～63页；Journal of Chinese Linguistics（Berkeley, USA），创刊号刊出李氏《中国的语言和方言》一文，再次发表他的八大方言说，此文汉译本刊于《民族译丛》1980年第1期。

② 参见现代汉语规范问题学术会议秘书处：《现代汉语规范问题学术会议文件汇编》，科学出版社1956年版。

③ 参见丁邦新：《董同龢先生语言学论文选》，台北食货出版社1974年版，第354～356页。

④ 参见潘茂鼎：《福建汉语方言分区略说》，《中国语文》1963年第6期。

转为"七区"。我把这一"七区"的体系也引进由黄伯荣、廖序东两位先生主编的大学文科教材《现代汉语》中来，黄伯荣、廖序东主编的《现代汉语》教材中"汉语方言"一节由我执笔。该教材20世纪80年代初由甘肃人民出版社出版，近年来改由高等教育出版社出版。随后由张志公先生主编的电视大学《现代汉语》教材也用了将闽方言合为一区的"七区说"，而原先采用"八大方言"的胡裕树先生主编的《现代汉语》教材，在1987年的新版本中也改从"七区说"，把闽方言合为一个方言区了。1988年出版的《中国大百科全书·语言文字卷》中的汉语方言部分，在设计框架条目时，也考虑到汉语方言的分区以"七大方言"为主流，并考虑到要和社会上流行较广的现代汉语教材取得一致，同样也就从七大方言说来设立条目，而把闽方言作为一个大方言区设条了。大家知道，80年代以来，"七大方言""闽语合一"不但是中国大陆汉语方言分区的主流，也已成为台、港地区及海外各地汉语学者所乐意接受的分区体系了。在座的丁邦新教授十年前在《汉语方言区分的条件》一文中，就以汉语七大方言作为论述的对象，而把闽方言作为七大方言中的一个来看待。[①]近期由李荣先生主持编制的《中国语言地图集》尽管对汉语方言的分区做了较大的调整，把汉语方言划为十个方言区，但仍把闽方言作为一个区，改变了过去把闽南、闽北分列为两个方言区的做法。[②]时至今日，我们已可以断言，在汉语方言的分区中，把闽方言作为汉语各大方言中的一个大方言区，这一点海内外汉语学者都已取得基本一致的看法，谈及闽方言分区的问题时，注意力主要集中在分区的第二层次上，即闽方言下面如何进一步划分次方言（方言片）的问题上。

闽方言内部的分区，在相当长的时期内，一直沿用比较粗略的划分法，把原先认为差别很大，可以并列为两大方言的闽北（闽东）方言和闽南方言作为闽方言的两大支系，而以地处闽东的省会福州市作为闽北（闽东）方言的代表点，以闽南重邑厦门市作为闽南方言的代表点。至于福建以外其他地方的闽方言，包括广东、台湾、海南、浙江以及广西、江西等省中少数地区的闽语，则笼统地视为闽南系的外延，归入以厦门为代

---

① 参见丁邦新：《汉语方言区分的条件》，台湾《清华学报》1982年新14卷第1～2期合刊。

② 参见李荣：《中国的语言和方言》，《方言》1989年第3期。

表的闽南方言。闽方言这种粗略分为两大支系的格局，在闽方言调查工作逐步深入、各种方言现象纷纷"亮相"以后，自然也就难免被打破了。打破了闽南、闽北（闽东）两大次方言对峙的局面后，新的分区格局如何建立？直到1983年，两位资深的闽方言专家陈章太先生和李如龙先生在《论闽方言的一致性》一文中，根据他们长期调查研究福建各地闽语的心得，明确提出福建闽语宜分为五个次方言区——闽东话、莆仙话、闽南话、闽中话、闽北话，并在随后发表的姊妹篇《论闽方言内部的主要差异》一文中列出这五个闽语支系的语音特征，还指出这五个次方言的划分不仅语言上符合事实，而且"也反映了福建先民依山傍水聚落繁衍的事实，在自然条件和经济生活上，这五个区域都有自己的特点。不仅如此，这种分布情况又是和历史上行政管理区划的建制相一致的"①。

　　至此，福建闽方言下面第二个层次的划分，算是有了比较清晰的眉目。1985年以后，笔者在撰写《中国大百科全书·语言文字卷》中的闽方言条目时，就采用了这一闽方言区五个次方言的体系；随后我们编写高等学校文科教材《汉语方言及方言调查》时，也采用这个闽方言的分区法来介绍闽方言。② 现在看来，就福建省内闽语而言，这一五区说大体上能够比较准确地反映福建各地闽方言差异的情况，无疑是可以站得住脚的。问题在于，五区的划分只着眼于福建省内的闽方言，至于福建省外各地的闽方言，是不是还一如既往，把它们统统归到闽南话一支中去呢？这就大有商榷的余地了。看来，以往把散居福建以外各地的闽方言都看作闽南方言的支系，无疑太粗了一点。粤东潮汕地区约1000万人口的闽方言、台湾岛上有人作为"台语"看待的闽方言，跟以厦门话为代表的福建闽南话差别的确不大，同列为闽方言区下面的一个次方言区（方言片），是可以说得过去的；但是，远在广东西南角上雷州半岛通行的闽语（黎话），跟粤东闽语有着明显的差别，跟福建省内的闽南话的差异也相当突出，是不是也能一概归入闽南次方言，我看是可以考虑的。至于海南省通行的闽语、浙江省南部通行的闽语，从已经发表的资料来看，跟福建闽南话的差别也是相当大的，特别是海南闽语的某些特点（如声母中有近似

---

① 参见陈章太、李如龙：《闽语研究》，语文出版社1991年版，第133页。
② 参见《中国大百科全书·语言文字卷》，中国大百科全书出版社1988年版，第292～297页；詹伯慧主编：《汉语方言及方言调查》，湖北教育出版社1991年版，第108～115页。

吸气音的 ɓ、ɗ，某些塞音、塞擦音缺少送气音等）甚至在所有汉语方言中都很少见，把它们从闽南话中分列出来另立一系，我看也是可以考虑的。除此以外，处于别的方言包围中的一些零星闽方言岛（如广东中山隆都话），不妨视其主要特征考虑归入闽方言的某一支系；或一时举棋难定，则暂时保持"游离分子"的状态，只确定其为闽方言的身份，不必具体划归哪一个次方言。这样一来，闽方言的内部分区，大概就会是以下这个格局（见下图）。

$$
闽方言 \begin{cases} 闽北 \\ 闽东 \\ 闽中 \\ 莆仙 \\ 闽南 \begin{cases} 台湾闽南话 \\ 福建闽南话 \\ 粤东闽南话 \end{cases} \\ 海南 \\ 雷州 \\ 浙南 \end{cases}
$$

闽方言内部分区图

上图显示闽方言共分为八种次方言（方言片），其中福建省内五种次方言，福建省外的除了台湾闽南话和粤东潮汕话仍归福建省内的闽南话，共同组成闽方言中最为庞大的一支"闽南大军"外，其余海南、雷州和浙南的闽方言，则独立各成一支。图中还缺少广东的海陆丰闽语，我想一般可把它归入潮汕话系统，因为历史上广义的潮汕地区也包括海陆丰在内，而就语言特征来说，海陆丰话跟潮汕话也是比较接近的。

倘若上图基本符合闽方言内部差异的实际，在此基础上再进一步划分闽方言的第三个层次——方言小片（土语群），也就不会太棘手了。

方言分区必须有明确的标准，通常是拿一些最有区别性的特征条目来作为方言分区的依据。无论是第一层次方言区的区分，还是第二层次"次方言区"（方言片）的区分，以至第三层次"方言小片"（土语群）的区分，都要有具体"对内一致性"和"对外排他性"的特征条目才行。闽方言之区别于其他大方言，其体现出"对内一致，对外排他"的共同特征条目，如语音方面的普遍反映"古无舌上音""古无轻唇音"，古全浊声母字今多读相应的不送气声母、古匣母字今口语一部分读同"群"

母及"云、以"母等;词汇方面普遍以"厝"为"房子"、以"骸"为"脚"等特征,倘若也拿来作为划分闽方言各个次方言的区别性条目,显然就不合适了。拿海南闽语来说,既然我们认为它可以在闽方言中独立一支,就应该拿出它区别于其他地区闽语的特征来,例如前面提到的声母中有 ɓ、ɗ 声母,以及舌尖塞音、塞擦音缺少送气声母(无 t'、ts' 声母)等,还有词汇中突出的"训读泛滥"现象(如"不""无""没"都念 bo)等,或许就可以用来作为海南闽语的区别性特征条目。

闽方言的内部分区是在具有共同闽语特征,明确属于闽语的前提下进行的。因此,如果我们遇到某个方言具有闽方言中某个次方言所具有的特征而又并不具备闽方言共同的一些特征时,也就不能把它看作闽方言的一支来看待。例如,闽方言的莆仙一支有一个明显的区别性特征——声母中有边擦音 ɬ,这是它区别于其他闽方言支系的重要依据,但粤方言中某些地方(如桂南、四邑)也有 ɬ 声母,难道我们能据此就轻易把四邑粤语和莆仙闽语扯到一块,认定它们的"亲戚"关系吗?当然不行。我们既不能因为有 ɬ 而怀疑莆仙话的闽语身份,更不能因为有 ɬ 而改变四邑粤语、桂南粤语的粤方言资格。

三、闽方言的本字和用字问题

闽方言是现存最古老的汉语方言之一,它保存着许多古代汉语的特点,包括语音、词汇和语法的特点。有不少语言学者对现代闽方言中的古汉语语词进行寻根溯源的考证工作,做出了不少的成绩。例如,最近出版的李新魁先生、林伦伦先生合著的《潮汕方言词考释》一书,便是考证闽语词源的一项丰硕成果。在考证词源的时候,免不了也要接触到考证本字的问题。一个活在现代闽语中的古语词,可能在写法上跟原先有出入,我们查阅文献,对证音义,费尽心机把本字考出来,还它本来的面目,这当然是很有意义的事。把本字考出来后,我们也希望能够缓解大量方言词语"有音无字"的问题,使方言用字能够有所依循,减少各行其是的混乱现象。

现实的问题是,考释词源、考证本字是语言学家的事,而使用方言、运用方言词语却是广大民众的事。在一个文化还比较落后、教育还谈不上普及的方言地区,你考出来的本字,如果是个常用的字,本来人们笔下就常用着，只是由于词义或语音演变的关系，使得常用的音义跟方言口语中的音义对不上号，因而视而不见，总觉得口中的方言词"无从下笔"。针对这种情况，只要你把考出的方言词本字公之于众，向方言地区的人民群众做些宣传解惑工作，我想，群众大概会乐于接受的。语言研究为语言应用服务，这时也许就会产生明显的效果。通过对方言本字的考证，也就可能有助于提高方言地区人民的文化水平，促进方言地区文化教育事业的发展。然而，我们考证出来的本字，倘若是个非常少用的生僻字，甚至是一般现代汉语词典中所未收录的字，就算你的考证再准确，你的解释再合情合理，你完全可以写出很有学术价值的论文来，却难以在方言地区得到广泛应用。这时，研究归研究，应用归应用，两者总不容易挂上钩。对于群众本来已经在方言词语无字可用的困境中所采取的应急办法——使用同音字、训读字或自造方言字等，尽管不及你考出来的本字科学，甚至你会觉得群众笔下的方言字是"错字"，但你也无法说服他们改掉原先用错字的习惯来使用你那有根有据的本字。在这种情况下，考出本字来固然可以感到欣慰，但你考出来的本字得不到社会的应用，语言的研究成果和语言的实践相脱节，在本字没能流通的情况下，你也只好"深感遗憾"了。当前方言地区在用字上存在着的一些混乱的现象，跟我们的本字研究工作未能和方言地区的社会用字沟通，考证出来的本字又多属生僻难字、不大符合汉字使用中从简从俗的趋势不无关系。既然本字没用上，同音字、自造字、训读字也就层出不穷，五花八门，很难谈得上有所规范了。闽方言词语目前用到书面写作上还不很普遍，方言用字上的问题也还不至于像粤方言那样突出。但闽方言使用地区辽阔，内部差异远比粤方言大，随着各地乡土文化的发展，闽方言的用字也有可能日趋增多。在这种形势下，结合目前考本字和用本字的情况，个人认为有几个问题值得我们认真思考。

（一）本字应用与约定俗成问题

希望考出来的本字能得到应用，这种想法是合情合理的。方言学家探求本字跟古文字学家研究甲骨文的目的并不完全一样，相信不会有哪位古文字学家希望现在的人用甲骨文来做书面交际工具，但是历来考证本字的语言学家，多少总有一点"匡谬正误"的想法，希望考证出来的本字能在纠正方言用字的错误中发挥一点作用。如前所述，既然考证出来的本字群众不一定乐意使用，我们也就不能不在脑子里多打几个转：群众为什么不愿意接受考证出来的本字？这也许首先还得重新从语言文字的本质和语言文字流通的特点入手来认识；语言是约定俗成的，记录语言的文字虽然是人为的，但一旦成为公认的书面交际工具，同样要受到约定俗成的制约。群众认字写字都按约定俗成的一套办事，写字用字的人很多，懂得文字学、能考证出本字来的人毕竟很少。群众不懂本字、不懂词源，但是他们需要口头言语交际，也需要笔下文字交际，一旦嘴里说的方言遇到没有现成汉字可写时，总要想办法来对付，等不到语言学家考出本字来再来书写，这就有了同音代替，有了"训读"，也有了许多创造"俗字"和"方言字"的"新仓颉"出现。同音字也好，训读字也好，自造字也好，一经使用很快就会流通开来，成为约定俗成的东西。你考本字在后，他用俗字在前，一旦人们用惯了俗字，要改弦易辙，谈何容易！所以说，到了某个方言词已有了一个哪怕是"不大合理"的公认字时，想扭转局面实在是太难了。此时此刻，与其评头品足、愤愤不平，说这个字写错那个字不对，倒不如平心静气地回到"约定俗成"的观念上来。其实错与不错也不是绝对的，一旦约定俗成，长期都这样用了，"积非"不是也可以"成是"吗？你考证出方言的本字来，把方言中常用口语的"娘家"找到了，对方言的研究是贡献，对汉语史的研究也是贡献，社会上自然承认你的研究成果。考出来的本字如果能用上当然最好，用不上也无妨。在用与不用的问题上，尊重既成事实，多走群众路线，不就可以减少烦恼、心安理得了吗？

（二）本字认定的准确性和差异性问题

考证本字是一项非常细致的研究工作。从事方言本字考证的人，既要熟识这个方言的语音、词汇、语法，也要通晓音韵、文字、训诂诸方面的学问。本字的确定要从形、音、义三方面同时入手，任何一个方面都不能马虎，音证、义证一般都要通过书证来检验，倘若词义的分析完全正确，语音上却存在差距，或语音上虽对上了号而词义又不尽相同，那可不要轻易下结论。考本字切忌牵强附会，更不容许捕风捉影、生拉硬套，否则容易以讹传讹，流为笑谈。如果你考出来的本字本身就错了，又怎能叫人应用？李荣先生1991年11月在南京全国汉语方言学会的学术会议上谈及方言词典编纂中的本字问题时，他说方言本字"搞对了锦上添花，搞错了画蛇添足"。我认为这个观点是很中肯的。我们闽语研究者在考证闽方言词语的本字上下了许多功夫，有了许多成果，但有时同一个闽方言词，不同学者考出来的本字却不一样，这就令人纳闷。其中可能有对的也有错的，这作为学术探讨问题不大，一旦作为提供给方言地区人民书写方言词语的用字，倘若不能保证本字的准确性，就很成问题了。如果是准备编到方言词典中去的方言本字，学者们最好能够取得共识，尽量避免出现分歧。事实上，这个问题早已摆到我们桌面上来了。姚荣松先生提交本次研讨会的论文《两岸闽南话对方言本字认定的差异》，谈的正是这个问题。何止"两岸"对方言本字的认定有差异，就是同一岸的学者也存在着不少对闽方言本字认定的差异。"人"到底是"农"还是"侬"，"房子"是写作"厝"好，还是写作"庴"好，不是也有不同的看法吗？对方言本字认定的差异写成文章来讨论当然可以，但是既然编进词典，就具有权威性和典范作用，编者总不能各执一端、互不相让，致使读者面对不同面貌的本字而莫衷一是、无所适从吧！现在国内正在编纂几十个方言点各为一册的《现代汉语方言大词典》，希望同一方言区各方言点使用的方言本字，能通过方言大词典的编纂协调统一起来。例如，"站立"这个意思的方言词，在闽方言中用本字"徛"字，在粤方言中却用"企"字，考出来的本字既然是"徛"，在闽方言系统的各种方言词典中（如厦门、福州、潮汕、海南等）是否就可以统一用"徛"？至于粤方言的词典，既然已经约定俗成，在群众笔下多用"企"表示"站立"，我看"企"就让它作为具有"站立"义项的方言词出现，但同时注明"本字为徛"。这样既尊重了群众用字的习惯，又反映了本字考证的成果，可谓两全其美。

（三）方言字、同音字的选用问题

方言词语有音无字是普遍现象，但这些词语如何表现却各行其是。如前所述，除了使用考出的本字外，还有同音代替、自造方言字、同义训读等多种方式。同一个方言词，甲方言用本字，乙方言用同音代替，丙方言也可能自造方言字或采用训读的方式来表达，这是不足为怪的，也可算是方言特色的一种表现吧！就闽方言来说，方言学家们考出来的本字不少，但有的本字只在闽方言这部分地区通行，有的本字只在那部分地区通行。同属闽南方言，拿福建、厦门等地的闽南话跟广东潮汕地区的闽南话来比较，如果我们记录一段口语语料，注意其中的方言词语，一方面会发现厦门使用本字而潮汕话不使用本字的不少（如"颂"——穿、"喙"——

嘴、"樵"——柴等），当然也有少数潮汕话用了古词连带用了本字，而厦门话不用的，如"睇"（看）；另一方面，厦门话和潮汕话自造的方言字也并不一致，如潮州的"唔"厦门用"伓"，都是表示口语中的"不"，而潮汕话由于"说话"口语是 tã，便自造了"呾"字，这在厦门话中就没有了。这类差异源于当地群众自发的用字习惯，我想可能跟方言区的民间口头文学、说唱文学等是否发达以及方言在书面语言中出现机会的多少不无关系。有的方言区群众造方言字的积极性比较高，方言俗字俯拾即是，本字的市场不免大受影响。例如粤方言，我们随便拿起一份当地的报纸来看，方言字、同音代替的字在各种副刊中用得很多，而经过我们一些语言学者考证出来的粤方言本字，却很难在报上见到。面对这种五花八门的自发使用方言字、同音字的现象，我们语言工作者该持什么态度？要不要有所引导，有所规范？应该说，引导是需要的，规范也是需要的。但首先必须细心观察，多做调查，掌握情况，然后才能在充分尊重群众用字习惯的基础上因势利导，逐步使之向着规范化的方向发展。就拿同音代替来说，既然是同音代替，"音"总该是差不离吧？例如，现在粤语报刊中常见"而家"这个同音代替的方言词，意指"现在"，但偶尔也能见到用"依家""宜家"甚至"呢家"等来代替"而家"的。我看，这也不必大惊小怪，之所以会出现同音代替的"异体"，无非是大家都自发选择同音来代替，这些"异体"都基本音同，只不过缺乏统一的规范罢了。当前我们就是要广泛调查，从各个方面收集方言用字的种种表现，同音也好，训读也好，自造也好，有见必录。要意识到用字的分歧也是方言特色的体现，在众多不同的方言用字中，你心目中可以认为哪一个比较合适，但还是不要轻易抛弃其余的；你可能已考证出来某个方言词的本字，但也不能因为有了本字就把群众使用惯了的方言字全否定掉。本字是早先古人创造的，方言字却是现代人创造的，现代人用自己创造出来的方言字来记录现代使用着的口语，可能要比用古代人使用的本字更为自然。我们一方面要做本字的考证工作，另一方面也要做方言词语用字的考察工作。一旦考证本字有了成果，同时对方言用字的了解也比较全面，就会心中有数，比较有把握，可以根据不同的情况来考虑方言用字中哪些是较为可行的，哪些是有待商榷的，分别就不同的类型进行分析，再提出处理的办法来供社会用字参考。就闽方言来说，由于方言成分进入书面语的机会远不及粤方言多，更没有诸多敞开大门广纳方言词语的新闻媒体、商业广告、通俗报刊等在推波助澜,除了民间说唱、地方戏曲之外,方言词语在书写中市场比较狭窄,因此,方言俗字、同音代替等现象还不至于太引人注目。但是,这个问题仍然不能不加以关注,拿闽语中最有势力的闽南方言(外延包括潮汕和台湾的闽语在内)来说,在一些地方性通俗作品中,甚至在报纸副刊上,有时也可见到方言词语出现,这些方言词语的表现形式如何,有没有各自的用字规律可循,我们应该如何对待,仍然是很值得注意的问题。

(四)方言字(词)典的注音问题

方言用字的问题必然牵连方言字(词)典的注音问题。倘若语言学家们考证出来的方言本字得到广大方言使用者的支持,能在社会的语言应用中发挥积极的作用,所有考证无误的本字在方言区畅行无阻,原先使用非本字的人也乐意"改邪归正",抛弃自造字或同音代替、训读等方式,那么,方言字(词)典中收录的方言词,既以本字的面貌出现,也按通行的音读来注音,两者自然不会产生矛盾。例如,闽语中表示"人"这个意义的方言词如确实应是"农",那么,在闽方言的词典中,就收"农"这个词,标音或 lan(厦门等地)或 naŋ(潮汕等地),然后在释义中注明"人"的义项。这不就万事大吉了吗?问题却出在:社会上的用字并不因"人"本字为"农"而采用"农"来表示"人"。换言之,闽方言区人民的书写习惯仍用"人"字而不用"农"字,那么,在闽方言字(词)典中,这个"人"的注音该如何处理?要不要用实际上是所谓训读音的 lan 或 naŋ 来注"人"的音?字(词)典一般总是带有规范性,对读者的读音会有指导意义,字(词)典上注的音读者一般都会承认它是正确的读音,自己的读音如果不符合字(词)典中的注音,就考虑自己的读音错了,应该跟着字(词)典改正过来。

与此同时,作为字(词)典,又应该如实反映出每个字(词)在社会上流行的、得到社会公认的、业已约定俗成的实际读音,不能无视客观上的实际音读,哪怕这个音读并不符合语音的规律,只要已在群众中通行无阻、习以为常,就不能够回避现实,不能够充耳不闻。到底应该在方言字(词)典中如何处理注音的问题呢?一般来说,可以有两种不同的方式。

一是把社会上虽不流行,但根据规律折合的、符合古反切今读的音认作正确读音,和社会上虽已广泛流行但不符合规律的误读音(或训读音)同时注出,并且表明编纂者的态度:或以前者为正音而以后者为"俗音",或两者并列,其中一个作"又音"看待。二是编纂者在两种读音中有所选择,只取其一作为正音注出而舍弃另一个读音,到底选择哪一个,也就表明了编纂者的态度。

这两种不同的处理方式我们在已刊的一些闽方言字(词)典中都可以看到,有时同一部方言字(词)典在对待不同的字(词)目时,又交叉使用了两种不同的方式。就广东人民出版社出版的两本小型潮汕方言字典——1979 年版李新魁编的《普通话潮汕方言常用字典》和 1983 年版吴华重主编的《潮州音字典》来看,对潮汕方言字(词)的注音就大不一样。且以"夜"字为例,本字无疑是用"暝"(莫庭切,一般闽语多写作"冥",而"夜"字的反切则是羊谢切。潮汕地区通常并不写作"冥"或"暝")来表示"夜晚"的意思,而是跟民族共同语一样仍用"夜"来表示"夜晚",但这个"夜"字的读音却明显采用了"冥"的读音,也就是"夜"字的训读音 me。李著在"夜"字下先注 ia^7 也^7,再注上"俗"mên^5 骂^5,显然是认为潮汕方言"夜"字应正音为 ia^7,而时下通行的读音 mên^5 只不过是"俗读";吴著"夜"的注音是:"毛楹^3〔猛^3〕,又:毛楹^5〔猛^5〕",显然都是注的"冥"字的读音,承认"冥"的读音就是潮汕方言"夜"的读音,既不管这个读音是否是"训读",也不考虑拿反切的拼音方法,根据"夜"的反切来推断它是另一个符合语音规律的读音。透过这个实例,可以看出两位作者的态度是截然不同的。

李新魁先生比较注意字(词)典的规范性、指导性作用,社会上已有的读音如果不合该字的反切,即不符合语音规律的,尽管已经广泛通行、约定俗成,也只能承认这个音是"俗读",字(词)典的首要任务是把每个字根据语音规律确定的正确的形、音、义告诉读者,起到字(词)典的典范作用,发挥字(词)典的指导性功能;而吴华重先生则完全从俗从众,他的出发点是:字(词)典的注音应该是约定俗成的实际读音的记录,某个方言词在社会上的实际读音是什么,我们就把它作为正式的音读反映出来,不必再管其他的读音。

两种对待方言字(词)典注音的不同态度,从理论上看,李氏的做法似乎较为全面稳妥,但从实践上看,被李氏定为正音的音读在社会上不遵守不流通,因为现代语言的读音,不一定都是按照语音规律、按照反切来定的；而李氏认为属俗读的音，却很容易在社会上广泛流传，这"俗"与"正"的关系如何处理？如果我们提倡改变俗读的习惯，确立正音的规范，难免会给人以将书本上理论上的音读强加给广大民众的印象，事实上也是很难做到的。如果无意改变俗读的影响，字（词）典的正音作用又将何以发挥？"典范"的功能又从何体现出来？看来，这又得回到我们的研究与推广、考证与应用之间的关系上来思考了。

　　研究的成果、考证的结论当然很值得珍视，但成果是否能全部用来指导语言的实践和应用，始终还是一个问题。语言的实践归根结底还不能不受到约定俗成的制约，联系社会流通的因素，我们在供一般应用的方言小字（词）典中，认为语言工作者不能只考虑如何吸纳研究、考证成果的问题，而要同时考虑能否获得社会认同的问题，这样才能做到合理对待方言字读音中的正读和俗读。当然，对于那些明明属于错误的读音，即使社会上早已相当流行，我们仍有责任使之得到及时的纠正。不过，最好赶在某个讹读音还没"积非成是"之前就做好工作，一旦时间拖得太久，使用的人积习难改，也就"回天乏力"，最后可能不得不承认这种讹读音的地位了。

　　编纂较为详尽的大、中型方言字（词）典，当然更应该做到充分接纳，充分反映方言研究、方言考证的成果。对于这个问题，林伦伦先生提出过方言字典"要注意注音的规范化问题，要注出每个字普通话有对应关系的有古反切为依据的正音，做到无一字无根据"。同时，要认识到方言字典也应该是方言的翔实材料，应该尊重语言符号约定俗成的原则，如实地把每个字在方言中的读音记录下来。因此，我们主张方言字典对俗读字和训读字应该正俗（训）音均注，并用"训""俗"等符号加以区别。① 这些意见很值得重视，这个问题还有进一步探讨的必要。

四、闽方言研究的展望

　　如前所述，当前闽方言的研究虽然相当热闹，却存在着地区不平衡和内容不平衡的问题。这些不平衡现象的解决，必然会大大推动闽方言研究事业的进一步发展，使闽方言研究中某些薄弱的环节能够得到加强，从而

---

① 参见林伦伦：《潮汕方言与文化研究》，广东高等教育出版社1991年版，第73页。

达到更好地揭示闽方言整体面貌的目的。从目前的实际情况出发,要充分发挥闽方言研究队伍"兵强马壮"的优势,跳出各自为政的篱笆,把眼光多放到整个闽方言上,多看到宏观的问题上。只要齐心协力、加强协作,有组织有计划地打几场"攻坚战",就一定会在较短的时间内做出较大的成绩来。当前有必要抓好三项工作。

(1) 闽、台、粤、琼、浙等省的闽语学者尽快组织好本省闽语的普查工作,整理出各调查点闽语的音系,收集一定数量的方言词语,在此基础上争取通过多年的努力,编写出本省闽方言点的字音对照和词汇对照来。

(2) 就闽方言共同的一些突出问题选择若干代表点进行综合比较研究,在三五年内绘制出一批反映闽方言若干特点在各闽方言区的表现,附有相当数量的对照比较图表及闽方言特征的分布地图。

(3) 在各省分别摸清省内闽方言的分布区域及其语言特征的基础上,组织跨省协作的研究组,汇总各省闽语资料,有步骤地进行闽方言的全面综合研究,制出各地闽方言的声韵调对照表、字音对照表和词汇对照表,着手绘制闽方言全图。至此,作为汉语方言中最为复杂的闽方言,其全貌也就会展现于世,而闽方言总论一类的专著也会接踵产生。

上述这几项大工程的顺利开展,必须有一定的研究组织来进行策划,做到决策民主化;每个课题开始以后,要经常讨论总结研究过程中出现的问题。像现在举行的这种闽方言研讨会无疑应该坚持继续举行下去,每两次这样规模的研讨会中间,还可以穿插一些小型的专题研讨会。这样一来,闽方言的学术研究氛围就一定会越来越活跃,闽方言的研究也就必然会沿着不断拓展、不断深入的方向健康发展下去。为适应闽方言研究工作的发展,组织好闽方言学者间的协作,是否有必要组织一个跨地区的闽方言研究会,最好也能在这次会上酝酿一下,提出一个方案来。

客家方言研究之我见[①]

一

咱们的客家方言盛会从 15 年前（1993 年）在福建龙岩举行首届国际研讨会开始，终于能够不间断地开到第八届来，这真是令人欢欣鼓舞的事！客家方言在中国大陆的通行地域主要集中于闽、粤、赣三省，研讨会从闽西客区开到粤北、粤东客区，再开到江西客区。在三省客家居地都举行过客家方言国际盛会之后，与会同道自然会想到要跨出大陆，把这一客家话盛会开到港澳台，甚至开到东南亚客家人聚区中去。可是，要跨出这一步，谈何容易！第五届在南昌举行的研讨会上，大家就此议论纷纷，来自台湾的同道都表示要创造条件，把这一客家方言盛会开到台湾宝岛去。可是客观条件一时尚未成熟，结果第六届的研讨会还是回到福建，在厦门举行。多亏香港中文大学的张双庆教授，经过他的多方努力，得到香港客家宗亲会馆的赞助支持，终于把第七届国际客家方言研讨会开到香港，实现了这一客家盛会跨过"罗湖桥"，走向港澳台的第一步。继往开来，如今有了以罗肇锦教授等为代表的台湾同道们的精心筹划，大家又终于能够聚集到台湾来举行第八届的客家方言盛会了。沿着这一良好的势头发展下去，我深信，研讨客家方言的盛会一定可以有序地轮流在海内外各个客家人聚居地不断举行下去，把客家方言的研究推上一个又一个新的台阶。

众所周知，客家方言在台湾是仅次于闽南话的通行广泛的社会用语。长期以来台湾学者对岛上各种客家话进行了卓有成效的调查研究，刊行了许多客家话的著作及教材，又先后在多家大学设立了客家方言文化的研究院（所），同时还在社会上特别是传媒的层面做了大量推广、普及客家话的工作，而政府方面对此也给予了大力的支持，"行政院"专门设置有

[①] 本文刊于《客语春秋——第八届国际客家方言学术研讨会论文集》，台湾文鹤出版有限公司 2010 年版。

"客委会"主管这方面的工作。这一切说明客家人和客家方言在台湾的地位和作用日益上升,社会语言应用多元化的格局在台湾业已形成,并受到社会各界的认同。

此刻当我有幸再度踏足台湾宝岛之际,不免想起四年前(2004年)应邀前来新竹义民庙出席台湾饶平客家乡亲举行的"饶平客家文化夏令营"的情景。据说在台湾的客家人中,饶平客家人是仅次于"四县客家"和"海陆丰客家"的第三类台湾客家人。但由于长期以来台湾地区一直以"国语"和闽南话("台语")为主导语言,早年移居台湾的饶平客家人对自己"祖语"的承传问题也关注不够,以至到了第三代、第四代的饶平客家后裔,对祖籍的文化习俗很少了解,能用饶平客家话交际的青少年就更少了。1991年,我的小书《现代汉语方言》在台北由新学识文教出版中心刊行繁体字本,董忠司教授在书后附刊了他写的《台湾的厦、客话》一文。按照董教授当时的说法,在台湾的四种客家话中,排在第三、第四位的饶平客家话和诏安客家话,"在若干乡镇中,则为快要消失或已经消失的语言"。这该是多么可怕的下场啊!这几年在我国语言学界不时响起拯救濒危语言和方言的呼声。据我所知,中国社会科学院语言研究所和民族研究所都十分重视这个问题,把这方面的研究列为重点课题来看待。我这个饶平客家人,一想起十多年前董教授所说的这几句话,心里总不免忧心忡忡:到底台湾的饶平客家话是不是真的面临灭顶之灾了呢?台湾的语言学者,特别是研究方言、研究客家话的朋友们,有没有谁会出来拯救这类濒危的语言呢?纳闷,存疑,心里总不是滋味。尽管后来也知道有两位台湾学者先后对台湾饶平客家话做了调查研究,先后出版了吕嵩雁教授和徐贵荣博士撰写的台湾饶平客家话专著,让我颇有喜出望外之感,知道起码台湾饶平客家话的语言事实已经被记录在册,作为文献保存下来,不至于白白湮没了!可是语言的生命毕竟在于应用,只有应用中的语言,才能永远活在人们的嘴上,记在人们的心中。活着的台湾饶平客家话被记录下来作为文献存之久远了,它在社会中,在原先通行的乡镇中、社区中以至于家庭中应用的情况又如何呢?这些问题一直留在我的脑子里,直到2004年7月我参加新竹义民庙之旅,当我置身于众多男女老少的台湾乡亲之中,我才解开了心中的疙瘩,得到了明确的答案。我意识到,在台湾,饶平客家话的"根"是始终存在的:既存在于老一辈的饶平客家人中,也存在于不少热心维护客家权益,维护客家文化传统的有识之士中。

　　正是出自"寻根溯源不忘本，弘扬家乡文化不让人"的良好愿望，怀着传承饶平客家文化的强烈感情，在当今台湾岛上客家文化日渐受到重视的大气候中，才有了在新竹义民庙举办的这样一次凝聚全台湾饶平客家人的盛会——饶平客家文化夏令营的出现。当时我作为来自大陆的唯一饶平客家人参加那次盛会，的确受到了一次很好的乡土教育，夏令营活动给我留下了终生难忘的深刻印象，也给我带来了自身专业研究中的重要启示。那次夏令营活动要求进入会场必须一律说饶平客家话，这在我的心中激起了不小的震撼。夏令营的组织者善用这样的方式来唤醒男女老少的乡亲们：语言是我们的根，说家乡话就是找回我们的根！饶平客家人不能丢弃饶平客家话，这是天经地义、毋庸争议的事！当会议主持者要求我用饶平客家话向与会乡亲作介绍家乡方言的讲演时，我开始感到为难：自己在大学执教半个多世纪，可从来没有在讲坛上用家乡话讲过课，这对我既是一次考试，也是一个考验。可是，会场中浓郁的乡情感染着我，会场内不断播送着当地老师们谱写的、用饶平客家话演唱的歌曲，我想到在场这么多少小离家的乡亲期盼听到亲切乡音的感情，终于鼓起勇气，破天荒地用饶平客家话一口气讲了一个多小时。真没想到，我的话音一落，热烈的掌声便响起。这次讲演的反应可真不小，大家听后纷纷跟我说："你讲的客家话跟我们在这里讲的一样，没有什么听不懂的。""你讲的家乡话我们听了非常亲切！"……这对我这个长年离家在外很少回到家乡，平常几乎完全没有机会讲饶平客家话的人来说，实在是莫大的鼓励！由此我进一步领会到乡音无改的威力，也进一步增强我对方言在凝聚乡谊乡情、团结海内外中华儿女中所能发挥作用的认识。说实在，我受了台湾乡亲的感染，打那以后，对家乡话的感情也进一步加深。那次新竹义民庙客家文化之旅，台湾乡亲千方百计为后代营造寻根氛围，想方设法让新生代熟悉、了解祖籍文化习俗，培育乡土感情的生动场面久久萦怀，我由衷赞赏乡亲们的做法，同时也对台湾同道学者长期执着于发掘、弘扬客家语言文化的精神深为敬佩。在座吕嵩雁教授、徐贵荣博士先后对饶平客家话做了深入的调查研究，在他们所刊行的很有分量的饶平客家话专著面前，我深感自己对家乡饶平客家话的认识实在很不够。读他们惠赠的饶平客家话著作时，一是敬佩，二是惭愧。应该深深感谢他们为饶平客家文化的发展所做出的贡献！

二

　　上面结合家乡客家话拉拉杂杂谈了自己的所思所想。下面谈谈我对今后客家方言研究的一些不成熟想法，望能抛砖引玉，通过大家的齐心协力，共同来绘制客家方言研究发展的蓝图。

　　首先，我认为有必要大力拓展客家方言研究的范围，在"填坑补缺"上多下功夫，尽力揭开某些鲜为人知的客家方言的面纱。据有关方面统计，使用客家方言的人分布很广，中国广东、江西、福建、台湾、广西、湖南和四川等地，以及海外许多华人华裔聚居的地方，特别是东南亚各国，都有通行客家话的地域。客家方言的研究虽有悠久的历史，打从19世纪末（1899年）温仲和纂《方言》（《嘉应州志》卷七）、20世纪初（1908年）杨恭垣纂《客家本字》等早期的客家方言著述问世以来已有100来年了，但实际上迄今为止，我们能够掌握到的客家方言材料，包括已刊行的著述和未刊行的调查记录并不很多，而且调查研究大都只集中于粤、闽、赣、台等省内客家人比较集中的地点，只有粤东客话、闽西客话、赣南客话和台湾客话的研究成果较为突出，面世的客家话著述较多。众所周知，20世纪30年代初罗香林的名著《客家研究导论》问世，标志着一门人文科学的新兴学科——客家学（Hakkaology）应运而生，开始出现了一个研究探讨客家问题的热潮，由此也带动了语言学家们对客家方言的关注，开始陆续有了现代语言学意义上的客家方言研究。我们的前辈学者赵元任、李方桂、杨时逢等闻风而动，早在1935年就对包括客家方言在内的江西境内方言做过一次调查，可是随后的客家方言研究者并不踊跃。当时人们对客家的来源、客家的性质以及客家民系的特色等方面的兴趣远远超过对承载客家文化的客家方言的兴趣。直到1948年，另一位台湾朋友都很熟悉的语言学前辈学者董同龢先生出版了他对四川一处客家话的调查研究成果《华阳凉水井客家话记音》，现代客家话才有了单独刊行的专著出现，此书在短短的篇幅中以其审音之严谨及分析之细致揭示了远离客家大本营的四川客家话面貌。此后很长一段时间，除了1950年罗常培教授在他的《语言与文化》一书中《从客家迁徙的踪迹论客赣方言的关系》一文对客家方言进行过精辟论述以外，大陆各地的客家方言，就没有人写过调查报告或论述的文章。整个50年代、60年代以至70年代，只有台湾这边的语言学者积极关注客家方言的调查研究，出现了杨时逢教授记录台湾两种客家方言的《台湾桃源客家方言》（1957年）和《台湾美浓客家方言》（1971年）。说到底，许多客家方言研究的成果，都是出现在《客家研究导论》问世半个世纪以后的事。只是到了20世纪80年代，整个汉语方言的研究出现了前所未见的蓬勃发展，客家研究也掀起了新的热潮，这时客家方言的调查研究才随之出现一个持续繁荣的局面，一批揭示客家方言面貌的著述接踵而至。其中也包括在座罗肇锦教授等的一些客家话专著。据不完全统计，自20世纪80年代以来，大陆出版的客家方言著述约30部，包括历届客家方言研讨会的论文集和一些不定期刊行的客家研究集刊，这些著述所论及的客家话，地域范围始终有限，调查研究所覆盖的客家地域，大都不出粤、闽、赣几省客家话集中的地区，应该说是不够全面的。拿广东省来看，1990年以来面世的十多部客家方言著作中，绝大部分都是以客家话的代表点——粤东梅县（梅州市）的客家话作为记录、描写、分析、研究的对象。至于那些在本地并不处于优势地位的客家方言，不少迄今仍处在无人过问的状态中。我们知道，在粤西，在珠江三角洲西翼的许多地方，都是粤语和客家话双语流通的。在双语交际的情况下，其中客家话的表现如何，显示出什么样的特点，就都有待客家学者对其进行调查研究来阐明了。只有认真关注这类地区中客家话的情况，在客家话的研究中扩大研究范围，才有可能彻底弄清散居在各地的客家先民们，他们所说的是个什么样的客家话。至于粤、闽、赣以外地区的客家话，例如湖南、广西、四川等地作为省内非主流语言的客家方言，迄今未经调查、情况未明的就更多，也就更需要我们客家研究学者来发掘研究了。近期我在国际粤方言研讨会和国际闽方言研讨会上都曾建议把粤、闽方言研究的眼光多多射向少人关注、有待开发的西部粤语、西部闽语上，由此而提出了"粤语研究西进""闽语研究西进"的命题。现在看来，从客家方言研究的现状出发，远离粤闽赣客家主要聚居地、地处主要客家住地以西的中西部客家话，包括散见于粤西、湖南、广西、四川境内的客家话，同样应该受到客家研究者的多多关注，也许同样可以提出"客家方言研究西进"的命题来，以激发大家对西部地区客家话调查研究的热情。现在不是常常听到"西部大开发""经济建设要多多向西部地区倾斜"一类的说法吗？作为文化建设重要内容的方言研究工作，特别是粤语、闽语、客家话这南方三大方言，结合方言本身的实际，同样也可以在这个大潮中有所作为，具体的行动就是在"西进"上多下功夫。至于台湾岛上的客家方言研究，在已有丰硕成果的基础上，是不是也该对那些处于弱势的客家话，特别是那些流通不广、濒临消失之虞的客家方言进行带有抢救性的调查研究工作呢？这就要请台湾的同道们多多考虑了。总之，在当前的客家方言研究中，个人认为，当务之急应该多多关注那些以往少人问津，迄今鲜为人知或鲜有研究的客家话，在条件成熟时，还应该就分布于各地的客家方言分别开展客家方言的普查工作。争取通过大家的努力，在不久的将来，我们能够对全国各地客家方言的全貌有一个更为全面的认识。只有在全面掌握各地客家方言的基础上，才有可能进一步集合相关资料数据，研究设计编纂客家方言大观一类的综合性著作，并着手为绘制全国客家方言地图创造条件。

三

前面谈到，当前客家方言的研究首要的工作在于开拓研究领域，扩大研究范围，加强对鲜为人知的客家方言的研究，以至于着手进行客家方言的普查。总的来说，其目的就在于全方位地了解客家方言的面貌。与此同时，我认为，在当前的客家方言研究中，另一个重要的课题就是要在客家方言的应用方面大做文章。语言研究从来就是要为语言应用服务的。语言研究的成果要用到语言实践中来，语言实践中遇到的问题又必然要成为语言研究最现实的课题。只有把语言研究和语言应用紧密联系起来，让语言研究切切实实为语言应用服务，语言研究工作才能在"有的放矢"中充满勃勃生机，持续发展，不断前进。客家方言既然是流通范围较广、在海内外有较大影响的一种方言，它在社会实际应用中到底是怎样一种情况呢？作为客家地区的社会交际工具，它是否能够充分发挥作用呢？作为地域文化的载体，它在传承与创新地域文化方面的表现又如何呢？这一系列涉及客家方言社会应用的问题，不能不引起我们足够的重视。

据我所知，各个客家地区的情况是很不一样的。拿台湾地区来说，随着客家族群在社会上的地位日渐提升，客家文化在岛内日渐受到重视，这就为客家方言的社会应用创造了良好的条件，开辟了广阔的天地。近一二十年来，在客家研究同道们的大力倡导下，台湾客家文化通过客家方言的承载已在大众传媒、乡土文化等领域中大派用场，逐步深入人心。在

"客委会"的大力支持下，作为客家主流的台湾"四县客话"研究和传播都时有进展，正在悄悄扩大它的社会应用范围。前面谈及我亲身经历过的几年前岛内饶平客家乡亲在新竹开办客家文化夏令营的情景就充分显示出，连在台湾岛内客家话中处于弱势的饶平客家话，也不乏热心人士在应用方面下足功夫：他们编写教材，开设讲座，极力为饶平客家话的社会应用开辟途径，并积极通过传媒在岛内扩大影响。事实说明，在台湾岛上并不属于主导语言的客家话，从研究到应用，多年来就是这样一步一个脚印地往前走来。

然而，反观大陆粤、闽、赣等省客家方言集中地带，客家方言的应用情况又如何呢？据我的了解，在这方面，是存在一些问题的。总的来说，大陆客家话的社会应用是大大落后于台湾宝岛的。除了属于客家地区的地方戏曲及民间文学、口头说唱，如蜚声海内外的客家山歌等客味很浓、非以客家方言表达不可的特色文艺，长期以来尚能始终保持以客家方言为载体、为客家方言的社会应用提供平台以外，在社会生活的许多方面，客家话的应用实在是乏善足陈。无可讳言，长期以来，全国各方言地区，在持续不断的推广普通话热潮中，由于一些人对大力"推普"与继续发挥方言作用之间的关系缺乏足够的认识，甚至误以为"推普"是要让全国通用的普通话在方言地区完全代替地方方言，成为唯一的社会交际工具，任由本地方言在社会中逐渐消失，以至于销声匿迹。在这种认识的误区中，人们不能正确理解到"推普"其实并无驱赶方言，"扫地出门"之意，而是要使方言地区的人民在只会说方言的基础上学会多说一种全国通用的社会共同语——普通话，让方言地区的社会语言生活从方言的单一应用转向方言加普通话的双语应用，形成一种"推广普通话，保留方言"，"有主有从，并存并用"的语言应用格局，达到一方面推广了全民共同语，一方面充分发挥地方方言作用的目的。能够充分理解这一点，自然也就用不着发出诸如"客家话没用了"一类的慨叹了。

事实上，近几年来，随着上述"推普"政策的深入人心，方言地区那种"抛弃方言"的错误想法正悄然从社会上退出。有识之士纷纷发表敦促人们重视方言作用的言论，相关机构也推出了一些让方言发挥作用的措施。例如，中国社会科学院就把"拯救濒危语言（含方言）"列为重大研究课题；有的方言地区提出要把方言列入乡土教材，要建立展示以地方方言为载体的地方戏曲及地方方言、地方民俗的博物馆；前几年在广州市的"两会"（人大、政协）期间，有与会者提出正在筹备中的2010年亚洲运动会应该大打粤语牌，让粤语文化充分展示它的魅力；如此等等。种种迹象表明：方言的应用正在日渐受到社会各方的青睐。在这种形势下，客家方言的社会应用，也就有望可以在一些领域中逐步展开。例如，在传媒影视中，除中央人民广播电台长期保留客家话播音的节目外，各客家人集中地区的广播电视，近年也已出现少量客家话的播音节目。虽然这些节目大都仍局限于报道新闻，但此举深受当地民众欢迎，从"以人为本"、构建和谐社会的理念出发，发展下去也必然会在客家人聚居地逐步扩大客家话出现的范围和频率。可以预期，暂时在社会应用方面尚未出现"规模效应"的大陆各省客家话，其社会应用必将日渐受到关注，前景应该是让人乐观的。为了扩大客家方言的社会应用，客家学者们就有必要借鉴台湾同道的经验，在服务客家话应用方面多做研究，并有计划有步骤地付诸实践，如制定、改进客家话拼音方案，研究确定客家方言特有词语的书写问题，编写客家话教材、读物、工具书，开展各种以客家话为载体的社会文化活动，等等。把这些工作一一开展起来，客家话的社会应用自然日渐扩大，客家话的社会影响也自然日渐提高。话说回来，在当前举国上下大力推广和普及全社会通用语——普通话之际，我们强调发挥客家方言的作用，一定要掌握分寸，决不能让人们误会是要跟"推普"唱对台戏，要干扰社会语文工作的主旋律。因此，我们在具体操作上，还得始终把握"有主有从，双语并用"，"既要大力推广普通话，又要继续发挥方言作用"这一指导思想，决不能因为倡导客家方言的社会应用而导致背离国家语言文字方针政策的后果。

四

除了上述开拓客家方言研究范围，关注客家方言应用问题之外，在客家方言中还有许多有待解决、值得重视的课题，需要我们去思考，去研究。这里不妨略举数端。

（1）客家方言跨省越海，不同地域的客家话各具特点，同中有异是必然的现象。如何对遍布各地的客家话进行科学的、合理的分区，应该提到客家方言研究的议事日程上来了。要达到科学分区的目的，首先当然是要大致了解客家话的分布及其主要特征。这一点应该说目前已经具备了相当的条件了。尽管我们在前面提到当前还有一些地方的客家话尚未调查清楚,强调了当务之急是要揭开那些鲜为人知的客家话的面纱,要多做"填空补缺"的工作,但是就整个客家方言的分区来说,现在就不妨着手进行,在根据已知语言事实进行初步分区以后,日后随着调查研究工作的深入发展,一旦有了新的语言现象发现,还可以对现有的分区做适当的调整。事实上,先有一个切合实际的分区,对于进一步的方言调查研究是十分有利的。整个汉语方言需要分区,汉语中的各大方言,包括客家方言,也需要有所分区。这样才便于在触及各地方言时,可以让这些地方方言在已有的分区中对号入座,找到各自在本方言中的下位归属。拿客家方言来说,台湾岛内的客家话,同道学者早已经有了"四县客话""海陆丰客话"和"饶平客话"等的区分;广东省内的客家话,也有比较模糊的所谓"粤东客话""粤北客话"之说。那么,江西客话、福建客话内部又该如何分区呢?这就有赖于当地客家学者们的研究来定夺了。我想,如果能先从粤、闽、赣、台等几处客家人比较集中地区的语言实际出发,各自先考虑本地区的客家话有多少不同的类型,可以分设多少个客方言区,在这个基础上,就可以整合各地对客家话分区的情况,根据语言上的异同对整个客家方言进行分类,最终为整个跨省越海的大客家话分区设计出能够为大家所接受的大体格局来。这是一项相当艰巨、工作量很大的工程。我想如果现在就着手准备,通过各地客家研究的同道共同努力,一定有望一步一步地完成。

(2)我们常说语言是文化的载体。方言的重要价值就突出体现在它跟地域文化的互为表里上。丰富多彩的地域文化通过方言得到充分的表现,而地方方言的种种特色本身又正是独特的地域文化的体现。这方面的生动例子在各大方言中可谓俯拾即得。然而,不研究方言的人,哪怕非常重视地域文化,也不一定认识那么清楚。所以我们从事方言工作的人就有必要多做宣传,让社会上关心文化工作的人士对方言与文化的关系都能有比较切实的认识。宣传要从理论的阐发和实际应用的例子来论证,才会令人信服。因此,我认为我们从事方言工作的专业人士,不能只埋头于调查、发掘方言事实上,还得多多联系社会语言学、应用语言学、文化语言学以至民族学、民俗学等,对地方方言作为社会不可或缺的组成部分,方言的应用在推动社会前进、构建和谐社会、建设具有特色充满活力的地域文化中的作用以及如何更有效地发挥上述作用等现实的问题进行深入的探讨。我们可以充分利用人所共知的方言承载文化的生动例子来做有理有据的论证。例如，日常生活中的饮食文化、礼俗文化就都在地方方言中栩栩如生地反映出来；潮州话中的"功夫茶"，该含有多少关于茶的文化；南方一些方言区都把清明扫墓叫作"拜山"，这跟北方就不一样，显示出地理文化的差别。一部部详尽的方言词汇集，凝聚着方言学者对神州大地乡土文化的深厚感情。百花齐放、璀璨夺目的地方戏曲、说唱文学、民歌民谣，无一不是华夏文明大花园中的朵朵奇葩。这一切，都需要我们方言学者去研究、去阐发。对于客家话的研究来说，联系到客家文化的方方面面，我们该有多少工作可以做啊！就拿客家山歌来说，大家都知道客家山歌蜚声海内外，但如果要对客家山歌的语言运用进行研究，可就有赖于客家方言研究者和客家山歌整理者、演唱者的通力合作来完成了。客家文化的承传和创新，一旦进入客家方言学者的视野，成为客家方言研究中的重要内容，就一定会如虎添翼，产生出令人惊喜的成果来。

以上略举了两个值得大家探讨和实践的课题。此外，还有一些值得关注的、涉及客家方言研究者考虑的具体问题。例如，为了更好推动客家方言研究的持续发展，是否也有必要通过大家协商酝酿，建立一个联络机构，在沟通信息、筹划学术活动等方面做些未雨绸缪的工作；又如，为了及时显示研究成果，加强学术交流，有没有必要组织力量办起一份客家方言研究的专门刊物来。这些问题常在我的脑子里盘旋，这里也不妨端出来跟大家一起斟酌。一个专业学术团体，一份专业学术刊物，对于推动这个学科、这个专业的繁荣发展，其作用是不言而喻的，我想在座同道可能也会有类似的想法，这里我就不再赘述了。

我的讲话就此打住，请各位多多指教。

加强海外汉语方言研究之我见①

一

汉语方言的研究自20世纪80年代以来，出现了空前繁荣、持续发展的局面。将近30年间，通过汉语方言工作者的不懈努力，汉语方言研究的触角业已伸展到通行汉语方言的每一个地区，覆盖了大江南北大大小小的各种汉语方言。从20世纪50年代全国范围内的方言普查工作到80年代在大修地方志热潮中各地开展的编写《方言志》工作，透过已经出版的数以百计的方言专著和已经发表的数以千计的方言论文，我们大致上可以断定：迄今尚未有人"染指"过的汉语方言"处女地"，已经为数不多了。在这种情况下，如何进一步开拓进取，不断扩展和深化汉语方言的研究工作，把汉语方言研究这块"蛋糕"做大做好，就成为当前汉语方言研究不能不认真面对的问题了。

二

在汉语方言研究的发展进程中，近十多年来，特别是进入新世纪以来，有一个明显的倾向，就是大家比较关注的研究课题是那些富有个性、深具特色而过去甚少有人调查研究，其语言面貌一直知之甚少的特殊方言。例如，一些夹杂在汉语各大方言中间，或是跟少数民族语言接壤的未明系属的方言"土语"，以及一些被确认为"濒危方言"的汉语方言（如南方"两广"、海南的几处"军话"），还有某些很特别的"方言岛"等等，都是近期很受方言研究者青睐的"宠儿"。国家近期的重大研究课题就有"濒危语言（含方言）研究"这一项。近年来中国社会科学院语言学科的重点研究项目，也有濒危语言（含方言）研究的份儿。据笔者所

---

① 原载于《首届海外汉语方言国际研讨会论文集》，暨南大学出版社2009年版。

知，专门研讨湖南、广西、广东一些土语及相关方言的研讨会，自20世纪90年代以来，就已分别在粤北、湖南和广西开过四次，还要继续两年一度地开下去，这可算是方言学术活动的一个新品牌。种种迹象表明：汉语方言的研究正在进入一个全面开拓新领域，以大力调查方言交界地带、方言混合地带语言现象，认真抢救少数濒危方言为重点的新时期。在这个新时期中，方言学家们的视野总是紧紧盯住那些前所未见、前所未想的方言。猎奇和创新交织在一起，使传统的观念和看法常常遇到挑战。在这样的形势下，方言行家们，特别是身处南方方言地区的方言工作者们，自然也就想到一些向来未受关注的研究领域：海外华人中的汉语方言研究就是应运而生的一个。这样一个调查面涉及上千万遍布五大洲海外赤子的大课题，只有在今天，在神州大地各种方言都已有了相当全面的了解，并出版了大量记录各种方言的著作，而汉语方言的区划经过长期的探讨也已有了大致明晰的轮廓，方言研究涵盖面日益扩大的情况下，也只有在今天，我国对外开放的政策深入贯彻，海外华人华裔的居住国和我国的往来日益频繁、友好关系与日俱增，而海外华人华裔与祖居地亲友间的来往也日渐密切的"大气候"下，"海外华人方言研究"这样的课题，才有可能被提到汉语方言研究的日程上来，也才有可能组织队伍，有计划有步骤地来实现。暨南大学作为有百年历史的华侨大学，研究海外华人的方方面面是这所大学的传统，也是最能够体现侨校特色的重要方面。一代又一代的"暨南人"，深知这是自己义不容辞的职责，总是想方设法地在这些方面有所作为，做点贡献。正是在这种思想的指引下，我们成立不久的暨南大学汉语方言研究中心的几位同道就不约而同地想到了这个课题。尽管彼此都深感要把汉语方言的研究向海外华人方言的研究拓展，会遇到种种在调查研究国内汉语方言时料想不到的困难，但是大家又都隐隐约约地意识到必须走出这一步。作为暨南大学的汉语方言研究中心，把汉语方言的研究向海外华人社区的方言扩展是理所当然的事，也是不能推卸的事。更何况东南亚各国华人所说的汉语方言，台湾、香港地区和新加坡的语言学者早在十年前就已联手开展过不少调查研究。我们作为一所侨校的方言研究机构，更没有理由对此视若无闻、无动于衷！有了调查研究海外汉语方言刻不容缓的共识，从1994年开始，以当时新调入暨南大学的李如龙教授牵头，向广东省教委申请立项研究东南亚华人语言为开端，暨南大学就开始对东南亚华人语言（方言）进行了调查研究。接下来，在经过一番酝酿和积累以后，于1996年2月在暨南大学举行了一次"东南亚华人语言研讨会"，以此为契机，海外华人语言（方言）的研究在暨南大学逐步升温，目前已形成持续开展的良好势头。这次在暨南大学举行的首届海外汉语方言研讨会就是一个明显的信号，而十多年前"东南亚华人语言研讨会"的论文结集，也已经在2000年正式出版。

三

暨南大学由陈晓锦教授牵头的海外汉语方言研究工作近期陆续取得了一些非凡的成果。其中最为突出的是2003年6月由中国社会科学出版社出版的近60万字的《马来西亚的三个汉语方言》。此书的出版大大激励了方言中心的同仁。接连几年，围绕这一课题开展了一系列卓有成效的工作，去年以陈晓锦教授为首的"海外汉语方言研究"课题组申请国家社科基金一举成功，使这一课题成为暨南大学汉语方言研究中心的著名品牌，深受汉语方言学界所瞩目。近期晓锦教授又趁热打铁，频频迈出国门，走遍了东南亚有华人聚居却又未曾有人调查过汉语方言的一些地方，深入到越南、柬埔寨、老挝、缅甸、泰国等地，记录了大量的方言语料，为下一步扩大研究海外汉语方言准备了条件。此刻，在这样一个已经有了良好开端的"气候"中，我们又该从哪些方面入手来进一步开展海外汉语方言的调查研究呢？下面略抒一管之见，以就教于同道方家。

（1）加紧扩大调查面，充分掌握海外华人社区汉语方言的真实面貌。调查是汉语方言研究的起点，也是汉语方言研究成功的保证。没有调查就没有发言权，这一点对于像海外汉语方言研究这样的课题尤为重要。尽管我们已经开始走出第一步，尽管此前我们已对东南亚地区的汉语方言有了一些了解，也有了一些资料的积累，但对于开展研究来说，我们掌握的资料还很有限，我们了解的情况还很不够。因此，有必要强调赶紧开展深入一步的调查，获取更多更丰富的汉语方言素材，这仍然是研究东南亚地区汉语方言的迫切任务。至于东南亚以外华人聚居地的汉语方言，大多仍未开始调查，这就更需要加紧组织力量，开始大量收录语料了。我想，这样一项牵涉面很广的工作，最好能够调动各方面的积极因素，组织起一支包括中国大陆和港、澳、台以及东南亚各国汉语学者的队伍，有计划有步骤地分工协作来进行。把调查工作做好了，往后的研究就不至于苦于"无米之炊",只要下定决心坚持干下去,一定可以一步一个脚印地取得成果。

(2)在开展实地调查,掌握大量语料的基础上,分别进行海外华人所操方言与祖居地同一方言的比较工作,找出其异同,分析其原因。这一研究可以分解为若干子课题来进行,最终可以编写出若干像前述《马来西亚三种汉语方言》那样的著作。如果海外各国(地区)都能通过深入调查编出这样的著作,最终就有可能综合编纂一部《海外汉语方言概况》,全面地揭示海外各地上千万华人、华裔所操汉语方言的实况及其与中国大陆汉语方言的异同。

(3)从社会语言学和应用语言学的角度出发,对海外汉语方言社会应用的情况及家庭应用的情况进行调查分析,结合所在国的语言环境和语文政策研究华人社区汉语方言应用中存在的问题及其解决的办法,探讨海外汉语方言在不同环境下的发展前景。

(4)着力剖析海外汉语方言在多语环境中的相互接触、相互渗透现象,从而探讨海外汉语方言变异的问题。

(5)探讨海外汉语方言如何能够代代相传地延续下去,研究对海外华人子女如何进行祖居地方言教育,使乡音不致在海外华人中消失的问题。

粤语是绝对不会沦陷的[1]
——对出现"废粤推普"风波的一些思考

一

2010年6月，广州市政协为配合第十六届亚运会的举行，方便来到广州参加亚运的海内外人士及时了解亚运会进行情况，给亚运会营造一个良好的语言环境，准备提出一项议案：建议广州电视台综合频道适当增加用普通话播放新闻的时间。不料在该提案挂出网上进行调查了解社会群众的看法时，却引发了社会媒体和一些网民的强烈反应。有人将此举曲解、放大、炒作，把尚未提出的"建议"看作要"废粤存普"，进而危言耸听，大事渲染粤语文化垂危，粤语面临沦陷，粤语出现"天坑"……极力使之演变成为一场关乎粤语存废的争论，呼吁市民挺身保卫粤语，一时间"粤普之争"成为全市热门话题，大有山雨欲来风满楼之势。尽管广州市政协提案委员会马上回应："不是要取消，是要增加一点普通话节目。"但是反对所谓"废粤存普"的声音仍然此起彼伏，没能降温。后来市政协终于正式提出这一提案，更刺激反对的声浪进一步升温，使这一"方言与共同语播音时长之争"更加激化。此前，广州电视台于20世纪80年代获国家广电部特别批准，以粤语播出一部分节目，此后发展到9个频道均以粤语播音为主，尤其是综合频道和新闻频道的时政要闻也很少以普通话播出。广州目前有三分之一外来人口，加上亚运会期间来穗的国内外宾客也有很多不懂粤语，市政协这一建议只是要求广州电视台在综合频道或新闻频道适当增加普通话播出时间，应该是合情合理、不成问题的。可是，万万想不到这样一个播音语言的问题却被个别别有用心的人用

---

[1] 原载于《学术研究》2011年第3期。

来煽动不明真相的群众，以致发展成为一场罕见的方言与共同语之间的语言风波。

此事延续了一个多月，直到7月中下旬，问题的实质日渐明朗，《人民日报》开了腔，于7月20日发表了题为"保卫粤语是场虚构的战斗！"的评论。评论指出："一则尚不具有法律效力的建议，却引来媒体、市民强烈反应，甚至有'粤语沦陷''广州人面临集体失忆'之说。"评论强调推广普通话还是"保卫"方言，实际上并不是"非此即彼"。"中国历来就是官话与方言并行不悖。前者提供规范，后者提供语料，向来都能互补与融合。从现实状况看，通用语言文字法中，只强调在国家机关、教育、出版等领域提倡使用普通话，而不是唯普通话独尊。""归根结底，在语言问题上，我们需要在法律和习俗之间取得一种平衡，保持一份平静。"这篇评论既概括出普通话与方言的关系，也扼要阐明了《中华人民共和国国家通用语言文字法》（以下简称《国家通用语言文字法》）的精神，反映出官方舆论对发生在广州的这场语言风波的态度。与此同时，广州市委副书记苏志佳公开表态："推普废粤根本不存在。"7月28日，广州市政府更举行新闻发布会，严正指出："将根本不存在的问题炒成生死存亡的保卫战，如果不是杞人忧天，无知自扰，就是别有用心，造谣惑众。"市政府新闻发言人代表市政府明确重申："'推普废粤'是一个彻头彻尾的伪命题！纯属子虚乌有！"还说此次事件是无事生非的无厘头闹剧。政协提案是民主政治的体现，程序、渠道合法，不能与"推普废粤"这一伪命题画上等号；对故意造谣惑众、混淆视听或非法聚众的行径，公安机关将依法依规予以严惩。至此，这场延续约两个月的涉及粤语与普通话的所谓"推普废粤"之争，终于以"伪命题""子虚乌有"的定性而结束。

二

闹剧闭幕，雨过天晴。经历了这场世人瞩目的"风雨"，我们这些长期跟粤语打交道的专业人士，从中得到了不少的启示。一些涉及我们的业务——汉语方言，特别是粤方言的问题，很值得我们仔细思考，认真研究。

首先，我们必须看到：发生这样一场闹剧，无中生有、挑起事端的毕竟只是少数人，甚至可以说只是个别人，绝大多数卷进这场闹剧，为"伪命题"摇旗呐喊过的群众，都是出自对自己方言母语以及她所承载的方言文化的热爱，出自一种天然的、朴素的乡土情结，以致在尚未弄清真相、不明白争议实质的情况下，受到个别别有用心者利用不实之词进行挑拨而糊里糊涂地地做了附和者。一些发出过激言论的人，从他们的言辞中，都不难看出他们对语言的性质，特别是对我们国家的共同语和方言的性质以及它们之间的关系普遍缺乏认识，或者说基本上没有认识。正因为没有认识，心中无数，才会说出一些稍有语言知识的人不会说出来的话。例如，在一些跟着起哄的人中，有人轻信"粤语已经沦陷"的论调，其实稍有语言知识的人是绝不会相信会有这样的事出现的。语言随社会的产生而产生，随社会的发展而发展。语言离不开社会，社会不能没有语言。粤语是依附于粤语社会的语言交际工具，只要以粤语为交际工具的社会依然存在，没有崩溃，就不可能会有粤语沦陷的可能！在广州，不管怎样推广普通话，粤语依然活在千百万说着粤语人民的嘴里，粤语区的老百姓日常生活中也都离不开粤语。比如，你到菜市场去，你会发现交易双方大都是说粤语，一些外地人为了生活上的方便，也多少学着说点粤语。一句话，在推广普通话业已半个世纪的广州，我们仍然到处可以看到说着粤语的人群，在社会上如此活跃，如此充满生命力的粤语，怎么可能会沦陷？怎么可能会销声匿迹？如今面对误以为"推普"将会导致粤语从社会上消失的人，我们绝不能责难他们，而应该想想：我们长期以来在普及语言知识方面，在提高全社会对语言的认识方面做了哪些工作？产生了什么样的效果？更进一步，我们还得想想，在我国方言地区大力推广普通话，对于方言跟普通话是什么样的关系，为什么要大力推行全民族共同使用的社会通用语——普通话，大力"推普"以后方言会不会从社会上消失，方言的作用能否继续发挥、如何继续发挥等一系列部分社会群众仍然心存疑惑的问题，作为专门从事语言工作，特别是从事方言工作的专业人士，我们理应挺身而出，面向社会，多多进行语言知识的科普宣传工作。可以肯定，这次卷入"废粤推普"伪命题漩涡里来的人，绝大多数是由于对上述问题缺乏足够的、明晰的认识才被卷进去的。

三

在这场由伪命题"废粤推普"而引发的语言风波中,我们看到了一个明显的迹象:尽管我国早在半个世纪以前就已经制定政策开始推广全民通用的社会通用语——普通话,并且取得了十分显著的成效,但迄今为止,社会上仍然存在不少对这一国策的重大意义认识不足的人,在方言势力较大的地区,甚至还存在对"推普"的必要性缺乏认识,担心"推普"可能影响原有方言的继续使用、担心方言及其所承载的文化可能遭受破坏的人群。这说明几十年来国家实施"推普"这一重大语言政策的宣传教育工作还没完全到位,还未能做到深入人心,让所有国民,一代又一代地,从老一辈到"70后""80后"以至"90后"都能掌握这一语言政策,都能心悦诚服地自觉执行这一政策。就拿"推普"与保留方言的关系来说,政策明明是一方面要大力"推普",一方面要继续保留方言,方言地区人民应该不必担心方言会因"推普"而丧失作为交际工具和承载地域文化的作用。可是,从这次广州发生的关系到对粤语社会作用可能丧失的疑虑看来,长期以来我们在"推普"中对"推广普通话,保留方言""推普的结果将形成普通话和方言双语并用的语言应用格局""推普是$1+1=2$,而不是$1+1=1$""推普将使原来只会说方言的人转为既会说方言,又会说普通话,从单一的方言生活过渡到既说方言又说普通话的双语生活"等一系列消除群众思想顾虑的政策性宣传解说显然做得不够,还没能使方言区的人民都正确理解方言和普通话的关系,都深信"推普"的必要性和深信"推普"不会影响方言的生存和流通,"推普"不会抛弃方言,"推普"会让方言和普通话并存并用、有主有从、各司其职。

这次"风波"还让我们看到一个值得重视的现象,就是有不少人不仅对于国家语言政策不甚了解,连国家早在21世纪初已经为语言文字的应用制定了《国家通用语言文字法》,并且已经实施多年也一无所知。实际上,对待语言文字的应用,我们已是有法可依,已进入到一个法治的时代。关于普通话和方言的社会应用,在《国家通用语言文字法》中都已有了明确的规定。这方面的精神是:广播电视一般都要用社会通用语——普通话播音,但在某些地区,某些特别需要使用方言播音的,经过广播电视主管部门的批准,也可以用方言作为播音语言。我们广东电视台的珠江频道，以及广州电视台的一些频道，就是在这种"特批"的情况下使用粤方言播音的。为了加强对海内外粤语人群的服务工作，中央还特别安排南方电视台的一个卫星频道，24小时全天候地用粤语进行播音。从这里可以看出，对待广东广播电视语言的使用，中央已经是根据实际需要对《国家通用语言文字法》的贯彻适当采取了灵活措施。据了解，这种特许使用方言播音的措施，在其他大方言区的广播电视中，包括吴语区（上海话）、闽语区（福州话、厦门话）等在海内外有较大影响的方言，都还没有普遍实施。像广州电视台这样有多至八九个频道基本上全用广州话播出的情况，无疑是独一无二的。可是，偏偏就是这个广州电视台，这次当市政协提出为了配合亚运会营造良好语言环境而在某个频道的某个时段略为增加一点普通话的播音时间，竟引发起一场轩然大波！其中的原因和背景，应该说是多方面的，而缺乏法制观念，很多人脑子里尚无《国家通用语言文字法》的观念，甚至根本不知道有这么一部法律，无疑也是一个重要的原因。因此，为了更好地引导方言地区人民正确看待方言的应用问题，大力宣传普及《国家通用语言文字法》，使之家喻户晓，使大家都乐于遵守这部语言文字大法，实在是刻不容缓的事。

四

在结束这篇短文之前。笔者想借此机会重申自己对推行普通话与发挥方言作用问题的一贯想法。

（1）普通话的推广是完全必要，毋庸争议的。民族共同语的形成和普及是我国作为有着悠久文化历史的文明国家的必需。在我们这样一个民族众多、方言众多的13亿人口大国中，不能没有一个全民共同使用，全社会广泛流通的通用语言。这样一个社会通用语言对于凝聚不同民族地区、不同方言地区的人民群众，团结起千千万万的华夏子孙，齐心协力来推动社会的发展，来促进现代化国家的建设事业，无疑是十分重要的。在强调"推普"必要性的同时，也应该正确对待地方方言，重视发挥方言在充当地域性的交际工具以及承载和弘扬地域文化中无可取代的作用。在方言地区推广普通话，一定要坚持"推广一种、保留多种""双语并用，有主有从"的正确方针。地方方言与地域文化间密不可分的关系是客观存在的，充分发挥方言在承传、发展地方优秀文化中的作用，必须始终保持方言在社会语言应用格局中应有的地位。正因为这样,各地的"推普"骨干,往往正是研究方言的专业人士。把方言研究好、研究透的人,最有条件做好"推普"工作。方言研究服务"推普","推普"促进方言研究。正确认识好这种相得益彰的关系,处理好这种关系,是十分重要的。

(2) 语言问题关系到全社会,也关系到每一个使用语言的个人,语言政策是国家一项重大的国策。这项国策的制定十分审慎,是经过充分的调研,汇集语言专家和各方面人士的真知灼见,在反复研究、反复论证的基础上才形成的。政策一经形成,就成为全国人民都要共同遵守的语言运用、语言实践的准则。在考虑普通话与方言的问题时,脑子里不能没有语言政策的观念,更不能没有《国家通用语言文字法》的观念。脱离语言政策的轨道,脱离语言文字法的轨道,不同看法、不同观点势必难以得到共识。一旦大家都认同国家制定的语言政策,明确大力推行普通话的必要性和坚信"推普"并无让方言消失之意;认同"推普"只是要强调在国家机关、教育、出版、传媒等领域提倡使用普通话,而不是要在任何场合都限制方言、排斥方言;认同方言及方言地区的特色文化将不会在"推普"中受到破坏……有了这样一些认同,也就不会由于对政策有所误解或缺乏认识而导致语言风波的产生。

(3) 说到底,普通话会继续推广,方言会永远保留。像粤语这样的"强势方言",完全不必担心它会消失,会退出社会语言生活的大舞台。粤语承载着许许多多精彩的岭南文化,在大力弘扬岭南文化的同时,粤语的作用自然也就同时得到充分的发挥。现在从政府到民间,都在尽心尽力弘扬像粤曲、粤剧这样的地域文化,这是有目共睹的事实,还有什么理由怀疑粤语将日渐式微,甚至会面临灭顶之灾呢?粤语跟任何一种语言及方言一样,都具有工具的属性和文化的属性。作为工具,它始终没有停止过充当社会交际工具的功能;作为文化,它又始终没有停止过承载、弘扬粤语地区传统文化和民情习俗的功能,这就决定了粤语始终不会有消失、"沦陷"的可能。

我的结语是:粤语永远坚挺!粤语是绝对不会沦陷的!

附录

詹伯慧主要著述目录
（1950 年至今）

一、著作

[1]《在反动统治下英勇斗争的和平战士》，华南人民出版社 1951 年版。

[2]《武汉人怎样学习普通话》，湖北人民出版社 1956 年版。

[3]《汉语方言概要》（集体编著，袁家骅主编），文字改革出版社 1960 年、1983 年、2001 年版。

[4]《湖北方言概况》（初稿，集体编著），油印本，湖北省教育厅 1960 年。

[5]《语法知识》（与陈恩泉、钟隆林合著），湖北省直属机关业余大学自印教材，1964 年。

[6]《现代汉语》（集体编写），武汉大学自印教材，1974 年、1978 年。

[7]《现代汉语》（集体编著，黄伯荣、廖序东主编），甘肃人民出版社 1979 年版，高等教育出版社 1990 年、1997 年、2002 年、2007 年、2011 年版。

[8]《现代汉语方言》，湖北人民出版社 1981 年版，湖北教育出版社 1985 年版，日本东京光生馆 1983 年（日译本），台湾新学识文教出版中心 1991 年繁体版。

[9]《浠水方言纪要》，日本东京龙溪书舍 1981 年版。

[10]《汉语方言文集》，日本东京龙溪书舍 1982 年版。

[11]《东瀛杂记》，武汉大学出版社 1982 年版。

[12]《日本面面观》（《东瀛杂记》增订本），人民文学出版社 1989 年版。

[13]《东瀛杂记》（《日本面面观》重版本），暨南大学出版社 2011 年版。

[14]《珠江三角洲方言字音对照——珠江三角洲方言调查报告之一》（合著，与张日昇共同主编），广东人民出版社、新世纪出版社 1987 年版。

[15] 《珠江三角洲方言词汇对照——珠江三角洲方言调查报告之二》（合著，与张日昇共同主编），广东人民出版社、新世纪出版社 1988 年版。

[16] 《珠江三角洲方言综述——珠江三角洲方言调查报告之三》（合著，与张日昇共同主编），广东人民出版社、新世纪出版社 1990 年版。

[17] 《学讲汉语普通话》（与饶秉才、陈慧英合著），中国国际广播出版社 1989 年版。

[18] 《汉语方言及方言调查》（主编，与黄家教、许宝华、李如龙合著），湖北教育出版社 1991 年、2001 年版。

[19] 《语言与方言论集》，广东人民出版社 1993 年版。

[20] 《粤北十县市粤方言调查报告》（合著，与张日昇共同主编），暨南大学出版社 1994 年版。

[21] 《方言·共同语·语文教学》，澳门日报出版社 1995 年版。

[22] 《粤港澳学生用普通话常用词手册》，暨南大学出版社 1997 年版。

[23] 《汉语方言论集》（与黄家教等合著），北京语言文化大学出版社 1997 年版。

[24] 《东莞方言词典》（与陈晓锦合著），江苏教育出版社 1997 年版。

[25] 《粤西十县市粤方言调查报告》（合著，与张日昇共同主编），暨南大学出版社 1998 年版。

[26] 《广东地区社会语言文字应用问题调查研究》（主编），暨南大学出版社 2000 年版。

[27] 《广东粤方言概要》（主编），暨南大学出版社 2002 年版。

[28] 《广州话正音字典》（主编），广东人民出版社 2002 年版。

[29] 《现代汉语方言概论》（合著，侯精一主编），上海教育出版社 2002 年版。

[30] 《漫步语坛的第三个脚印——汉语方言与语言应用论集》，暨南大学出版社 2003 年初版、2006 年增订版。

[31] 《饶平客家话》（合著，第一作者），广东饶平客属海外联谊会、澳门环球文化传播有限公司 2003 年版。

[32] 《普通话水平测试实施纲要》（普通话水平测试国家指导用书，编写第三部分中普通话与粤方言词语对照表），商务印书馆 2004 年版。

[33] 《新时空粤语（上册)》（主编之一），暨南大学出版社 2006 年版。

[34]《詹伯慧语文评论集——庆祝詹伯慧教授从教五十五周年》（邓景滨、刘新中编），暨南大学出版社 2008 年版。
[35]《新时空粤语（下册）》（主编之一），暨南大学出版社 2009 年版。
[36]《语文杂记》（《大家小书》丛书之一），暨南大学出版社 2010 年版。
[37]《詹伯慧书法展》（洪楚平主编），香港公元出版有限公司 2011 年版。
[38]《广东客家》（温宪元等主编，编写其中"方言"一章），广西师范大学出版社 2011 年版。
[39]《广府方言》（与甘于恩合著，《广府文化丛书》之一），暨南大学出版社 2012 年版。
[40]《詹伯慧自选集》（广东省优秀社会科学家文库），中山大学出版社 2015 年版。

二、主编及校订论文集

[1]《第二届国际粤方言研讨会论文集》（主编），暨南大学出版社 1990 年版。
[2]《中国文化专题精编》（校订），香港伟文出版社 1992 年版。
[3]《〈中国语文研究〉第 11 期——第三届国际闽方言研讨会专号》（主编之一），香港中文大学中国文化研究所，1995 年。
[4]《第四届国际闽方言研讨会论文集》（主编之一），汕头大学出版社 1996 年版。
[5]《第五届国际粤方言研讨会论文集》（主编），暨南大学出版社 1997 年版。
[6]《广东省中国语言学会通讯（1—12）》（主编），广州，1986—2007 年。
[7]《詹安泰词学论集》，汕头大学出版社 1997 年版。
[8]《第五届国际闽方言研讨会论文集》（主编之一），暨南大学出版社 1999 年版。
[9]《暨南大学汉语方言学博士研究生学术论文集》（主编），暨南大学出版社 2001 年版。
[10]《第八届国际粤方言研讨会论文集》（主编），中国社会科学出版社

2003 年版。

[11]《詹安泰全集》（主编），上海古籍出版社 2011 年版。

三、单篇文章

[1950 年]

[1]《加强团结，把新文字推广开去》，《新文字周刊》1950 年第 46 期。

[1951 年]

[2]《教师采取主动是搞好师生关系的要素》，《广东教育与文化》1951 年第 3 卷第 1 期。

[3]《关于汉字写法的横直行》，《广东教育与文化》1951 年第 3 卷第 2 期。

[4]《关于简体汉字的问题》，《广东教育与文化》1951 年第 3 卷第 3 期。

[5]《文教工作者要重视文字改革问题》，《广东教育与文化》1951 年第 3 卷第 5 期。

[6]《我看了〈中国民族大团结〉》，《香港大公报》1951 年 3 月 28 日。

[1952 年]

[7]《祖国的语言文字》，《广东教育与文化》1952 年第 4 卷第 3 期。

[1954 年]

[8]《对争论语法理论问题的意见》，《中国语文》1954 年第 3 期。

[1956 年]

[9]《介绍两本指导普通话学习的书》，《中国语文》1956 年第 4 期。

[10]《评介〈语音常识〉》，《语文学习》1956 年第 5 期。

[11]《关于汉语规范化》，《长江日报》1956 年 12 月 15—17 日。

[1957 年]

[12]《海南方言中同义字的训读现象》，《中国语文》1957 年第 6 期。

[13]《评〈汉语史稿〉上册》，《中国语文》1957 年第 11 期。

[1958 年]

[14]《万宁方音概述》,《武汉大学学报》1958 年第 1 期。

[15]《粤方言中的虚词"亲住翻埋添"》,《中国语文》1958 年第 3 期。

[16]《潮州话的一些语法特点》,《中国语文》1958 年第 5 期。

[17]《厚古薄今一例》,《中国语文》1958 年第 6 期。

[18]《语言学课程整改笔谈》,《中国语文》1958 年第 8 期。

[19]《收集和整理汉语方言词汇》,《中国语文》1958 年第 11 期。

[1959 年]

[20]《海南岛军话语音概述》,《语言学论丛》第 3 辑,上海教育出版社 1959 年版。

[21]《潮州方言》,《方言与普通话丛刊》第 2 本,中华书局 1959 年版,日本名古屋采华书林 1966 年重版。

[22]《广济方言与北京语音的比较》,《武汉大学学报》1959 年第 6 期。

[1960 年]

[23]《有关编写〈学话手册〉的几个问题》,《中国语文》1960 年第 10 期。

[1962 年]

[24]《浠水话动词"体"的表现方式》,《中国语文》1962 年第 8、第 9 期。

[1963 年]

[25]《关于汉语方言词汇调查研究的问题》(与黄家教合著),《武汉大学学报》1963 年第 1 期。

[26]《有关汉语方言分区的一些问题》(与黄家教、陈世民合著),《厦门大学学报》1963 年第 4 期。

[1964 年]

[27]《鄂南蒲圻话的语音特点》(与李元授合著),《武汉大学学报》1964 年第 1 期。

[1965 年]

[28] 《谈汉语方言语法材料的收集和整理》(与黄家教合著),《中国语文》1965 年第 3 期。

[1966 年]

[29] 《什么是四声?什么是平仄?》,《武汉晚报》1966 年 2 月 5 日。

[1979 年]

[30] 《汉语字典词典注音中的几个问题》,《中国语文》1979 年第 1 期。
[31] 《略谈方言和普通话的语法差异》,《光明日报》1979 年 2 月 14 日。
[32] 《略谈普通话学习中的"知己知彼"》,《武汉大学学报》1979 年第 2 期。
[33] 《郧县方音记要》,《江汉语言学丛刊》第 1 集,湖北省语言学会,1979 年。

[1980 年]

[34] 《我的几点想法》,《中国语文通讯》1980 年第 2 期。
[35] 《三十年来中国语言工作的一些情况》,东京《中国语学》第 227 期;《语文现代化》1980 年第 4 期。
[36] 《王力先生对汉语规范化的贡献》(与唐作藩、杨耐思合著),《语文现代化》1980 年第 4 期。
[37] 《关于日本国语研究所和日本的汉语研究工作》,《语文现代化》1980 年第 4 期。
[38] 《交流文化,发展友谊》,日本东京大学《教养学部报》。

[1981 年]

[39] 《三十年来中国语言工作的一些情况》,《武汉大学学报》1981 年第 3 期。
[40] 《日本中国语学会第三十届年会》,《国外语言学》1981 年第 2 期。
[41] 《"可别误会"》,香港《文汇报》1981 年 8 月 11 日。
[42] 《日本人的姓名》,香港《文汇报》1981 年 8 月 19 日。

[43]《王力先生——经历和业绩》,东京《中国语》第 260 期。
[44]《汉语北方方言的一致性和差异性》,东京《中国语学》第 228 期。
[45]《汉语方言研究概况和有关的几个问题》,香港《语文杂志》1981年第 8 期。

[1982 年]
[46]《日本中国语学会第三十一届年会》,《国外语言学》1982 年第 1 期。
[47]《谈谈汉字改革问题》,《语文研究》1982 年第 1 期。
[48]《地名趣谈》,香港《文汇报》1982 年 2 月 12 日。
[49]《中国语热》,香港《文汇报》1982 年 3 月 14 日。
[50]《谈谈汉语方言的调查研究》,《亚非语言计数研究》(CAAAL) 1982 年第 19 期。

[1983 年]
[51]《漫谈汉语方言》,《字词天地》1983 年第 1 期。
[52]《对修订〈现代汉语〉教材的几点意见》,《汉语学习》1983 年第 2 期。
[53]《广州方言中的特殊语序现象》(与黄家教合著),《语言研究》1983 年第 2 期。
[54]《根深叶茂的日本中国语学会》,《国外语言学》1983 年第 3 期。
[55]《汉语方言的调查研究》,《中国百科年鉴》,1983 年。
[56]《我心目中的语言学大师——纪念赵元任先生逝世一周年》,香港《语文杂志》1983 年第 11 期。
[57]《评介〈广州话方言词典〉》(饶秉才、欧阳觉亚、周无忌编著),《中国语文》1983 年第 3 期。

[1984 年]
[58]《谈汉语方言知识在现代汉语教学中的运用》,《语文月刊》1984 年第 4 期。
[59]《略论划分汉语方言的条件》,香港《语文杂志》1984 年第 12 期。
[60]《一衣带水情意浓》,《长江日报》1984 年 9 月 16 日、23 日,10 月

4日、7日。

[1985年]

[61]《广东方言漫话》,《广东语文报》1985年8月6日。

[62]《有关汉语方言工作的一些认识》(与黄家教合著),《韩山师专学报》1985年第1期。

[1986年]

[63]《广州话普通话语音对照手册·序》(施仲谋编著),香港风华书局有限公司1986年版。

[64]《从社会的需要论语文教师的培训》,香港语文教育学院编《语文教师培训与语文教学》专集,1986年。

[65]《有关汉语方言工作的一些认识》(与黄家教合著),《语文研究》1986年第3期。

[66]《就广东的情况谈推广普通话的一些问题》,《语文建设》1986年第4期。

[67]《谈汉语方言的语音调查》(与黄家教合著),《中山大学学报》1986年第4期。

[1987年]

[68]《谈谈当前的语言文字工作》,《澳门日报·语林》1987年第3—8期,《暨南学报》1987年第3期,《广东语文报》1987年第28、第30、第32期。

[69]《广东方言说略(提要)》,《澳门日报·语林》1987年第11期。

[70]《谈新闻从业人员的语文修养》,《澳门日报·语林》1987年第18—25期。

[71]《评介〈中国大百科全书·语言文字卷〉》,香港大学《东方文化》1987年第2期。

[72]《谈谈语文学习》,《教学集》(香港中文大学教育学院二十周年纪念专刊),1987年。

[73]《鄂南蒲圻话的词汇语法特点》(与李元授合著),《武汉大学学报》1987年第5期。

[74]《祝贺与期望》(为《语文月刊》创刊五周年而作),《语文月刊》1987年第4期。

[1988年]

[75]《谈谈当前的语言文字工作》,澳门中国语文学会《语丛》1988年第1期;《暨南学报》1988年第2期。

[76]《谈新闻从业人员的语文修养》,澳门中国语文学会《语丛》1988年第2期。

[77]《进一步发挥汉语拼音的巨大作用》,《语文建设》1988年第1期。

[78]《汉语方言》,《中国大百科全书·语言文字卷》,中国大百科全书出版社1988年版。

[79]《官话方言》,《中国大百科全书·语言文字卷》,中国大百科全书出版社1988年版。

[80]《湘方言》,《中国大百科全书·语言文字卷》,中国大百科全书出版社1988年版。

[81]《闽方言》,《中国大百科全书·语言文字卷》,中国大百科全书出版社1988年版。

[82]《粤音韵汇》,《中国大百科全书·语言文字卷》,中国大百科全书出版社1988年版。

[83]《广东粤语分区刍议》,《学术研究》1988年第3期。

[84]《小议高等教育改革中的几个问题》,《高教探索》1988年第3期。

[85]《谈谈方言和普通话》,新加坡《华文研究》1988年第3期。

[86]《故乡情思》,《广东语文报》1988年第11期;饶平县文联编《饶平乡情》,1988年。

[87]《新加坡的推广华语运动》,《广东语文报》(推广普通话版)第34—40期;《语文建设》1988年第6期;《澳门日报·语林》1988年第50期。

[88]《古汉语常用同义词辨析·序》(张百栋、邵祖成编著),《语文月刊》1988年第6期。

[89]《闽方言的分布及其主要特征》,《东方》(香港大学中文系六十周年纪念专刊),1988年。

[90]《结合重大科研项目培养研究生的几点体会》,《暨南教育》1988年

第 7 期。

[1989 年]

[91]《对文科科研工作的一些想法》,《高教探索》1989 年第 1 期。

[92]《汉语方言分区问题驳议》,《语言文字学术论文集》(庆祝王力先生学术活动 50 周年),知识出版社 1989 年版。

[93]《学府决不能变成官府》,《群言》1989 年第 1 期。

[94]《处处留心皆学问》,《广东语文报》1989 年 2 月 28 日。

[95]《关于闽方言研究的一封信》,《澳门日报·语林》1989 年 4 月 16 日。

[96]《广东方言研究述略》,《澳门日报·语林》1989 年 5 月 28 日。

[97]《海南岛的语言研究工作》,《广东省中国语言学会通讯》1989 年第 3 期;《海南省语言学会通讯》1989 年第 1 期。

[98]《双语双方言·序言》,《双语双方言》,中山大学出版社 1989 年版。

[99]《方言和规范化杂议》,《双语双方言》,中山大学出版社 1989 年版。

[100]《现代汉语方言概况》,《现代汉语教学说明及习题解答》,甘肃人民出版社 1989 年版。

[101]《文学翻译学·序》(杨烈雄著),中国经济出版社 1989 年版。

[102]《谈谈对外汉语教学》,《语言教学与研究》1989 年第 3 期;澳门中国语文学会《语丛》1989 年第 4 期。

[103]《请留神"同中有异"》,《世界汉语教学》1989 年第 3 期。

[104]《学术论文写作研究·序》(王吉亮、郑惠卿著),山东大学出版社 1989 年版。

[105]《广东汉语方言研究四十年》,《学术研究》1989 年第 5 期。

[106]《珠江三角洲粤方言常用词述略》,《方言》1989 年第 4 期;澳门中国语文学会《语丛》1989 年第 4 期。

[107]《中国辞书编纂出版事业蓬勃发展》,《澳门日报·语林》1989 年 12 月 10 日。

[108]《工厂标牌语言剖析》,《语文建设》1989 年第 6 期。

[1990 年]

[109]《珠江三角洲粤方言常用词述略》,《暨南学报》1990 年第 1 期。

[110]《中国辞书编纂出版事业蓬勃发展》,《语文月刊》1990 年第 2 期。
[111]《现代汉语方言研究的重大成就》,《云南方志》1990 年第 1 期;《云南语言研究》第 2 集。
[112]《关于辞书学和辞书研讨会的通信》,《辞书研究》1990 年第 1 期。
[113]《新丰方言志·序》(周日健著),《新丰古今》1990 年第 1 期。
[114]《怀念王了一师》,香港《中国语文通讯》1990 年第 7 期。
[115]《广东省中国语言学会的工作》,《澳门日报·语林》1990 年 4 月 1 日、4 月 15 日。
[116]《第二届国际粤方言研讨会论文集·序》,《澳门日报·语林》1990 年 5 月 27 日;《第二届国际粤方言研讨会论文集》,暨南大学出版社 1990 年版。
[117]《珠江三角洲方音说略》,《王力先生纪念论文集》,商务印书馆 1990 年版。
[118]《检阅闽方言研究成果的一次盛会》,《澳门日报·语林》1990 年 10 月 14 日;《第二届国际闽方言研讨会述评》,《学术研究》1990 年第 6 期。
[119]《广东境内三大方言的互相影响》,《方言》1990 年第 4 期。
[120]《关于广州话审音问题的思考》,香港《中国语文通讯》1990 年第 11 期。
[121]《艰苦创业美名扬的法国潮人——巴黎华埠散记》,《广州潮人海外联谊会会刊》1990 年第 2 期。

[1991 年]

[122]《访法归来谈潮人》,《华夏》1991 年第 1 期。
[123]《坚持简化方向,坚持规范化原则》,《语文建设》1991 年第 1 期。
[124]《群策群力,把广东的语言文字规范工作做好》,《暨南学报》1991 年第 2 期;《语言文学论集》,广东教育出版社 1991 年版。
[125]《汉语促进国际文化交流》,《澳门日报·语林》1991 年第 112 期;《华夏》1991 年第 2 期。
[126]《粤语研究中几个问题的思考》,香港《中国语文通讯》1991 年第 15 期。
[127]《抓紧关键环节,切实做好自身建设工作》,《中央盟讯》1991 年

第 6 期。

[128]《汉语语法·序》（冯锦威著），广东教育出版社 1991 年版。

[129]《第三届国际粤方言研讨会（澳门）述评》，《澳门日报·语林》1991 年 9 月 29 日；《华夏》1991 年第 5 期。

[130]《推行共同语和双语并用》，《深圳教育学院学报》1991 年第 2 期。

[131]《弘扬中华文化的盛会——汉学研究之回顾与前瞻国际会议（新加坡）综述》，《澳门日报·语林》1991 年第 131/132 期；《广东学术通讯》1991 年第 12 期。

[132]《珠江三角州方言调查成绩辉煌》，《澳门日报·语林》1991 年第 133 期。

[1992 年]

[133]《弘扬中华文化的盛会——汉学研究之回顾与前瞻国际会议（新加坡）综述》，《岭南文史》1992 年第 1 期。

[134]《齐心协力，为繁荣广东语言研究工作多作贡献》，澳门中国语文学会《语丛》1992 年第 2 期。

[135]《汉语方言研究中的几个问题》（在第 24 届曼谷、清迈国际汉藏语言学会议上宣读论文），《暨南学报》1992 年第 2 期。

[136]《汉语方言研究的回顾与前瞻》，《学术研究》1992 年第 1 期。

[137]《推广普通话适应改革开放》，《人民日报》1992 年 3 月 2 日；《南方日报》1992 年 3 月 4 日。

[138]《改变广东方言环境小议》，《羊城晚报》1992 年 3 月 25 日。

[139]《口语、书面语、文言、白话、普通话、方言》，《出版词典》，上海辞书出版社 1992 年版。

[140]《海南岛语言资源的开发大有可为》，《华夏》1992 年第 2 期。

[141]《饶平上饶客家话语言特点说略》，香港《中国语文研究》1992 年第 10 期。

[142]《为中学生的佳作叫好！》，《中国著名中学华南师大附中作文精华·序》；《澳门日报·语林》1992 年 8 月 2 日。

[143]《谈谈汉语方言与语文教学》，《澳门日报·语林》1992 年第 158—162 期。

[144]《四十年来汉语方言研究的回顾》，台北《大陆杂志》1992 年第 85

卷第 3 期。
- [145] 《略论广东的推广普通话工作》，香港《普通话》1992 年第 2 期。
- [146] 《群策群力，把广东的"推普"工作推向前进》，《韶关大学学报》1992 年第 3 期。
- [147] 《略论方言、共同语与双语制问题》，香港彩虹出版社 1992 年版。

[1993 年]
- [148] 《怀念王了一师》，《中外学者论王力》，广西教育出版社 1993 年版。
- [149] 《谈谈汉语方言与语文教学》，澳门中国语文学会《语丛》1993 年第 1 期。
- [150] 《语文杂议》，香港《中国语文通讯》1993 年第 24 期。
- [151] 《专名的简缩》，香港《中国语文通讯》1993 年第 25 期。
- [152] 《普通话"南下"与粤方言"北上"》，香港《语文建设通讯》1993 年第 39 期；《学术研究》1993 年第 4 期；《人大复印资料·语言文字》1993 年第 10 期。
- [153] 《小议香港中文科教学的问题和对策》，《暨南学报》1993 年第 2 期；澳门中国语文学会《语丛》1993 年第 3、第 4 期。
- [154] 《一次面对语言生活现实的盛会——第三届双语双方言研讨会（国际）述评》，《澳门日报·语林》1993 年 9 月 12 日；澳门中国语文学会《语丛》1993 年第 2 期。
- [155] 《广东省饶平方言记音》，《方言》1993 年第 2 期。
- [156] 《第三届国际闽方言研讨会》，《方言》1993 年第 2 期。
- [157] 《为"羊城粤语 60 秒"开播说几句话》，《屏幕之友》1993 年 6 月 3 日。
- [158] 《广州话审音方案》，香港《中国语文通讯》1993 年第 27 期；澳门《语丛》1993 年第 3 期。
- [159] 《广东省中国语言学会年会》，香港《中国语文通讯》1993 年第 27 期。
- [160] 《东莞方言说略·序》（陈晓锦著），广东人民出版社 1993 年版。
- [161] 《四十年来汉语方言研究工作的回顾》，《中国语文研究四十周年纪念文集》，北京语言学院出版社 1993 年版。

[162]《经济发展与推广普通话》,《语文建设》1993年第12期。
[163]《把握方向,大力开展粤方言的研究工作》,《广州话研究与教学》,中山大学出版社1993年版。
[164]《翰墨缘——小时候替爸爸磨墨牵纸》,《广东第二课堂》1993年第11期。
[165]《背诵唐诗的滋味》,《广东第二课堂》1993年第12期。
[166]《再论方言、共同语与双语制问题》[在第三届双语双方言研讨会(国际)的讲话],香港《语文建设通讯》1993年第42期;《双语双方言(三)》,香港汉学出版社1993年版。
[167]《饶平客家丛书·序》,广东饶平客属海外联谊会,1993年。
[168]《一本普及语文知识的佳作——序邓景滨〈语文漫笔〉》,澳门《语丛》1993年第4期。

[1994年]
[169]《谈谈汉语方言与语文教学》,《香港语文教育学院学报》1994年第11期;《语文教师的认识》(香港语文教育学院中文系学术讲演二集),1994年。
[170]《小议香港中文科教学的问题和对策》,香港中文教育学会编《语文教学面面观》,香港文化教育出版社1994年版。
[171]《把握方向,大力开展粤方言的研究工作》,《岭南文史》1994年第1期。
[172]《一本普及语文知识的佳作——序邓景滨〈语文漫笔〉》,《澳门日报·语林》1994年9月11日;《暨南学报》1994年第4期。
[173]《为辞书学界的打假批劣叫好!——中国辞书学会第一届年会(广州)述评》,《澳门日报·语林》第167—190期。
[174]《第四届国际粤方言研讨会》,《方言》1994年第2期。
[175]《我谈语文规范化》,《语文建设》1994年第5期。
[176]《小议潮汕方言的宏观研究》,《学术研究》1994年第5期;《潮州学国际研讨会论文集》(上册),暨南大学出版社1994年版。
[177]《詹安泰教授的生平与学术成就述略》,《潮学研究》1994年第2期。
[178]《珠江三角洲粤方言述要》(与张日昇合著),单周尧主编《第一

届国际粤方言研讨会论文集》,香港现代教育出版社1994年版。
[179] 《粤北十县市白话语音特点述略》,《方言》1994年第4期。
[180] 《第三届双语双方言研讨会(国际)述评》,香港《中国语文通讯》1994年第31期。
[181] 《汉语方言语法研究大有可为——序〈汉语方言语法调查手册〉》,《语文研究》1994年第4期。
[182] 《广州话审音工作的进展及有关问题的认识》,香港《中国语文通讯》1994年第32期;《澳门日报·语林》1994年第204期。
[183] 《饶平县志方言志》,广东人民出版社1994年版。

[1995年]
[184] 《一本普及语文知识的佳作——序邓景滨〈语文漫笔〉》,《澳门语言学刊》1995年创刊号。
[185] 《汉语方言语法研究大有可为——序〈汉语方言语法调查手册〉》,《人大复印资料·语言文字学》1995年第2期。
[186] 《广州话正音字典编写细则》,《澳门日报·语林》1995年第212期。
[187] 《澳门语坛又一佳作——序邓景滨〈语坛争鸣录〉》,《澳门日报·语林》1995年第216—217期;《澳门语言学刊》1995年创刊号。
[188] 《第四届国际闽方言研讨会(海南)述评》,《澳门日报·语林》1995年第219—220期。
[189] 《广东中国语言学会举行学术年会》,《澳门日报·语林》1995年7月2日。
[190] 《1995年广东中国语言学会学术年会报导》,香港《语文建设通讯》1995年第48期。
[191] 《广东省中国语言学会1994—1995学术年会》,香港《中国语文通讯》1995年第35期。
[192] 《海峡两岸开展闽南方言研究之我见》,《学术研究》1995年第4期。
[193] 《对方言和普通话性质的再认识》,香港《语文建设通讯》1995年第49期。
[194] 《东莞方言辞典·引论》(与陈晓锦合著),《方言》1995年第

3 期。

[195]《第四届国际闽方言学术研讨会》,《方言》1995 年第 3 期。

[196]《第四届国际闽方言研讨会述评》,《中国语文》1995 年第 5 期。

[197]《汉语方言调查与汉语规范化》,《语文建设》1995 年第 10 期。

[198]《祝贺与随想（代序）》，广东教育学学院编《语言文学论丛》，华南理工大学出版社 1995 年版。

[199]《汉语方言研究的回顾与前瞻——在台湾"中央"研究院历史语言研究所的讲话》，香港《中国语文通讯》1995 年第 36 期。

[200]《关于闽方言研究的几点思考》，香港《中国语文研究》（第三届国际闽方言研讨会专刊）1995 年第 11 期。

[201]《研究粤语词汇的一部佳作——序曾子凡〈广州话、普通话语词对比研究〉》,《澳门日报·语林》1995 年 12 月 17 日。

[202]《要进一步搞好广东的推普工作——纪念全国文字改革和现代汉语规范化 40 周年》,《南方日报》1995 年 12 月 19 日。

[203]《〈广州话正音字典〉编辑出版方案及〈凡例〉》，澳门中国语文学会《语丛》第 2 期。

[204]《为促进语文现代化而努力奋斗——纪念全国文字改革和现代汉语规范化 40 周年》,《广东语文报》（推普版）1995 年 12 月 21 日。

[1996 年]

[205]《汉语方言研究的回顾与前瞻》,《汉学研究之回顾与前瞻》，中华书局 1996 年版。

[206]《广东光明书画学会作品集·序》，1996 年。

[207]《对香港语言问题的几点思考》,《中国语文》1996 年第 2 期。

[208]《1997 与香港中国语文"研讨会评述》,《学术研究》1996 年第 4 期；《人大复印数据语言文字》1996 年第 8 期；《澳门日报·语林》1996 年 3 月 10 日；澳门中国语文学会学报《语丛》1996 年第 1 期。

[209]《中国语文教学的现状与发展·序》（李学铭著），香港《中国语文通讯》1996 年第 37 期。

[210]《第五届国际粤方言研讨会》,《方言》1996 年第 1 期。

[211]《汉语方言词汇差异述略》，澳门中国语文学会《语丛》第 28 期。

[212] 《语言规范化与语言应用》,程祥徽主编《语言与传意》,香港海峰出版社 1996 年版。

[213] 《闽粤琼语词汇比较研究》(与李如龙、高然、甘于恩合著),詹伯慧、李如龙、张双庆主编《第四届国际闽方言研讨会论文集》,汕头大学出版社 1996 年版。

[214] 《第四届国际闽方言研讨会论文集·前言》,詹伯慧、李如龙、张双庆主编《第四届国际闽方言研讨会论文集》,汕头大学出版社 1996 年版。

[215] 《试论粤方言地区的推广普通话工作》,《学术研究》1996 年第 9 期;《语文现代化论丛》(第三辑),语文出版社 1996 年版;澳门中国语文学会《语丛》1996 年第 31 期。

[216] 《让更多的香港同胞早日学会普通话——序〈实用普通话速成〉》,熊怀苑著《实用普通话速成》,广东高等教育出版社 1996 年版;《澳门日报·语林》1996 年 10 月 6 日。

[217] 《一部方言学与音韵学的力作——〈方言与音韵〉序》,澳门中国语文学会《语丛》1996 年第 30 期。

[218] 《不断开拓,继续前进——第五届国际粤方言研讨会开幕词》,《暨南学报》1996 年第 4 期。

[219] 《普通话声调中心测试法·序》,王群生主编《普通话声调中心测试法》,内蒙古人民出版社 1996 年版。

[220] 《方言和普通话杂议》,《双语双方言》(四),香港汉学出版社 1996 年版。

[1997 年]

[221] 《研究粤语词汇的一部佳作——序曾子凡〈广州话、普通话语词对比研究〉》,《语文研究》1997 年第 1 期。

[222] 《试论粤方言地区的推广普通话工作》,《语文建设》1997 年第 1 期。

[223] 《粤西十县市粤方言语音综述》(与邵宜、伍巍合著),《方言》1997 年第 1 期;《第五届国际粤方言研讨会论文集》,暨南大学出版社 1997 年版。

[224]《我所认识的饶宗颐教授》,《东方文化》1997年第4期;《澳门日报·新园地》1997年3月12—16日;曾宪通主编《饶宗颐学术研讨会论文集》,香港翰墨轩出版有限公司1997年版;潮州市政协编《文史资料》第17辑,1997年。

[225]《粤语区人学习普通话教程·序》,周小兵主编《粤语区人学习普通话教程》,高等教育出版社1997年版;《语文月刊》1997年第7期。

[226]《试论方言与共同语的关系》,程祥徽主编《方言与共同语论文集》,香港海峰出版社1997年版;《语文建设》1997年第4期。

[227]《回归前后的香港语言生活》,《学术研究》1997年第5期。

[228]《对香港多元文化语言生活的思考》,《岭南文史》1997年第2期。

[229]《广东客家方言研究之我见》,《学术研究》1997年第7期。

[230]《认识—研究—再认识—再研究——对潮汕文化的一些想法》,《文史知识》1997年第9期。

[231]《广东省中国语言学会举行学术年会》,香港《中国语文通讯》1997年第43期。

[232]《要做有心人》,《暨南大学》1997年第217期。

[233]《香港语言生活多元化》,《广东盟讯》1997年第3期。

[234]《潮汕人学习普通话辨正·序》,陈基藩主编《潮汕人学习普通话辨正》,广东人民出版社1997年版。

[235]《云南方言研究的又一佳作——序〈昆明方言词典〉》,张华文、毛玉玲编著《昆明方言词典》,云南教育出版社1997年版。

[236]《把语文工作推向21世纪》,《语文建设》1997年第10期。

[237]《第六届国际粤方言研讨会在澳门举行》,香港《中国语文通讯》1997年第44期。

[238]《杂议潮汕文化研究》,《潮学研究》1997年第6期;《澳门日报·语林》1997年第284—286期。

[239]《增城方言志·序》(第二分册客家方言),王李英著《增城方言志》,广东人民出版社1997年版。

[240]《略论香港多元文化语言生活的前景》,《双语双方言(五)》,香港汉学出版社1997年版。

[241]《一本地道"港味"的粤语词典——序张厉妍〈港式用语词典〉》，香港万里出版社1997年版；香港《语文建设通讯》1997年第54期。

[242]《中国语文现代化学会第二次学术会议开幕词》，《语文现代化论丛》第三辑，语文出版社1997年版。

[1998年]

[243]《再论语言规范与语言应用》，《双语双方言》（六），汉学出版社1998年版。

[244]《一篇探讨粤方言词语考释的佳作——陈伯辉〈论粤方言词本字考释〉评析》，香港中华书局1998年版。

[245]《近二十年来汉语方言学学术活动述评》，在香港大学中文系七十周年纪念国际学术研讨会上宣读论文，1998年。

[246]《一部有特色、有新意的中国语言学史——序斑昭〈中国语言文字学通史〉》，广东高等教育出版社1998年版。

[247].《留住方言留住根》，《源》1998年第2期；《岭南文史》1998年第2期。

[248]《略论语言规范与语言应用》，新加坡《联合早报》1998年5月9日、11日。

[249]《〈方言〉二十年述评》，《方言》1998年第3期。

[250]《我与〈学术研究〉》，《学术研究》1998年第3期。

[251]《关于〈广州话正音字典〉》，《学术研究》1998年第6期；邓景滨主编《第六届国际粤方言研讨会论文集》，2003年。

[252]《现代汉语方言语音、词汇、语法的差异》，黄伯荣、廖序东主编《现代汉语教学参考与自学辅导》，高等教育出版社1998年版。

[253]《广州话的审音工作》，郑定欧、蔡建华主编《广州话研究与教学》（三），中山大学出版社1998年版。

[254]《结合教学应用，把粤语研究深入下去——为〈广州话研究与教学〉（三）而作》，郑定欧、蔡建华主编《广州话研究与教学》（三），中山大学出版社1998年版。

[255]《怀念新魁》，《李新魁教授纪念文集》，中华书局1998年版；《澄海文史资料》第17辑，1998年；《汕头特区晚报》1998年7月27日。

[1999]

[256]《方言和规范化杂议》,《双语双方言与现代中国》,北京语言文化大学出版社 1999 年版。

[257]《略论方言、共同语与双语制问题》,《双语双方言与现代中国》,北京语言文化大学出版社 1999 年版。

[258]《试论方言与共同语的关系》,《第五届国际闽方言研讨会论文集》,暨南大学出版社 1999 年版。

[259]《近二十年汉语方言学学术活动述评》,《学术研究》1999 年第 2 期。

[260]《第五届国际闽方言研讨论文集·前言》,《第五届国际闽方言研讨会论文集》,暨南大学出版社 1999 年版。

[261]《开发中国语言资源的伟大成就》,《江苏教育书讯》1999 年第 5 期;《方言》1999 年第 3 期。

[262]《语言与方言论稿·序》(高然著),暨南大学出版社 1999 年版。

[263]《再论语言规范与语言应用》,《语言教学与研究》1999 年第 3 期。

[264]《广东语言科学在飞跃发展》,《学术研究》1999 年第 10 期;《澳门日报·语林》1999 年第[265 期。

[265]《增城方言志(第二分册)·序》(王李英著),广东人民出版社 1998 年版;《语文月刊》1999 年第 11 期。

[266]《粤语研究的回顾与展望》,《暨南学报》1999 年第 6 期。

[267]《客家方言研究的可喜成果——读王李英〈增城方言志〉第二分册》,《语文月刊》1999 年第 11 期。

[268]《研究生的培养要在"研究"上多下功夫》,李凤亮主编《世纪寄语——博士导师谈治学》,暨南大学出版社 1999 年版;杨启光主编《现代汉语教学与研究》第 2 辑,暨南大学出版社 1999 年版。

[2000 年]

[269]《再论语言规范与语言应用》,《澳门语言学刊》2000 年第 10、第 11 期。

[270]《广东客家方言研究之我见》,《客家大观园》2000 年第 1、第 2 期。

[271]《粤语研究的回顾与展望》,《人大复印资料·语言文字》2000 年

第 3 期；《第七届国际粤方言研讨会论文集》（单周尧、陆镜光主编），商务印书馆 2000 年版。

[272]《广东语言学者的学术交流》，《澳门日报·语林》2000 年第 268 期。

[273]《广东省中国语言学会举行学术年会》，香港《中国语文通讯》2000 年第 53 期。

[274]《〈汉语方言大字典〉：取舍之间见功力》，《复旦学报》（社会科学版）2000 年第 3 期；《人大复印资料·语言文字》2000 年第 8 期。

[275]《提高香港中文教学水平之我见——兼论语文教学质量之评估》，香港《中国语文通讯》2000 年第 54 期。

[276]《一部多有突破的语文词典》，《辞书研究》2000 年第 4 期。

[277]《谈谈语言规范与语言应用》，《学丛》（新加坡国立大学中文系学报）2000 年第 5 期。

[278]《语言学百花园里一朵绚丽的鲜花——读黄匡宇〈电视新闻语言学〉〈电视新闻语言学〉》，中国广播电视出版社 2000 年版。

[279]《师道悠悠——杂忆了一师》，《人物》2000 年第 7 期；《王力先生百年诞辰纪念文集》，语文出版社 2000 年版；《澳门笔汇》2000 年第 16 期。

[280]《"九五"广东的汉语方言研究》，香港《中国语文通讯》2000 年 9 月第 55 期。

[281]《二十年来汉语方言研究述评》，《方言》2000 年第 4 期。

[282]《"推普"的欣喜与尴尬》，《北京日报·理论周刊》2000 年 12 月 4 日。

[2001 年]

[283]《二十年来汉语方言研究述评》，《人大复印资料·语言文字》2001 年第 3 期。

[284]《从实际出发思考香港的普通话教育问题》，香港《普通话教研通讯》2001 年第 15 期。

[285]《不断进取，不断开拓，把客家方言的研究推向新的台阶》，《暨南学报》2001 年第 2 期。

[286]《关于〈广东粤方言概要〉的编撰》，香港《中国语文通讯》2001

年 3 月第 57 期。

[287]《新加坡的语言政策与华文教育》，香港《普通话教研通讯》2001 年 3 月第 14 期；《华文教学与研究》（暨南大学华文学院学报）2001 年第 3 期。

[288]《广西"平话"问题刍议》，《语言研究》2001 年第 2 期；《人大复印资料·语言文字》2001 年第 9 期。

[289]《新奇"网语"是否文化垃圾》，《北京日报·理论周刊》2001 年 5 月 14 日。

[290]《大力宣传，认真贯彻落实〈国家通用语言文字法〉》，《广东教育报》2001 年 5 月 16 日。

[291]《当前一些语言现象与语言规范》，《暨南学报》2001 年第 4 期。

[292]《社会语言文字应用的现象值得重视——广东语言文字应用调查的一些启示》，《学术研究》2001 年第 8 期。

[293]《重视语文教育加强应用研究》，《语文教学与研究》2001 年 9 月上半月第 17 期。

[294]《汉语方言地图的绘制》（与陈章太、伍巍合著），《方言》2001 年第 3 期。

[295]《新世纪潮汕文化研究之我见》，《潮学研究》2001 年 7 月第 9 期。

[296]《暨南大学汉语方言学博士研究生学术论文集·前言》，暨南大学出版社 2001 年版。

[297]《汉语方言词典收词小议》，《中国语文》2001 年第 6 期。

[298]《二十一世纪汉语方言研究展望》，《澳门理工学院学报》2001 年第 4 期。

[299]《广州音北京音对应手册·新版序言》（施仲谋著），暨南大学出版社 2001 年版。

[300]《对当前语言运用中一些现象的看法》，《双语双方言》（七），香港汉学出版社 2001 年版。

[2002 年]

[301]《试论方言与共同语的关系》，邵敬敏主编《现代汉语通论参考文献精选》，上海教育出版社 2002 年版。

[302]《二十年来汉语方言研究述评》，《现代汉语教学研究与探索》第 3

辑，暨南大学出版社 2002 年版。

[303]《提高香港中文教学水平之我见——兼论语文教学质量之评估》，李学铭主编《教学与测试：语文学习成效的评量》，香港商务印书馆 2002 年版。

[304]《不断进取，不断开拓，把客家方言的研究推向新的台阶》，《客家方言研究》（第四届客方言研讨会论文集），暨南大学出版社 2002 年版。

[305]《新加坡的语言政策与华文教育》，《澳门日报·学海》2002 年 3 月 10 日。

[306]《汉语方言词典收词小议》，《人大复印资料·语言文字》2002 年第 2 期。

[307]《从实际出发思考香港的普通话教育问题》，《语言文字应用》2002 年第 1 期。

[308]《把握优势，开展文化双向交流》，《中国教育报·文化周刊》2002 年 3 月 12 日。

[309]《第八届粤方言国际研讨会》，《方言》2002 年第 1 期。

[310]《我所认识的王均先生》，香港《语文建设通讯》2002 年第 70 期；刘照雄等主编《清风明月八十秋》，吉林人民出版社 2002 年版。

[311]《历届国际粤方言研讨会的回顾》，《暨南学报》2002 年第 3 期。

[312]《近两年粤语研究的实绩与新趋势》，《学术研究》2002 年第 6 期。

[313]《从历届研讨会看闽方言研究的当前课题》，《闽语研究及其与周边方言的关系》，香港中文大学出版社 2002 年版。

[314]《对培养博士研究生的几点想法》，杨启光主编《现代汉语教学研究与探索》（第三辑），暨南大学出版社 2002 年版。

[315]《雷州方言与雷州文化》（与甘于恩合著），《学术研究》2002 年第 9 期。

[316]《方言分区问题再认识》，《方言》2002 年第 4 期。

[317]《略论广西"平话"》，《纪念王力先生百年诞辰学术论文集》，商务印书馆 2002 年版。

[318]《詹安泰教授的生平与学术成就述略》，《澳门日报·学海》2002 年 12 月 1 日。

[319]《"岭南词宗"詹安泰》，《潮州日报·潮州文化》2002 年 12

月31日。

[2003年]

[320]《我所认识的王均先生》，《汉语学报》第五期，湖北教育出版社2003年版。

[321]《雷州方言与雷州文化》（与甘于恩合著），《岭峤春秋——雷州文化论文集》，中山大学出版社2003年版；《人大复印资料·语言文字》2003年第1期。

[322]《广东粤方言的共同特点述略》（与丘学强合著），《汉语学报》第四期，湖北教育出版社2003年版。

[323]《语言学科建设也要与时俱进——"语言学科建设高级专家座谈会"纪要》，《学术研究》2003年第2期。

[324]《背诵名篇，终生难忘》，《广东教学报》2003年5月16日。

[325]《关于广西"平话"的归属问题》（与崔淑慧、刘新中、扬蔚合著），《语文研究》2003年第3期。

[326]《不断攀登高峰，不断创造辉煌》，《方言》2003年第3期。

[327]《马来西亚的三个汉语方言·序》（陈晓锦著），中国社会科学出版社2003年版。

[328]《广州话普通话速查字典·序言》（曾子凡编著），世界图书出版公司2003年版。

[329]《挖掘汉语方言语法特点的一部力作（代序）——读方小燕〈广州方言句末语气助词〉》，暨南大学出版社2003年版。

[330]《一部填补空白的客家方言著作——〈中山客家方言〉序》（甘甲才著），汕头大学出版社2003年版。

[331]《当前"推普"的一些思考》，《澳门日报·学海》第304—306期；《学术研究》2003年第12期。

[332]《潮汕文化研究刍议》，李志贤主编《海外潮人的移民经验》，新加坡八方文化企业公司2003年版。

[2004年]

[333]《背诵唐诗的滋味》，《河间天地》2004年第2期。

[334]《詹安泰教授的生平与学术成就述略》，《河间天地》2004年第

2 期。

[335]《汉语方言语法研究的回顾与前瞻》,《语言教学与研究》2004 年第 2 期。

[336]《当前汉语方言研究中的几个问题》,《语文研究》2004 年第 2 期;陈学超主编《国际汉学集刊》第一集,中国社会科学出版社 2004 年版。

[337]《粤语研究的当前课题》,《暨南学报》2004 年第 3 期;《澳门日报·学海》2004 年 7 月 11 日。

[338]《一部考释古籍的上乘之作——读王建设〈世说新语〉选译新注·代序》,社会科学文献出版社 2004 年版;《泉州晚报》2004 年 7 月 31 日。

[339]《第九届国际粤方言研讨会在澳门举行》,香港《中国语文通讯》2004 年 3 月第 69 期。

[340]《中国大陆客家方言的研究与应用》,《台湾文学评论》2004 年第 4 卷第 3 期。

[341]《饶平上饶客家方言的两字组连读变调》(与刘镇发合写),《方言》2004 年第 3 期。

[342]《语言文字研究突飞猛进的十年——为〈广州市志〉(1991—2000)而作》,《汉语学报》第二期,商务印书馆 2004 年版。

[343]《品尝潮州文化的独特韵味》,《潮州日报》2004 年 8 月 29 日。

[344]《少当语言的警察,多当语言的导游——谈当前汉语中存在的三大问题》,《羊城晚报》2004 年 11 月 8 日。

[345]《深挖粤语特征的可喜成果(代序)——读彭小川〈粤语论稿〉》,暨南大学出版社 2004 年版。

[346]《关于方言词的用字问题》,《中国语文》编辑部编《庆祝〈中国语文〉创刊 50 周年学术论文集》,商务印书馆 2004 年版。

[2005 年]

[347]《我所认识的饶宗颐教授》,潮州市地方志办公室编《走近饶宗颐》,2005 年。

[348]《汉语方言语法研究的回顾与前瞻》,邵敬敏、陆镜光主编《汉语语法研究的新拓展(二)》,浙江教育出版社 2005 年版。

[349]《粤方言调查研究的新进展（代序）》，陈晓锦、陈滔著《广西北海市粤方言调查研究》，中国社会科学出版社 2005 年版。

[350]《一部反映香港社区词的辞书》，《学术研究》2005 年第 1 期。

[351]《山西方言亲属称谓研究·序》（孙玉卿著），山西人民出版社 2005 年版。

[352]《汉语方言的研究及其应用——纪念吕叔湘先生》，载《语文研究》2005 年第 2 期。

[353]《小议方言区的双语应用问题》，《双语双方言》（八），香港汉学出版社 2005 年版。

[354]《语言研究为语言应用服务的良好范例——读甘于恩〈新闻语误评析〉》，《澳门日报》2005 年 9 月 16 日。

[355]《粤方言语法研究的当前课题》，《暨南学报》2005 年第 6 期。

[2006 年]

[356]《小议方言区的双语应用问题》，《语文研究》2005 年第 4 期。

[357]《语言研究为语言应用服务的良好范例——读甘于恩〈新闻语误评析〉》，《深圳特区报》2006 年 6 月 13 日。

[358]《同根同祖，同源同声——漫谈海内外汉语言文化的互动》，《岭南文史》2006 年第 1 期。

[359]《海南各语言的 -om、-ɔm、-op、-ɔp 等韵母的分布》（与刘新中合写），《民族语文》2006 年第 4 期。

[360]《海南语言资源的开发大有可为——读〈海南闽语语音研究〉》，刘新中著《海南闽语语音研究》，中国社会科学出版社 2006 年版。

[361]《我看客家方言与〈中山客家话研究〉》，《学术研究》2006 年第 7 期。

[362]《谈谈语言规划与语言应用——对时下语言应用中一些现象的看法》，《澳门日报·学海》2006 年 7 月 30 日。

[363]《北流白话研究·序言》（杨奔著），广西教育出版社 2006 年版。

[364]《语言规范与语言生活的多样化》，教育部语用所社会语言学与媒体语言研究室编《语言规划的理论与实践》，语文出版社 2006 年版。

[365]《百炼成钢——饶平四中教育文集·序》（广州饶平四中校友会

编),香港银河出版社2006年版。
- [366]《岭南词宗詹安泰》,《潮州文化研究》2006年第5/6期。
- [367]《略论共同语和方言并用中的主从关系——纪念现代汉语规范问题学术会议和全国文字改革会议五十周年》,《双语双方言》(九),香港汉学出版社2006年版。

[2007年]
- [368]《粤方言语法研究的当前课题》,汪国胜主编《汉语方言语法研究》,华中师范大学出版社2007年版。
- [369]《结合"推普"开展方言研究的良好范例——喜读〈桂北平话与推广普通话研究〉丛书》,《桂林师范高等专科学校学报》2007年第1期;《当代广西》2007年第11期。
- [370]《对"平话"问题的再认识》,《贺州学院学报》2007年第1期。
- [371]《略谈饶宗颐教授与"潮学"的兴起》,《岭南文史》2007年第1期;潮州市潮州文化研究中心编《饶宗颐学术研讨会论文集》,海天出版社2007年版。
- [372]《汉语方言语法研究再议》,邵敬敏、张先亮主编《汉语方言语法研究的新拓展(三)》,东北师范大学出版社2007年版。
- [373]《方言研究持续繁荣的又一信号——祝贺〈粤语研究〉创刊》,澳门《粤语研究》(创刊号),2007年;《澳门日报·新园地》2008年3月22日。
- [374]《粤语研究的当前课题——历届国际粤方言研讨会的回顾》,《粤语研究》(创刊号),2007年。
- [375]《粤语研究的当前课题(压缩修订稿)》,《方言》2007年第3期。
- [376]《汉语方言"VXVX"动词重迭式比较研究》(与王红梅合写),《语言研究》2007年第3期。
- [377]《一次为语言研究提供服务的成功实践》,甘于恩主编《粤语与文化研究参考书目·序》,广东科技出版社2007年版;澳门《粤语研究》2007年第2期。
- [378]《海南语言资源的开发大有可为——读〈海南闽语语音研究〉》,《暨南学报》2007年第6期。
- [379]《回顾和期望》,《广东学术通讯》2007年第11期。

[380]《语坛一颗不老的劲松（代序）——敬贺同窗好友唐作藩教授八十华诞》，耿振生、刘家丰主编《语苑颉英（二）——庆祝唐作藩教授八十华诞学术论文集》，中国大百科全书出版社 2007 年版。

[381]《岭南方言的研究及其应用》，左鹏军主编《岭南学》（第一辑），中山大学出版社 2007 年版。

[2008 年]

[382]《有关语言学科建设的一些看法》，陈燕、耿振生主编《继往开来的语言学发展之路》，语文出版社 2008 年版。

[383]《普通话水平测试（新大纲）指导·序》，暨南大学出版社 2008 年版。

[384]《略论闽语研究的"西进"》，《湛江师范学院学报》2008 年第 29 卷第 2 期。

[385]《三足鼎立的岭南方言》，《羊城晚报》2008 年 6 月 7 日。

[386]《家乡情结》，《潮州日报·观潮》2008 年 6 月 20 日。

[387]《我的父亲詹安泰》，《潮州日报·观潮》2008 年 6 月 20 日、27 日，7 月 4 日；广州饶平商会主办《饶平人》总第 14/15 期。

[388]《粤语研究与粤语应用》，澳门《粤语研究》2008 年第 3 期；《学术研究》2008 年第 10 期。

[389]《让汉语拼音在社会主义现代化中发挥更大的作用》，《语言文字应用》2008 年 6 月增刊。

[390]《略论汉语方言研究与方言应用》，郭锡良、鲁国尧主编《中国语言学》第一辑，山东教育出版社 2008 年版。

[391]《濒危方言的研究大有可为——读丘学强〈军话研究〉》，香港《中国语文通讯》2008 年第 83/84 期合刊；《暨南学报》2008 年第 5 期。

[392]《当前客家方言研究之我见——关于客家方言应用问题的一些思考》，张双庆、刘镇发主编《客家纵横：第七届国际客方言研讨会论文集》，香港中文大学中国文化研究所吴多泰中国语文研究中心，2008 年。

[2009年]

[393]《汉语方言研究三十年》,《云南师范大学学报》2009年第2期。

[394]《揭示多方言交界地区方言接触现象的可喜成果（代序）》,胡松柏等著《赣东北方言调查研究》,江西人民出版社2009年版。

[395]《普通话和方言》(《语文杂议》之一),香港《文汇报》副刊《采风》(C3) 2009年4月13日。

[396]《繁体字和简体字》(《语文杂议》之二),香港《文汇报》副刊《采风》(C3) 2009年4月20日。

[397]《浅谈粤语正音》(《语文杂议》之三),香港《文汇报》副刊《采风》(C3) 2009年4月27日。

[398]《语言应用的规范化和多元化》(《语文杂议》之四),香港《文汇报》副刊《采风》(C3) 2009年5月4日。

[399]《少当语言警察,多当语言导游》(《语文杂议》之五),香港《文汇报》副刊《采风》(C3) 2009年5月11日。

[400]《"约定俗成"解》(《语文杂议》之六),香港《文汇报》副刊《采风》(C3) 2009年5月18日。

[401]《是兄弟不是父子》(《语文杂议》之七),香港《文汇报》副刊《采风》(C3) 2009年5月25日。

[402]《形形色色的方言字》(《语文杂议》之八),香港《文汇报》副刊《采风》(C3) 2009年6月1日。

[403]《琐议网络语言》(《语文杂议》之九),香港《文汇报》副刊《采风》(C2) 2009年6月8日。

[404]《杂议外来词》(《语文杂议》之十),香港《文汇报》副刊《采风》(C2) 2009年6月22日。

[405]《保护和抢救濒危语言语方言》(《语文杂议》之十一),香港《文汇报》副刊《采风》(C2) 2009年7月20日。

[406]《粤语水平的测试》(《语文杂议》之十二),香港《文汇报》副刊《采风》(C3) 2009年8月3日。

[407]《方言特色拾零》(《语文杂议》之十三),香港《文汇报》副刊《采风》(C3) 2009年8月17日。

[408]《中国语文工具书》(《语文杂议》之十四),香港《文汇报》副刊《采风》(C2) 2009年9月9日。

[409]《中国古代的字书》(《语文杂议》之十五),香港《文汇报》副刊《采风》(C3) 2009 年 9 月 25 日。

[410]《见证文化建设的辉煌:六十年辞书编纂成就斐然》(《语文杂议》之十六),香港《文汇报》副刊《采风》(C2) 2009 年 10 月 7 日。

[411]《杂议香港的"社区词"》(《语文杂议》之十七),香港《文汇报》副刊《采风》(C3) 2009 年 10 月 25 日。

[412]《湘西乡话的语音特色》(与杨蔚合撰),《方言》2009 年第 3 期。

[413]《湘西乡话的分布和分片》(与杨蔚合撰),《语文研究》2009 年第 4 期。

[414]《再谈粤语正音》,澳门《粤语研究》2009 年第 4、第 5 期合刊;《粤语跨学科研究——第十三届国际粤方言研讨会论文集》,香港城市大学语言资讯科学研究中心,2009 年。

[415]《加强海外汉语方言研究之我见》,陈晓锦、张双庆主编《首届海外汉语方言国际研讨会论文集》,暨南大学出版社 2009 年版。

[416]《南方语言学·序》,甘于恩主编《南方语言学》(第一辑),暨南大学出版社 2009 年版。

[417]《略论香港的"社区词"——兼评〈香港社区词词典〉》,甘于恩主编《南方语言学》(第一辑),暨南大学出版社 2009 年版。

[2010 年]

[418]《杂议〈通用规范汉字表〉》(《语文杂议》之十八),香港《文汇报》副刊《采风》(C2) 2010 年 1 月 9 日。

[419]《海外华人使用的汉语及其方言》(《语文杂议》之十九),香港《文汇报》副刊《采风》(C2) 2010 年 5 月 3 日。

[420]《广东汉语方言研究的回顾与展望》,《暨南学报》2010 年第 3 期;甘于恩主编《南方语言学》第二辑,暨南大学出版社 2010 年版。

[421]《建设文化强省之我见》,《广东地方税务》2010 年第 7 期。

[422]《大力加强汉语方言的应用研究——纪念王力教授 110 年诞辰》,《中国语言学发展之路——继承、开拓、创新国际学术研讨会论文集》,2010 年。

[423]《广东语言文字工作 60 年纪事·序言》,李学明主编《广东语言文字工作 60 年纪事》,广东高等教育出版社 2010 年版。

[424]《实践出真知——读辜广生同志的〈那一回〉》,《韩江文苑》2010年第4期;《潮州日报·学海泛舟》2010年11月12日。

[425]《大力弘扬中国古典诗歌的人文精神》,《广东地方税务》2010年第9期。

[426]《跟进语文发展,善待语文资源——跟青年朋友谈语文学习》,《韩山师范学院学报》(社会科学版)2010年第5期。

[427]《客家方言研究之我见》,罗肇锦、陈秀琪主编《客语千秋——第八届国际客家方言学术研讨会论文集》,台湾文鹤出版有限公司2010年版。

[428]《粤语是绝对不会沦陷的——对出现"废粤推普"风波的一些思考》,澳门《粤语研究》2010年第8期。

[429]《王力教授和汉语方言学——在北京大学纪念王力先生学术讲座上的讲话》,义祥辉、刘村汉主编《第十四届粤方言国际学术研讨会论文集》,2010年。

[2011年]

[430]《粤语研究与粤语应用》,刘新中主编《广东汉语方言研究的理论与实践》,世界图书出版公司2011年版。

[431]《略论香港的"社区词"——兼评〈香港社区词词典〉》,澳门《南国人文学刊》2011年第1期;《广东地方税务》2011年第6期。

[432]《粤语是绝对不会沦陷的——对出现"废粤推普"风波的一些思考》,《学术研究》2011年第3期;《语言学评论》2011年第6期。

[433]《岭南词宗,风范永存》,《广东地方税务》2011年第1期;《潮州文化研究》2011年第2期;《澳门日报》副刊《文化·视野》2011年3月14日;《岭南文史》2011年第1期;左鹏军主编《岭南学》第四辑,中山大学出版社2011年版。

[434]《湖南乡话韵母的动态演变》(与杨蔚合撰),《语言科学》2011年第1期。

[435]《双语双方言理论的重大突破——读陈恩泉〈潮·普双言语词典〉》,甘于恩主编《南方语言学》第三辑,暨南大学出版社2011年版;陈恩泉主编《双语双方言(十)》,海天出版社2011年版。

[436]《听汪书记"三点希望"的感想》,《广东地方税务》2011年第7期;《红枫》2011年第9期。

[437]《中华经典启蒙·序》,施仲谋主编《中华经典启蒙》(上下册),北京大学出版社2011年版。

[438]《略谈饶宗颐教授与"潮学"的兴起》,《潮州文化研究》2011年第3期。

[439]《家父詹安泰及我与饶宗颐先生的两代交谊》,《羊城晚报·博文周刊》2011年12月17日;《潮学通讯》2011年第2期。

[2012年]

[440]《发挥优势,开拓进取,再创汉语方言研究的新辉煌——在第二届湘方言国际学术研讨会上的发言》,谢奇勇主编《湘语研究》第二辑,湖南师范大学出版社2012年版。

[441]《一位永远充满活力,永远不知疲倦的学者》,澳门《粤语研究》2012年第11期。

[442]《进一步做好海外汉语方言的调查研究工作——兼评〈首届海外汉语方言国际研讨会论文集〉》,王建设、孙汝建主编《第二届海外汉语方言研讨会论文集》,云南大学出版社2012年版。

[443]《杂忆先父与饶宗颐的深情厚谊》,《颐园学苑》2012年第3期;《潮州日报》2012年10月11日;《潮州社科》2012年第3期;《韩山师范学院学报》2013年第4期。

[444]《难忘的深情,永远的记忆(代序)——写在〈汉语语音史探索〉付梓之际》,《音韵学研究通讯》2012年第28期;澳门《粤语研究》2012年第12期;《汉语语音史探索》,北京大学出版社2012年版。

[445]《岁月悠悠说大师——追忆我父子两代与饶公交谊的往事》,《饶宗颐研究》第二辑,暨南大学出版社2012年版;《传记文学》2013年第10期。

[446]《汉语言与中华文化漫谈》,《华侨大学学报(哲学社会科学版)》2012年第4期。

[447]《中国语文传意进阶·序》,李东辉主编《中国语文传意进阶》,人民教育出版社2012年版。

[448]《第十五届国际粤方言研讨会开幕式讲话》,汤翠兰主编《第十五届国际粤方言研讨会论文集》,澳门粤方言学会,2012年。

[449]《我的感想——序〈海陆丰历史文化丛书·语言〉》,《海丰文史》2012年第29辑。

[450]《一部展示"活化石"面貌的方言研究佳作(代序)》,王建设著《明弦之音——明刊闽南方言戏文中的语言研究》,中国社会科学出版社2012年版。

[451]《大力开展交界地区方言的调查研究》,胡松柏主编《赣方言研究第二辑——2009南昌赣方言国际学术研讨会论文集》,中国社会科学出版社2012年版。

[2013年]

[452]《让汉语拼音在社会主义现代化中发挥更大的作用》,《语言文字应用》2013年增刊。

[453]《方言分区问题再认识》,香港大学中文学院编《百川汇海——文史译新探》,香港中华书局2013年版。

[454]《欧游杂记》,《红枫》2013年第1期。

[455]《重游花都巴黎》,《红枫》2013年第5期。

[456]《怀念华年师》,植符兰编《高华年文集》,广东人民出版社2013年版。

[457]《对汉语言学科建设的一些浅见》,《学术研究》2013年第5期。

[458]《浅论汉语言学科建设和发展》,《暨南学报》2013年第6期。

[459]《一部展示闽南特色文化的学术佳作——读〈明刊闽南方言戏文中的语言研究〉》,《泉州晚报·刺桐红》2013年6月10日。

[460]《瑞士三日游踪》,《红枫》2013年第8期。

[461]《首届"粤语论坛"开幕词》,《澳门日报·新园地》2013年9月3日。

[462]《汉语方言的研究和应用》,潘碧丝、李锡锐主编《跨越古今——中国语言文字学论文集(现代卷)》(马来亚大学中文系学术文丛),2013年。

[463]《对香港今后"推普"的一些思考》,《香港普通话报》2013年第89期。

[464]《岁月悠悠忆典老》，叶宝奎、李无未编《黄典诚教授百年诞辰纪念文集》，厦门大学出版社 2013 年版。

[465]《杂议方言词典编撰中的"与时俱进"——兼评〈粤语香港话大词典〉》，澳门《粤语研究》2013 年第 14 期。

[2014 年]

[466]《大力加强汉语方言的应用研究》，《暨南学报》（哲学社会科学版）2014 年第 4 期。

[467]《意大利梵蒂冈六日游》，《红枫》2014 年第 6 期。

[468]《略论方言研究为方言应用服务问题》，《粤语研究》2014 年第 15 期；李向玉主编《澳门语言文化研究 2013》（多元文化背景下的语言服务问题学术研讨会论文集），2014 年。

[469]《再接再厉，把海外汉语方言的研究持续深入地进行下去——在第三届海外汉语方言研讨会上的发言》，赵杰主编《北方语言论丛》（第三辑），阳光出版社 2013 年版。

[470]《我与语言学结缘六十载》，《中国社会科学报》2014 年 10 月 27 日。

[471]《加强应用研究刻不容缓——在第二届〈粤语论坛〉上的讲话》，澳门《粤语研究》2014 年第 16 期。

[2015 年]

[472]《略论汉语方言与地域文化》，《学术研究》2015 年第 1 期。

[473]《为方言应用服务是方言研究当务之急（代序）——读甘甲才〈轻松说粤语〉》，甘甲才编著《轻松学粤语》，世界图书出版广东有限公司 2015 年版。

视学术为生命，以服务社会为己任[①]
——詹伯慧教授的成功之路

张晓山

1999年5月31日。

暨南大学学术会议厅。詹伯慧教授从教45周年庆祝大会在这里举行。

詹伯慧教授是暨南大学汉语方言研究中心主任、中文系教授、博士研究生导师。几十年来，詹教授以其卓越的学识和仁爱之心教书育人、科研攻关，遍栽桃李满天下，著作等身富五车，赢得了莘莘学子的感佩和爱戴，也深得师友的赞赏和敬重。今天，来自国内外、省内外的嘉宾和暨南大学的领导、师生们济济一堂，向尊敬的詹伯慧教授送上衷心的祝贺，祝他身体康健，老当益壮，继续为祖国的科学文化教育事业做出更大的贡献。

学校的领导上台了……

省直有关部门的领导上台了……

国外和省外的朋友上台了……

门生代表也上台了……

庆祝大会为我们打开了历史的闸门，让我们沿着时光的隧道，一起去探求一个方言学大家成长的轨迹，领略其成功的辉煌。

一

方言学是一门相对冷僻的学问，即便是学中文的人，也有很多人对那些古怪的符号和特别的诠释一无所知，更不要说有所建树了。而詹伯慧教授却兴致勃勃地在这个领域摸索奋斗了40多年且著述丰硕，地位崇高，并与其他方言学者共使汉语方言学渐成热门之势。

[①] 原载《侨教之光》，广东人民出版社2001年版，第207～223页。

他为什么要选择这门冷僻的学科呢？他是如何取得今天的崇高地位的？

詹伯慧1931年7月10日出生于广东省潮州市，祖籍饶平县新丰镇。祖父詹辉琼是医生，医术高明，远近闻名。父亲詹安泰是中山大学中文系教授，著名词学家和书法家，被行家誉为"岭南词宗"和"中国现代十大词学家之一"。詹伯慧5岁的时候，父亲就开始教他背诵唐诗名篇，虽然父亲示范朗诵时摇头摆脑的样子很惹人发笑，但诗词抑扬错落的节律却渗入脑海，令人余味无穷。稍长以后，父亲和身边的人评论诗词、读史解经又让他体会到声韵平仄、释义训诂的作用。他甚至觉得，文学根本就是由语言构成的，离开了语言哪还有什么文学？在家里，父亲讲的是客家话，母亲是潮安枫溪人，讲潮州话，自然地，詹伯慧成了一个典型的双语者，从小就能用客家话和潮州话分别与父亲和母亲交谈。抗日战争期间及之后，他在父亲身边又随中山大学辗转到粤北坪石和广州上小学和高中，使用的是粤方言。丰富多彩的语言环境使詹伯慧产生了学习和研究语言的浓厚兴趣，也培养了他区分辨析各地方言的初步能力。而在他上高中的时候，他父亲所在的中山大学文学院在院长王力教授的倡导下，成立了我国第一个语言学系，一批知名语言学家如王力、岑麒祥、方光焘、容庚、商承祚、严学宭、周达甫、高华年、张为纲、陈必恒等先后进入该系任教。詹伯慧家就住在中山大学，对语言学系的任务、专业设置及师资情况一清二楚。这个系的创立，把詹伯慧心中的希望点燃了，他说：我随时随地都可以跟父亲学文学，可我要读一门在家里难以自学的书。他暗下决心，一定要考上语言学系。他终于如愿以偿。

四年的系统学习打下了扎实的语言研究基本功。大学毕业后，他被国家统一分配到武汉大学中文系，负责讲授现代汉语、语言学概论等课程。课堂上，他用生动的语言，将枯燥的内容讲得条理分明、有声有色，给学生留下深刻的印象。课外，他又经常带领学生到武汉等地指导推广普通话工作，并在此基础上写出了《武汉人怎样学习普通话》。1955年10月至1958年2月，他受王力先生的举荐，到北京大学师从袁家骅教授专攻汉语方言学。1956年6月至12月，经袁家骅教授安排，他加入了中国科学院少数民族语言第一调查工作队奔赴海南岛调查黎语。在调查黎语的同时，他在海南岛极南的崖县发现了"军话"和"迈话"；发现海南方言中同义字的"训读"现象；调查记录了海南万宁话和文昌话。回到北京之后，袁家骅教授让他参加了我国第一部现代汉语方言学教材《汉语方言概要》的编著工作。他的早期名篇《潮州方言》也在这个时候写成。总之，这期间发生的一系列事件，对于詹伯慧确定把方言学作为自己一生的主攻专业方向具有决定性意义，同时，也是詹伯慧作为一个方言学大家，频频地在方言学的学术舞台上亮相的开始。

从北京回到武汉之后，詹伯慧热情如火，他把教学与调查研究和田野作业结合起来，在武汉大学开了汉语方言课程，指导学生进行田野作业，带领学生深入湖北各地进行方言调查，并在此基础上主持编纂了《湖北方言概况》（初稿），并连续发表《浠水话动词"体"的表现形式》《广济方音和北京语音的比较》《鄂南蒲圻话的语音特点》等论文。与此同时，针对汉语方言研究中长期形成的偏重语音而忽略词汇、语法的倾向，詹伯慧以一个青年学者的敏锐眼光和胆识，在《中国语文》上发表了《收集和整理汉语方言词汇》，提出了在研究语音的同时要重视词汇研究的主张；随后又与黄家教合作连续发表了《关于汉语方言词汇调查研究的问题》《谈汉语方言语法材料的收集和整理》等文章，呼吁进行词汇、语法的调查研究，论述词汇、语法调查研究的方法论。这对当时及以后的方言词汇、语法调查研究都有着极大的启发和促进作用。1963年8月，福建省汉语方言科学讨论会在厦门大学举行。詹伯慧对以往关于汉语方言分区的主张特别是在20世纪50年代以来汉语方言分八大区的成说做了重新审视，既看到差异性，更注意一致性，提出了新的具体分区意见。他赞成福建方言学者提出的闽方言合为一个大方言区，闽北、闽南的划分归第二层的意见，并做了深入的理论阐述，他的阐述得到学界的广泛认同，成为学界早期对这一问题最系统而又最具代表性的权威之论。这一时期，詹伯慧的名字频频出现在《中国语文》以及武汉大学、厦门大学、北京大学等著名学府的学术刊物上。在当时专业学术刊物不多、老教授发表文章尚且不容易的情况下，詹伯慧作为一个青年学者，却能一年内在《中国语文》这个专业核心刊物上连发5篇论文，并且几乎每年都有文章在上面发表。作为新中国青年学者的优秀代表，詹伯慧已经崭露头角，备受瞩目了。

但是，一场噩梦把他送进"牛棚"接受劳动改造，他被剥夺了从事方言研究的权利，他原来积累的一些资料也被抄走散失。整整12年，他一个字都没有发表过。一个人，能有多少个12年可以损失？对于学术生命力正处于旺盛时期的学者来说，这样的损失又何止是12年之所能计！终于，噩梦醒来是早晨，党的十一届三中全会给了詹伯慧第二次学术生命，他也从青年步入了壮年并走向老年，开始了他生命中最为辉煌的岁月。

历史的新章是从詹伯慧受聘为日本东京大学客座教授和《现代汉语方言》出版发行时正式翻开的，但高潮迭起却要到1983年10月调任暨南大学以后才开始出现。

詹伯慧受聘为客座教授，不仅是改革开放以后的首例，也是新中国成立以来由国家教育部派赴日本的第一个，意义非同寻常。《现代汉语方言》是在我国百废乍兴，社会上对汉语方言知识需求甚切，而此类书籍却寥若朗星的情况下出版的，此书从语音、词汇、语法三个方面对汉语七大方言做了对照比较，充分显示了詹伯慧深厚的学养和驾驭材料的高超能力，不仅涵盖面广阔，个别的讨论也深入，简明扼要，深入浅出，颇受国内外欢迎，一版再版。受聘为客座教授和《现代汉语方言》的出版使詹伯慧在国内外学术界声名鹊起，他也因此而先走一步，从讲师升为副教授、再为教授，从而确立了在汉语方言学界的领先地位。

南来广州之后，依托着广东改革开放的大好环境和丰富多彩的方言资源，詹伯慧的热能得到充分发挥。他首先建立了暨南大学汉语方言研究室，从1984年开始招收硕士研究生。在培养研究生过程中，结合实施广东省社科"七五"重点项目"珠江三角洲方言调查"，研究生毕业时，三卷本《珠江三角洲方言调查报告》也陆续出版，做到了教学、科研和培养人才三者齐头并进。《珠江三角洲方言调查报告》以规模空前、材料丰富、系统性强而引起学者和读者的注目，先后6次获得国家和省级奖项。与此同时，随着方言调查的深入和调查面的拓展，以及方言材料积累的增加，詹伯慧有意识地整理了多年来一直思索的方言调查研究方法论问题，与几位资深方言学家合作并由他主编出版了《汉语方言及方言调查》。当时，为了培养学生从事方言工作的能力，越来越多的高校开设了"汉语方言"和"汉语方言调查"一类课程，但理论性和实践性结合得比较好的教材还很缺乏。《汉语方言及方言调查》从学科的发展和人才培养的角度，着重于方法学方面的论述，被誉为"既是一本荟萃学术成果，凝聚研究经验的专著，又是一部可以引人入门识路，便于循序渐进的教材"，"是近年同类书中最好的一部"，深受使用单位的欢迎，荣获国家教委第三届普通高等学校优秀教材二等奖。《珠江三角洲方言调查报告》是教学过程中形成的本体类成果，《汉语方言及方言调查》是服务于教学实践的理论性成果，两书的出版，使詹伯慧在学术界的地位进一步提高，方言学大家的形象呼之欲出。1990年9月，经国务院学位委员会评审，通过詹伯慧为现代汉语专业博士生导师，在暨南大学设立现代汉语博士点。

随着首届博士研究生的入学，詹伯慧一方面带领博士研究生继续实施广东省社科"八五"重点项目"北江、西江粤方言调查研究"；另一方面更加关注方言应用、汉语方言学科的发展路向问题，注意从学科的角度全面宏观地总结汉语方言研究的诸多方面，以构建学科的理论框架，提高学科的学术层次。他多次阐述了自己对汉语方言学的历史、现状及发展路向问题的观点，发表对粤、闽、客家方言的研究以及香港回归后的语言格局和语言工作的取向等问题的看法。在此期间，詹伯慧提出了著名的"粤方言'北上'和普通话'南下'的命题，从理论上分析了这个命题产生的社会历史原因，澄清了某些模糊的认识。1994年6月，由詹伯慧培养的4位博士研究生全部毕业并获得博士学位，这是我国第一批汉语方言专业的博士，全国仅有5位。这批高层次人才的出现，为汉语方言学的教学研究向更高层次发展提供了有利条件。詹伯慧积极努力，又把暨南大学汉语方言研究室发展成为暨南大学汉语方言研究中心。随后，师生合作的成果《粤北十县市粤方言调查报告》《粤西十县市粤方言调查报告》也陆续出版并分别获得第二届全国高等学校出版社优秀学术著作优秀奖和第六次广东省社科规划课题优秀成果二等奖。目前，历年留下来的博士已逐渐成为教学科研的生力军，詹伯慧又带领学生们积极完成广东省社科"九五"重点项目"广东粤方言概要"，同时着手撰写总结汉语方言学的历史经验，指导未来汉语方言学科走向的《现代汉语方言学》。詹伯慧希望在70岁以前把广东的粤方言大体调查清楚，并培养出一批年轻人，继往开来，把事业进行下去。

全面生动地记录詹伯慧教授追赶时日、不断超越自我的学术历程非本文之所能。就其大略而言，改革开放后这20多年中，詹伯慧培养了19个博士研究生、9个硕士研究生，出版了20本专著，发表了200多篇文章，应邀出访日本、法国、新加坡、泰国、美国、澳大利亚等国家和香港、澳门、台湾地区进行讲学和学术交流，出席了30多次国际性专业学术会议，主持了省"七五""八五""九五"社科重点项目和国家"九五"社科重点项目,研究成果屡获奖项,组织或协助举办闽、粤双语双方言国际研讨会和广东省中国语言学会年会,连续九届担任全国汉语方言学会理事,连续四届担任广东省中国语言学会会长……真是硕果累累,成就辉煌!詹伯慧已经是一个当之无愧的方言学大家了。几十年来,詹伯慧以他熟悉多种汉语方言,语言学科班出身且师承名门的优势,以及对方言所特有的敏锐的观察感受能力和扎实的调查研究基本功,先后对闽、粤、客、北方等四大方言的上百个方言点和人民群众日常生活语言的使用状况做了调查,掌握了丰富的第一手资料,在此基础上形成了独到的见解和具有个人特点的研究风格,对汉语方言资源的开发、方言理论框架的构建、方言调查研究方法的摸索、汉语方言学科的建设和方言研究队伍的培养都做出了突出的贡献,在汉语方言学学术殿堂中确立了自己崇高的地位。

二

　　詹伯慧教授的学术重点是汉语方言学,但他的学术眼界和成就并不局限于汉语方言。他十分重视理论联系实际,对推广普通话和社会语言文字应用工作倾注了巨大的热情,在理论上和实践上都做出了很大的贡献。

　　上大学的时候,他担任了学校新文字研究会的理事,积极开展拉丁化新文字推广活动,编办新文字专用壁报栏,对外撰写新文字宣传稿,发表了几篇有关文字改革方面的文章。大学毕业之后,他结合推广普通话和汉语规范化的实践,连续发表了《武汉人怎样学习普通话》《关于汉语规范化》《广济方音与北京语音的比较》《有关编写〈学话手册〉的几个问题》等著述。在我国实行改革开放政策之后,随着语言文字工作范围的扩大,詹伯慧对语言文字应用的研究也拓宽了领域,注意并加强对双语双方言、语言接触与相互影响、语言文字的规范化和标准化、辞书编纂和语言教学等问题的考察和研究。对于在方言区推广普通话,他认为这不是要禁止使用方言,而是要形成方言和普通话两者各司其职、有主有从、互相配合、双语并用的局面。对于方言地区的人民学习普通话,他认为不同的学习者应有不同的学习内容和学习要求,宜乎采用不同的学习方法,但都要"知己知彼",通过方言调查找出方言与普通话之间的对应规律,有针对性地利用对应规律进行对症下药的普通话教学,以取事半功倍之效。对汉语规范化,他认为,语言的规范是动态的、发展的,不是静止的、一成不变的；他主张语言规范的原则，应从语言应用中来，从语言习惯中来，为语言应用而规范；他强调，在语言规范中，一定要防止乱挥警棍的"警察行为"，要多做语言的"导游"，把人们带进绚丽多彩的语言海洋中，享受语言世界的乐趣。他的这些见解，深受学术界的赞赏，被认为是"对语言规范问题认识的深入"，"在理论上、实践上都是一种进步"。

为了让理论更直接地指导现实社会的语言生活和文化教育等多方面实践活动，詹伯慧还写了不少文章，用许多生动的例子来讨论学习普通话和汉语规范化中的具体问题。对于方言地区语文教学中方言的使用，詹伯慧指出，对待方言口语与书面语之间的矛盾，既要有所规范，又要有所宽容；写作上对语言规范的掌握要注意宽严得当，而口语表达上则又不妨多加宽容。要掌握分寸，就得调查了解方言使用的情况，避免滥用方言，防止学生把方言当作规范的共同语来使用。对于报纸上的方言用词，詹伯慧指出，从地方性、通俗性的角度出发，适当使用一些群众喜闻乐见的方言词语以增强报纸的吸引力是无可非议的，但不能不注意分寸、注意场合，如果滥用，可能会影响语言表达的效果。对于现代汉语教学，詹伯慧指出，了解方言情况，掌握方言知识，有助于学生深入认识现代汉语的特点，提高学生准确运用现代汉语的实践能力。詹伯慧还很重视粤方言的规范问题，提出以"明确规范，减少分歧，树立标准，以利应用"为宗旨给粤语正音，以使粤语能够在有明确规范的前提下更好地发挥作用。澳门著名作家、《澳门日报》总编辑李鹏翥指出，詹伯慧的这些论述"有的放矢，对症下药，以大量例证来阐明道理，娓娓动人，具有雄辩的力量"，"将有助于提高对普通话的认识，加强对学习普通话的自觉性和积极性，促进与全国南北各地开展商务、文化、艺术等多方面的交流活动"。

除了从理论上指导推广普通话和汉语规范化工作外，几十年来，詹伯慧一直坚持积极推广普通话，支持推广普通话工作。早在武汉工作时，他就多次为普通话培训班讲课，编写有关的学话手册，为湖北的推广普通话工作贡献聪明才智。到广东之后，面对广东复杂的方言状况和相对滞后的普通话普及情况，他多次撰文分析普通话未能在广东全面推开的原因，指出在广东推广普通话的必要性和有利条件，呼吁在广东大力推广普通话以适应改革开放和现代化建设的需要；同时，在实践上身体力行，率先垂范，或为"推普"工作培训骨干，或担任普通话比赛评委，或为电视台、报刊撰写"推普"稿件，或为方言区人民学习普通话撰写学习手册或教材,只要是"推普"的工作,他再忙再累也要挤出时间给予支持,从不推辞。20世纪80年代中,广东电视台决定编辑制作《每日一句话》的普通话系列节目,请詹伯慧主持编写,尽管当时他手头的工作比较多,但他还是愉快地接受了,加班加点把节目编好。中国国际广播电台对华侨广播部准备开办华侨汉语教学讲座,时间比较紧,他们找到詹伯慧帮忙编写教材,詹伯慧二话没说,马上约同饶秉才、陈慧英两位老同学一起,没多长时间就把《学讲汉语普通话》的书稿送到了编辑手上。由于詹伯慧德高望重而又有求必应,所以省语委或市语委有什么事都喜欢找他,特别是急事、难事更非找他不可。1992年初,广东省委、省政府发布了《关于大力推广普通话的决定》,在全国产生重大的反响。《人民日报》向省语委约稿谈广东推广普通话,说好几天内就要见报,省语委推荐詹伯慧撰写,詹伯慧欣然应命,第二天就把《推广普通话适应改革开放》发出去了。在这篇文章中,詹伯慧谈到推广普通话与改革开放的关系,谈到广东推广普通话如何跃上新台阶,意见中肯,具有现实和长远的指导意义,发表之后在读者中反映甚好。1998年9月第三周是国务院确定的首届推广普通话宣传活动周,其时詹伯慧正在新加坡讲学,当他接到省语委要他为"推普周"撰写一篇文章时,他硬是挤时间写了《提高认识,强化措施,把广东的"推普"工作推上新的台阶》传真回来。他对广东"推普"工作的热心和做出的贡献,由此可见一斑。

詹伯慧对社会语言文字工作的贡献还体现在辞书的编撰上。辞书面向广大群众,使用频率高,影响面广,一部好的辞书就是一位好老师。收单字56000多个的《汉语大字典》,詹伯慧参与了筹备上马工作,随后作为编委会委员主持收字和审音工作,负责设计、草拟收字、审音的条例,这是我国辞书中唯一一部标注上古、中古、现代三段字音的大型字典。詹伯慧还是《中国大百科全书·语言文字卷》方言分支学科的副主编兼撰稿人,方言条目的1/3是由他撰写的。近期将要出版的《广州话正音字典》,詹伯慧是主编,主持全书的审音编辑出版工作。詹伯慧还为粤语区的学生编撰了《粤港澳学生用普通话常用词词典》,从对比的角度帮助粤语区学生学好普通话。此外,詹伯慧还曾与他的学生合作编写了《东莞方言词典》,为《出版词典》等辞书撰写了不少条目,受聘为《中国语言学大辞典》顾问及汉语方言卷审订人、《中国语言学年鉴》编委会委员、《广东百科全书》编委会委员、"潮汕文化丛书"顾问等等。他在辞书工作方面的贡献,丝毫也不比方言研究方面的建树逊色。由于詹伯慧在推广普通话和社会语言文字工作方面的突出贡献,国家语言文字工作委员会在1992年和1997年先后两次授予詹伯慧"全国语言文字先进工作者"光荣称号。

三

1980年,日本东京大学中文系由于原任教的台湾教师退休,拟另从中国大陆聘请知名教授开设讲席。中国教育部推荐了詹伯慧。经过东京大学文学部全体教授投票赞同,詹伯慧正式赴日讲学两年。当时,中国关闭已久的大门刚刚打开,中日两国多年少有交流,隔阂之深可想而知。詹伯慧在日本做了多次学术报告,介绍了中国大陆汉语研究的最新信息和动向,为中日汉语学界的交流起了重要作用,也为以后交流的发展打下了坚实的基础,其贡献之大,是不言而喻的。而詹伯慧也充分利用交流活动中的各种机会,善结良缘,广交朋友,切磋学问,把汉语方言学,同时也把自己推向了世界。在日本讲学期间,除了学术报告之外,詹伯慧还为研究生和本科生开了汉语方言学、现代汉语、文章选读、写作以及汉语会话等五门课程。汉语方言学的讲稿,就是他已送湖北人民出版社的《现代汉语方言》书稿。年轻的日本学者樋口靖边听他讲课边翻译成日文,在他回国后不久,《现代汉语方言》的日文本也在日本出版了。在此期间,经日本中国语学会会长波多野太郎写序推荐,他早期的著作《浠水方言纪要》和第一本论文集《汉语方言文集》也由日本东京龙溪书舍出版。詹伯慧在日讲学期间,与日本学者平山久雄、波多野太郎、桥本万太郎、田仲一成、冈村繁、樋口靖等结下了深厚的友谊。这一段友谊,又成为以后暨南大学文学院与日本九州大学文学部缔结学术交流协定、互派交流学者的先导。在得知庆祝詹伯慧教授从教45周年纪念文集征稿时,80多岁的波多野太郎和平山久雄、冈村繁都欣然撰稿应征。在詹伯慧今年9月经平山久雄教授安排再次访日时,波多野太郎先生又拿着修改过的论文专程从横滨到东京来看望詹伯慧,真是情深谊长。詹伯慧首次日本之行,还促成王力教授访日,成为中日文化交流史上的一个重要篇章。王力先生对与中国文化关系密切的日本、朝鲜和越南三个民族很感兴趣,早年研究过越南语,曾在河内做了一年研究工作,写出了名著《汉越语研究》。他老人家一直希望有机会东访日本。詹伯慧到日本后,向日本学者转达了王力先生的问候,同时又在适当的场合将王先生访日的愿望做了透露。由于王先生时年已82岁,日本学者既渴望能有机会一睹王先生的风采,聆听王先生的高论,却又担心如此高龄的学者远游劳累。经过詹伯慧的游说,日本"国际交流基金会"终于向王力先生发出了请帖,了却了王先生的一桩心愿。

与台湾著名学者丁邦新教授的交往,也开始于在日本的这段时间。丁邦新在音韵学、方言学等方面是卓荦大家,他同时还是赵元任《中国话的文法》一书的汉译者,在国际汉学界卓有声望。詹伯慧与他开始是学术上的神交,到日本后通过台湾来日的学者捎致问候,然后互通书信,到两岸学者有机会相见时彼此已经相当熟识了。1997年年初,丁邦新出席在泉州举行的第五届闽方言国际学术研讨会,这是他首次来大陆参加学术会议;是年5月,詹伯慧邀请丁邦新担任暨南大学现代汉语方言博士学位论文答辩委员会委员;7月,又邀请他出席在中山市举行的广东省中国语言学会1996—1997年学术年会,当他在中山翠亨村聆听到孙中山先生当年的讲话录音时,激动得热泪纵横。近20年来,詹、丁两人的这种友谊绵绵不断。詹伯慧66岁寿诞,丁邦新为纪念文集写了一篇情真意切的序;詹伯慧赴台、赴美访问讲学,丁邦新也做了热情的接待和妥善的安排。用丁邦新的话说,"做学问的人总是有共同的语言,永远愿意为中国的学术进步携手合作"。两岸的友好交流,又增添了新的佳话。

作为文化交流使者,詹伯慧除了向日本介绍中国的情况之外,也向国内介绍日本的情况。初到日本不久,他即向国内发来《关于日本国语研究所和日本的汉语研究工作》一文;应邀出席日本中国语学会第三十、第三十一届年会后,又连续发来《日本中国语学会第三十届年会》和《日本中国语学会第三十一届年会》的专稿;回国后又写下了全面介绍日本语言研究情况的《根深叶茂的日本中国语学会》,使国内的学者对日本的语言研究特别是汉语研究情况有了比较深入的了解。他还利用假期走南闯北,寻幽访胜,广泛接触社会,以《东瀛杂记》为总标题写下了几十篇有关日本列岛风光、社会风习、学府风貌、学人修养、中日文化交流方面的散文,向中国读者介绍日本的社会历史、风土人情,让初开国门的国人大开眼界。

日本之行为詹伯慧打开了通向世界的大门,此后,他又多次应邀走出国门，或访问讲学，或出席会议，或学术合作，每一次都留下了友好交流的足音。

新加坡，詹伯慧前后去了4次，其中有两次是访问讲学。他做了《谈谈方言和普通话》和《略论语言规范与语言应用》等专题报告，与新加坡的专家和有关官员交换推广华语问题的意见，接受电视台及报社的访问，畅谈他对语言规范和语言应用的意见，他的话因此而成为新加坡第一大报《联合早报》上的"时人语录"，他的讲稿《略论语言规范与语言应用》也被《联合早报》缩写分两天刊登并加了编者按。而他发表在国内国家语委机关刊物《语文建设》上的《新加坡的推广华语运动》则是交流的产物，一直被认为是对我国"推普"工作富有启发意义的佳作。此期间，詹伯慧还以广东省中国语言学会会长的名义和当年分管珠海语委工作的雷于蓝副市长联名邀请新加坡学者卢绍昌、张楚浩到广州、珠海传授新加坡推广华语的经验。

他与法国也有不解之缘。业师王力、岑麒祥都是法国留学生，大概是原因之一，大学时詹伯慧没有选修当时极为时髦的俄语而改选法语，他的法语译作还曾得到王力先生的赞赏。詹伯慧在方言研究方面取得的成就，引起了世界汉学界的注目。1989年5月，法国高等社会科学院发函邀请詹伯慧作为客座教授，到该院东亚语言研究中心讲学一个月。1990年5月，詹伯慧如约来到法国，为法国学者做了4场专题演讲，法国著名汉学家李嘉乐教授每次都亲自主持讲座。他在讲演中，论及汉语方言分区、广东方言概况、推行共同语和实行双语制及珠江三角洲方言调查等问题，引起法国汉学家的浓厚兴趣。同时，他还广泛接触法国汉学界人士，查阅图书馆珍藏资料，拜访法国华人侨领。在友好交流过程中，他深深感到汉语在国际文化交流中的作用，有感而发，写下了《汉语促进国际文化交流》一文。

占着人缘地理优势，詹伯慧与香港、澳门的关系特别密切。1981年就已从日本应邀到香港大学作学术演讲。20世纪80年代中以来，詹伯慧几乎每年都到香港或澳门进行学术交流或学术合作，开设学术讲座和出席专业会议不算，其中大型的合作有三项：一是与港澳学者和闽粤学者合作主办两年一次、交叉举行的国际闽方言研讨会和国际粤方言研讨会，这两个国际研讨会目前已分别开过六届和七届，备受国际语言学界瞩目。二是与香港著名粤方言专家张日昇教授等人合作多年，对珠江三角洲地区的方言和西江、北江流域的粤方言进行调查，连续推出《珠江三角洲方言调查报告》（三卷本）、《粤北十县市粤方言调查报告》《粤西十县市粤方言调查报告》等多部著作，这些成果前后连贯，系统性强，有重要学术价值，为学界所重视，屡获奖项。三是粤港澳三地专家学者合作，由詹伯慧主持成立广州话审音工作委员会，用了七八年的时间审订字音并编写《广州话正音字典》，目前已完稿送出版社，近期即可出版。此字典编纂过程中已受到社会广泛关注，相信出版后定能发挥应有的作用。

在多年的对外交流活动中，詹伯慧始终保持一个学者的本色，每到一个地方，他都要向朋友们介绍汉语方言调查研究的情况，宣传我国的语言文字政策，传播中华民族的优秀文化。他的真诚和努力，赢得了海外朋友们的信赖和尊敬，增进了海外朋友对我国的了解和友谊，也从一个侧面给国人增加了了解世界的渠道。作为一个文化使者，詹伯慧为我国的对外文化交流做出了积极贡献，扩大了汉语方言学的国际影响，在这个过程中，詹伯慧也逐渐成为世界知名的语言学家。

四

由于詹伯慧在学界、社会及海外具有广泛影响和崇高地位，1985年2月至1989年3月，暨南大学任命他为复办后首任文学院院长。从1988年起，他被选为第七届全国人民代表大会代表，同时担任第五、第六届广东省政协委员兼教育文化委员会副主任；以后又分别于1993年和1998年连续被选为第八、第九届全国政协委员。他同时是广东省文史研究馆副馆长，还兼着几十个社会职务，如全国汉语方言学会理事、广东省中国语言学会会长等，刚刚从民盟中央委员、广东省民盟副主委的位置上退下来。

有人觉得，兼任这么多的社会职务，肯定影响学术研究；更有人劝说，倒不如专心搞政治算了。詹伯慧微微一笑：我是搞学术搞得好而成为学人代表的，离开了学术，我还能代表谁？我是一定不会离开学术专门去搞政治的。我们不是生活在真空里，方言研究本身就是要接触、了解社会，应用于社会，服务于社会，这与参政议政的思路是一致的。虽然专业工作与社会工作在时间上有时会有矛盾，但我也学会了弹钢琴，学会了用力有轻有重。他的参政议政工作和其他社会工作，大多与专业密切相关。多年来，在"两会"期间，由他牵头联合其他代表、委员签署的有关语言文字工作的议案或建议达十余件。他觉得，学人在专业上发挥出来的政治作用，有时是其他人所无法代替的。第二届国际粤方言研讨会预定于1989年7月30日至8月2日在广州举行。但会期前不久刚发生了"六四"事件，会议能否按期举行，成了很多人关注的热点。詹伯慧通过广泛的社会关系，做好细致的联络工作，邀请到港澳知名学者张日昇及郑定欧、廖国辉、胡培周等多人出席会议，台湾著名学者何大安和多位香港学者因故不能出席会议还寄来论文。会议如期举行，广东省委常委、副省长卢钟鹤来函祝贺，新华社向全世界发送了这次会议的报道，会议在一定程度上打破了封锁，从一个侧面向世界表明了中国政治、经济、社会稳定的局面和继续改革开放的决心，赢得了良好的声誉。

　　詹伯慧乐意做社会工作，不管大事小事，不论单位个人，只要找到他的，他都能办则办、能帮则帮，以至于有人说他"不务正业"。但他认为，学术只有贡献于社会、为社会服务，才能得到社会的认可和承认，这样社会才能够回报和贡献学术，学术也才能够因此而得到进一步发展。广东省中国语言学会多年来办得红红火火，举办学术年会和学术沙龙活动，编辑出版《学会通讯》，主办全国性和国际性学术会议，组织大型科研合作等，基本上都是詹伯慧利用别人可以用来研究写作的时间四处奔波筹来经费的，这其实是学会服务现实得到回报的体现。对此，詹伯慧在广东省中国语言学会1987—1988年学术年会上的闭幕讲话，提供了一个很好的注脚：咱们身在广东，作为广东的语文工作者，一定要多多了解广东的语言实际，一定要立足于广东的现实，面向广东的实际，把解决广东语言实际问题和发掘整理广东的语言资源作为我们语言研究工作的重点，这样，咱们的语言工作才能密切配合广东"四化"建设的开展，特别是文化教育建设事业的开展，才能对广东的改革开放起到推动的作用。一旦我们的工作和社会需要挂上钩，我们的学会自然就会充满活力，我们的事业也必然会得到各方面有力的支持，必然会不断得到发展。

　　身为全国人大代表、政协委员和省民盟副主委，詹伯慧认为自己做的都是民意代表的工作。做民意代表就要反映民意。多年来，詹伯慧注意眼睛向下，多方接触群众，关注社会热点，及时发现问题，大胆披露问题并提出解决办法。针对高校"校长—走廊、处长—礼堂、科长—操场""官本位"思潮泛滥，学校几成"官府"的现象，詹伯慧在民盟中央机关刊物《群言》上大声疾呼《学府决不能变成"官府"》。20世纪90年代初，辞书界弄虚作假猖獗，伪劣产品流行，詹伯慧撰文《为辞书学界的打假批劣叫好!》，同时牵头提案《加强打假力度，在学术界认真开展道德教育,建立良好学风》,要求把打假批劣的覆盖面扩大到整个学术界。近年来,詹伯慧牵头的提案都与社会热点问题有关:《对高等教育建设211工程的几点建议》《加强社会科学领导管理,建立国务院和各地政府的"社科办"》《加大整顿社会治安的力度,在防患于未然上下功夫,争取治安情况更明显的好转》《请求国务院批准广东建立全国首家高新技术风险投资基金》等,充分表现了民意代表体察民情、关心民意、反映民心的赤子情怀。

在这么多年人大、政协的视察考察活动中,詹伯慧跑遍了广东的湛江、潮汕、韶关、清远、河源、梅州等地,专挑边远地区和贫困山区,唯独珠江三角洲富裕地区没有去视察过。他觉得,体察民情,最要紧的是探困,是帮助贫困落后地区解决发展问题,因此他主动要求到这些地区视察,为这些地区的经济发展和社会进步出谋献策。有一次,全国人大视察组到韶关视察,原先没有安排乳源作视察点,詹伯慧和其他几位同志提出了到乳源的要求并获安排,经过调查了解,詹伯慧等人回来后向有关部门反映了乳源穷困的情况,引起省领导的重视,过后不久,省领导也到那里访贫问苦来了。詹伯慧的家乡饶平县目前还属贫困地区,对于改变家乡的落后面貌,詹伯慧也常萦绕于怀。1991年冬,由他和张琮同志率领的全国人大代表视察组专门视察了家乡饶平,深入到沿海和山区了解当地自力更生、脱贫致富的情况,建议饶平乡亲要充分利用山海兼备的特点,念好"山海经",给家乡人民以极大的鼓舞和支持。

詹伯慧视学术为生命,以服务社会为己任,终成一代学人中的佼佼者。国内编纂的《中国现代语言学家》《中国当代教育名人传略》《中国当代文化名人大辞典》《中国语言学大辞典》《中国现代社会科学家大辞典》《广东百科全书》《潮汕人物辞典》等十几本人物辞典都收入了他的小传,英国剑桥国际传记中心的《世界名人传记》《世界有成就人物名录》和美国传记中心的《国际杰出领导人物》《世界500位有影响领导者》等多种世界名人辞典也收入他的传略。

当我们沿着历史的轨迹追寻詹伯慧教授的成功之路时,我们不能不肯定地说,视学术为生命必然全情投入,以服务社会为己任终将回报满怀。这就是历史的辩证法。

1999年11月10日

谈詹伯慧先生对台湾学术界的影响[①]

竺家宁[②]

一、前言

詹伯慧先生是两岸学术界共同景仰的知名学者,他在方言学、汉语语言学方面都有巨大的贡献与影响。詹先生曾经多次访问台湾,应邀讲学,对台湾年青一辈的学者影响甚大,对台湾的学术研究方向也提供了许多可贵的研究经验。本文试图处理詹伯慧先生提出的一些语言观念,一方面介绍他的学说和论点,另一方面也从当中看出其在两岸交流上的影响。下面我们就从三个方面来讨论相关的问题。

(一) 语言规范问题

这是詹先生论著中比较关注的课题,詹先生曾发表一系列相关论文,包括《当前一些语言现象与语言规范》《再论语言规范与语言应用》《漫谈海内外汉语言文化的互动》等。

(二) 方言与共同语

詹先生关注的另外一个课题,是有关汉语方言和民族共同语的历史发展以及互动的关系。

这方面他发表的论文包括《试论方言与共同语的关系》《海峡两岸开展闽南方言研究之我见》《略论方言地区的双语应用问题》《汉语方言调查与汉语规范化》《当前汉语方言研究中的几个问题》等。

[①] 本文在"庆祝詹伯慧先生八十华诞从教五十八周年暨汉语方言国际研讨会"(暨南大学汉语方言研究中心,2011 年 6 月 28—30 日)上宣读,在《南方语言学》第五辑(2013 年)发表,略有修改。

[②] 作者系台湾政治大学教授。

（三）方言史的问题

詹先生在方言史方面也多次提出其研究心得，包括《二十年来汉语方言研究评述》《汉语方言研究 30 年》《汉语方言语法研究的回顾与前瞻》《方言分区问题再认识》等。

下面我们就按照这三个课题，来介绍詹伯慧先生的观点，并描述这些观点在海峡两岸所产生的影响。

二、詹伯慧先生在语言规范问题上的研究成果

关于语言规范问题，詹伯慧《再论语言规范与语言应用》(《语言教学与研究》1999 年第 3 期）特别提到了国外的经验——法国于 1635 年成立了权威的法兰西学院，这个学院的职责之一就是研究法语的规范化——进而提出汉语是世界上使用人口最多的语言，汉语规范化工作的重要性就更不待言了。在这个方面，从 1979 年正式出版，尔后多次修订增补的《现代汉语词典》，被詹伯慧先生认为是集现代汉语词汇规范大成的权威之作。最近出版的《现代汉语规范字典》（李行健主编），又在词汇规范化方面迈出了新的一步。

广东省粤、闽、客三大方言鼎立，学习普通话有很多困难，在方法上，詹伯慧先生主张广东的语文工作者应投身"推普"工作。要结合方言的实际，研究本地区方言与民族共同语的异同，找出对应规律，这样就可以帮助人们解决一些语言学习中的难题，使大家能更有效地掌握好民族共同语的规范。詹伯慧先生也强调，语言应用的舞台非常广阔，大力推行民族共同语不会使所有方言都销声匿迹。

詹伯慧先生论述了语言规范化与语言应用多元化的关系，也可以从国外的经验观察，像亚洲的新加坡是个典型的语言多元化社会，欧洲的瑞士、北美的加拿大也都是语言多元化的国家，语言多元化并没有给这些国家的发展带来多少障碍。而南亚大陆的一些国家，就曾不止一次地发生过由于语言应用多元化，在政策上存在问题而导致的民族冲突。新加坡政府面对多种族、多语言、多文化的现实，尊重各种族（华族、马来族、印度族）使用各自母语的权利，在华族的中小学中，一定是英文—华文双语并用；同样，在马来族学校中，除了将英文作为教学语言以外，一般也

是以马来语作为第二语言。占新加坡人口七成以上的华族人民，使用着祖辈从中国原居地带来的各种方言母语，所以有必要推广共同使用的普通话——华语。新加坡的华语运动，取得了举世瞩目的显著成就。原以中国闽、粤、琼地方方言为母语的华族人民，都能使用共同华语（普通话）进行交际，而在宗亲、家庭范围内保存各自方言的另一层多元化语言应用的格局，形成一个在多元文化、多元语言社会中各种不同层次与不同作用的语言并存并用、各司其职的和谐局面，这确实是新加坡在语言政策上的极大成功。

关于语言规范化与语言多姿多彩的关系，詹伯慧先生强调汉语是高度发达的语言。语言规范化方面的问题，要做到去芜存精，既维护语言规范的准则，又不至于影响语言表达的多姿多彩。在语言规范化与方言词语运用的关系方面，总是表现出"同中有异，异中有同""你中有我，我中有你"。共同语在发展的过程中，也从各地方言中吸收一些有益的成分来充实自己，使自身更臻丰富和完善。

早年共同语中吸纳过个别江南吴语（以上海话为代表）的语词，如"垃圾""尴尬"等；近十多年来，随着南北经贸交往的日益频繁，又有一些粤语的词汇"北上"进入共同语的词库，这都是有目共睹的事实。

约定俗成是主导语言发展变化的主要原则。那么，对语言规范化和约定俗成的关系又该如何看待呢？这一点，詹伯慧先生强调唯有约定俗成才是形成各种语言现象、造成各种语言差异的通规，才是打开许许多多无法解释的语言现象之门的总钥匙。约定俗成甚至可以使"错了"的东西成为可以接受的东西，这就是通常所说的"积非成是"。某个按传统读音规律应属误读的音，只因大家都习惯念错了，久而久之，也就成为你不得不承认的读音，也只好让它以"俗读"的身份堂而皇之地进入字典、辞典。詹伯慧先生提到广东人因为南方终年不见冰雪，人们普遍都是冰雪不分，于是言及冰雪的词，往往混淆不清，最典型的莫过于说粤语的人，凡普通话以"冰"为语素的词，大都以"雪"代之，如"冰棍儿"是"雪条"，"冰淇淋"是"雪糕"，"冰水"是"雪水"，"冰箱"是"雪柜"，"溜冰鞋"是"雪屐"，"冰镇"是"雪藏"。这就是约定俗成。

在缩略词方面，詹伯慧先生举例说，如"北京大学"叫"北大"，"兰州大学"叫"兰大"，"清华大学"，有谁把它简称为"清大"？天津的名校"南开大学"，上海的名校"复旦大学""同济大学"，都不取一、三字做简称,而取前二字做简称,说成"南开""复旦"和"同济"。新加坡国立大学,不能简称为"新大",习惯上叫作"国大"。这也是约定俗成。

作为规范的《现代汉语词典》,从1956年便开始编纂,在老一辈语言学者吕叔湘、丁声树等的主持下,一大批语言专业人员埋头苦干,经过多年锲而不舍的努力,1965年印出"试印本",1973年以"试用本"名义发行,1979年才开始出版正式的本子,以后陆续进行多次修订。20世纪80年代末90年代初,在吕叔湘先生的关怀和指导下,一大批熟谙汉语基础方言——北方方言的语言工作者,由陈章太、李行健两位牵头,组成了庞大的北方话基本词汇调查队伍,全面开展了对大约100个北方方言点的词汇调查。这是规范工作的基础。

詹伯慧先生指出,近几年来,社会上语言文字的应用出现了一些令人关注的问题,用字的规范得不到认真的贯彻,乱造简化字、滥用繁体字的现象在一些地方泛滥成灾。另外,时下新词新义层出不穷,更非花大力气跟踪调查不可。及时汇集社会上流行的新词新语,进行整理分析,阐明来龙去脉,无疑是有现实意义的。近几年来出现了一些《新词语词典》一类的工具书,其中也包括一些或谓"港澳",或谓"港台"的词典,说明不少人在注意、在收集新词语,特别是南方粤、闽方言的词语,并将之与民族共同语进行比较,编纂成书。不过,詹伯慧先生也指出,有的书商业色彩很浓,学术价值不高,纯属粗制滥造之作。如把"港""台"词语硬拉到一块儿,就有常识性的毛病。

据统计,《现代汉语词典》原收词5.6万条,1996年修订版收词6.1万条,其中新增词目9000多条,删除陈旧词语及过于专门的科技词目4000多条。增收的词语以新词语为重点,约占所增词语的1/3。这许多新词语,正是改革开放以来随着经济建设的发展和国际交往的增加而产生的。《现代汉语词典》如此大面积地进行修订增补,充分体现出汉语规范是动态的、发展的,而不是静止的、一成不变的。

詹伯慧先生提到近几年来北京语言文化大学出版社也有计划地出版冠以年号的《汉语新词语》,每年一册,每册收词数百,颇有"新词语年鉴"的作用。这样持之以恒地编纂下去,对于现代汉语词汇的规范化来说,无疑是很有意义的资料汇集工作。由李行健主编的《现代汉语规范字典》经过多年努力,已在最近出版问世。

三、詹伯慧先生在方言与共同语问题上的研究成果

詹伯慧先生曾发表《海峡两岸开展闽南方言研究之我见》，认为闽南方言是汉语方言中源远流长、多姿多彩的一支，流行于闽、粤、台、琼、浙等省。浙南地区的闽南话通行范围不广，但自20世纪50年代以来，也有学者进行过零星的调查，发表过有关的文章。海南岛的闽南方言是全岛的交际用语，台湾、大陆乃至海外的学者，近几十年都做过调查。詹伯慧先生认为，开展两岸闽南方言的调查研究，当前宜从以下几个方面入手：①分工协作，对闽南方言做一番全面的调查。就目前情况看，台湾闽南话（台语）的调查工作基础较好。广东省的闽南方言势力最大的潮汕方言（通称潮州话），把潮汕地区闽南话的全面调查和潮汕历史文化的研究结合起来，可望会收到更好的效果。②广泛收集资料，开展专题研究。曹逢甫教授提出的论文《闽南语动词分类研究》便是一篇深入讨论闽南方言语法特征的专论。③综合比较，揭示整体面貌。闽南方言遍布海峡两岸好几个省，在各省各地调查研究有了一定基础之后，及时着手集结来自不同地区、不同学者的有关资料和论点，进行归纳统计，综合分析。闽南方言研究更高层次的具体体现，例如20世纪50年代董同龢先生撰写的《四个闽南方言》，20世纪80年代陈章太、李如龙两位先生撰写的《论闽南方言的一致性》和《论闽方言内部的主要差异》，就都是这方面很有益的实践。④绘制方言地图、编纂方言词典，是不容忽略的工作。如今面对着闽南方言这样一个通行地域跨越海峡两岸好几个省的方言，在编写有关闽南方言的著作时，是绝不能不考虑方言地图的安排的。⑤闽南方言与闽南文化研究。地方方言反映多姿多彩的地方文化，海峡两岸各个支系的闽南话，必然也反映出闽南文化的多姿多彩。在进行闽南方言的调查研究时，结合当地历史文化背景来探讨，是很有意义、很有必要的。

詹伯慧在《略论方言地区的双语应用问题》一文中，强调既推广了普通话，又保留了方言的社会语言应用格局。这样一个方言地区双语应用的格局，既符合方言地区经济发展和社会进步的需要，也体现了社会语言生活日益多元化的发展趋势。

关于共同语与方言的关系，詹伯慧先生提出：①在渊源方面，方言和共同语无疑有着共同的历史渊源，都是汉语历史发展的产物。②方言和共

同语从内涵上看，不同的方言和共同语可以说是不分上下、不分主次的。由于汉语方言的特殊性，汉语各方言存在着渊源关系，许多语言要素在不同方言和共同语之间往往也就表现为"同中有异、异中有同""你中有我、我中有你"。③由于市场经济的日益发展，地区间经贸往来和文化交流的日渐加强，人们的南来北往更加频繁，方言和共同语的接触和融合必然加剧，相互间的影响必然更加显著。近20多年来，南方方言的词语大量进入共同语，就是一个明显的表现。

有的地区汉民族共同语显然占着社会交际语中的主导地位。例如新加坡，由于政府下大决心、用大力气连续20多年在占全国人口76%的华人中实行推广"华语"（普通话或"国语"）的政策，现在已做到华人中除少数年长者外，绝大多数都能以"华语"来进行交际。可见，在方言与共同语双语并用的前提下，不同地区、不同社会可能出现不同的双语应用模式。

詹伯慧又在《当前汉语方言研究中的几个问题》当中论述，既然汉语方言的研究在宏观研究方面相对比较薄弱，那么，加强宏观方面的研究，包括理论方法上的研究，也就是当务之急了。比方说，汉语方言跟汉民族共同语的关系问题，汉语方言的分区及各种方言的归属问题等，就有必要着力加以深入探讨。

民族共同语是建立在北方方言基础上的，但是，进一步要问，这个基础指的是什么？可见北京方言的语音跟作为民族共同语标准音的"北京语音"在概念上显然是有区别的。单就方言和共同语的关系而言，就已经有不少值得探讨的问题了。几十年来语言学界惯用的汉语"七大方言说"和近十来年新提出的"十大方言说"，应该说都是从语言事实出发设计出来的。之所以各执己见，难以统一，我想恐怕主要是彼此对如何构建汉语方言分区总框架这个宏观问题存在不同见解的缘故。

在描写、叙述一种方言的现实面貌时，一定要以口语的记录作为主要的依据。以口语材料为主、以书面材料为辅始终应是方言研究取材的原则。方言研究有共时研究和历时研究，在历时研究中，要了解语言的历史发展轨迹，要认识方言间存在的关系，要构拟古代方言的面貌，就只能依靠古代文献的资料。

詹伯慧另外发表了《试论方言与共同语的关系》，从不同的角度来考察和剖析方言和普通话之间的关系，认为一个全民共同使用的语言，总是有利于治国安邦，有利于社会发展的。我们现在还经常提到普通话不等于北京话。方言中的许多语音、词汇、语法现象自然也有跟共同语相同的，当然除了相同的因素以外，方言中必然还会有一些跟共同语相异的地方，存在着"你中有我，我中有你""同中有异，异中有同"这种亲密关系的语言（或方言）。

共同语形成后，还会继续从其他方言中吸取有益成分来丰富自己。犹如 20 世纪 30 年代就有一些以上海话为代表的吴方言词汇被吸收到"国语"（普通话）中来一样，到了 20 世纪 80 年代后，随着我国改革开放形势的发展，南方经济"先走一步"对北方的影响，又有不少粤方言的词汇被吸收到共同语中来。至于各地方言中不断涌入共同语的因素，那更是屡见不鲜、习以为常的事了。就这一点来看，方言与共同语并非相互排斥、相互对立，而是相互吸收、相互补充的。

方言甚至连语音系统也因经不住普通话的冲击而产生了变异。明显的例子就是吴方言上海话声调现在只有 5 个，而在老一辈市民的话语里，却是有 7 个声调的。即使在广州以至整个珠江三角洲这样从来被认为方言习惯比较顽固的地方，近年来会说普通话、愿说普通话的人也大大增加，社会语言环境已不再是只有方言独霸的局面了。

南方的粤方言一向被认为是汉语方言中最具"强势"的方言，但是，詹伯慧先生强调一个先进的民族和一个发达的国家都不能没有自己的共同语，民族共同语在国家发展、社会进步中所发挥的作用是任何地方方言都不可比拟的。方言和共同语是语言大世界中两种不同类型的交际工具，它们都会随着社会的发展而有所发展。

在一些方言处于"强势"的地区，共同语的推广只是立足于使普通话成为人人会说、人人爱说的一种共同交际工具，而并不存心要使方言从此消失。事实上这类深深扎根于人民群众之中，历史悠久、流通较广的地方方言，是不可能因为共同语的进入而从语言社会中消失的，而是作为配角，与共同语并存并用。这实际上就出现一个"共同语得到普及，方言得到保存"的局面，以共同语作为社会公共交际工具和公务往来的语言，以地方方言作为乡亲交往、亲朋叙旧的语言。

詹伯慧《汉语方言调查与汉语规范化》又指出，只有开展汉语方言调查，比较方言与共同语的异同，彻底弄清方言中形形色色的特点，才能面对语言事实，对各种方言现象进行分析整理。当年主持汉语方言普查工作的著名语言学家丁声树先生,正是后来《现代汉语词典》编辑定稿的主持人。《现代汉语词典》中也凝聚着汉语方言调查工作者的一份心血。

四、詹伯慧先生在方言史问题上的研究成果

詹伯慧先生在《方言分区问题再认识》一文中说,从黎锦熙的汉语方言十二系,到赵元任、李方桂的汉语九种方言,王力的五大方言区,到当代的八大方言、七大方言一直到近期提出的十大汉语方言,这些观点,涉及了汉语方言如何区分的问题。詹伯慧先生认为方言界线的划分和方言分区不是一回事,方言通常指的是地域性的方言,并不指所谓的"社会方言"。方言的分布是方言地理学研究的内容。19世纪曾有一些西方语言学家认为方言没有分界线可言,他们的根据是"方言在地理上常常表现为一种渐变的连续体"。其实在现实的语言社会中,不同方言的分布界线并不是绝对不能划分的。总的来说,既然方言的分区原则上要从方言的实际表现出发,自然也就应该以语言方面的因素为主要的依据了。具体说来,各地方言中表现出来的语言特征,必然就会成为方言学者进行方言分区时首先考虑的因素。汉语方言中的官话、吴语、闽语、粤语、客家话等,分布地域都相当辽阔,有的虽翻山越海,绵延数千里,但仍然能够确认一些分隔在不同地域的方言归属于同一种方言,正是通过对其语言特征的剖析和比较来下结论的。全面剖析比较方言的特征,重要的前提是对各地方言的语言构成因素,包括方言语音、方言词汇、方言语法进行充分的调查研究,在全面掌握方言特征的基础上,才有可能同中求异、异中求同,归纳出不同的方言区来。现代语言学者们较常用的区分不同汉语方言的方式是基于各地方言都是汉语历史发展产物的前提,联系古音在现代汉语各地方言发展演变的情况,通过古今语音比较的方式来区分不同的方言。大致上是拿切韵音系和各地方言音系作系统的比较。例如,丁邦新教授在讨论方言的分区问题时,就充分考虑了切韵音系。罗杰瑞在划分汉语方言时采用了他认为"既照顾到历史的深度,也反映现在方言之间的关系"的一套标准,选取了包括音韵、词汇、语法三方面的特征,他更注重词汇、语法特征在区分汉语方言中的作用。与此同时,近十多年来,陆续有一些学者提出了选取少量有代表性的方言词来作为区分汉语方言条件的"特征词判断法"。为此,有的方言学者在遴选不同方言的特征词上下

了不少功夫，例如，黄典诚分别列举了闽语的语音特征、词汇特征和语法特征，其中词汇方面从厦门、莆田、福州三处口语里选取了33个常用字，他认为这些就是典型的闽语特征词。

丁邦新在他原先构建区分汉语方言的历史音韵条件之外，又提出一些"特字"来。他所说的"特字"，范围比较小，既应属于常用字，而又最好不是名词，因为名词容易借用。他所指的"特字"来源于以下几个方面：①韵书漏收，如"贷"字韵书属"透"母，却读成不送气的"代"，声母演变不合正例，可能这个字还会有"定"母一读，是韵书漏收了。②读半边字，如"械"为匣母字，官话读如"戒"可能是读半边的结果。③受常用字影响，如"玻"，韵书为"滂"母，可能受"波"影响而读po。④避讳，如"勾""钩"原为"见"母字，粤语中因避开男性生殖器的音而改声母k为ng声母。⑤存古，如闽语"糊"字读k，跟其他方言读擦音声母不同。⑥音变遗留。

詹伯慧先生认为典型性的条目不一定需要很多，但一定要经得起检验，确实符合区分汉语方言的条件。按理，典型性的语言特征是存在于各种语言要素中的。但实际上各地方言间的差异比较突出地表现在语音和词汇方面，而表现在语法方面的相对较少，加上对方言语法特征的发掘还不够充分，客观上也就造成方言学者较多依据语音上和词汇上的特征来辨认不同方言的情形。事实上，在汉语各地方言中，语法上的特征并非微不足道，像人称代词，南北各地就很不一致。随着方言研究的不断深入，"特征判断法"还有不少可供区分方言的潜在条件有待发掘。在汉语方言分区的实践中，迄今还没有采用"听懂度"方式取得满意结果的记录。曾经有人因听懂度很低而怀疑汉语方言中的粤语、闽语等是否仍可视为汉语的方言，这种撇开方言历史渊源等因素而轻易判定粤语、闽语等并非汉语方言的看法，绝对是不可取的。

在汉语方言分区的格局方面，詹伯慧先生认为汉语方言分区的层次，正如任何一种科学的分类，都必然会有不同的层次分级。语言学的谱系分类有语系、语族、语支、语群等不同的层次。汉语方言的分区也应该有不同的层次，并且给各个层次以适当的名称。李荣先生早在20世纪80年代主持编纂《中国语言地图集》时就提出过汉语方言的区划最多可以分为五个层次，即大区—区—片—小片—点，并说明"大区是总括的名目，只在必要的时候使用，并不是每个区上头都有大区"。

其他分区特征，例如北方方言也有保留入声的，但那毕竟不是北方方言的整体现象，不像南方方言那样，各地都有入声存在。又如，语法上人称代词的第三人称，北方方言基本上以用"他、她"为主，而南方各方言却大都非"渠、佢"即"伊"，除湘语外，基本上没有用"他、她"的。要是这类的例子多挖掘一些出来，南北方言的系统差别也就显示出来了。

在分类上，关于汉语七大方言与汉语十大方言的问题，詹伯慧先生认为 20 世纪五六十年代，我国流行汉语方言分七区的说法。七区是北方方言（官话方言）、吴方言、湘方言、赣方言、客家方言、粤方言、闽方言。20 世纪 80 年代后期，李荣教授在主编《中国语言地图集》时提出了十区的说法，反映在中国社会科学院和澳大利亚人文科学院合作编写的《中国语言地图集》中。十区是在七区的基础上增加了晋语、徽语和平话三个方言区。"十区说"自李荣提出来迄今已经十多年了，虽然已经用在《中国语言地图集》中，但始终存在着一些争议，还未能在方言学界达成共识，因而一些现代汉语著作，包括汉语方言著作，目前仍然保留七区的体系。争议的焦点集中在新设立的三个方言区，特别是晋语上面。对此，詹伯慧先生的看法是：晋语在北方方言中比起其他北方官话，无疑是有一些较为突出的特征的，但是综观汉语方言的全局，把晋语从北方话中独立出来，恐怕还不如留在北方话的大家庭中作为有特色的一支北方话更为切合汉语方言分区的实际。

五、詹伯慧先生对台湾地区的影响

台湾地区在语言规范上，很早就进行"国语"推行的工作，取得了很好的成效。这是因为台湾是一个多元社会，各种方言和少数民族的语言在这里聚集交融，为了有效地沟通，必须要有一种共同的声音搭起桥梁，拉近彼此的距离，这就是"国语"推行的主要原因。詹伯慧先生对语言规范问题一向非常重视，他根据广东地区推行共同语的经验，提出了很多有价值的论述，强调了推行共同语不会使方言消失。同时，他也强调亚洲南部一些国家由于语言的分歧，导致民族冲突。新加坡面对多种族、多语言的现实，一方面尊重各族的母语权利，另一方面也努力地推广华语，也就是"国语"或普通话，使新加坡的华语运动取得了举世瞩目的成就，造就了新加坡的和谐局面。詹伯慧先生特别强调，这就是新加坡在语言政策上的极大成功，这种情况和背景跟台湾十分类似。语言规范和方言的运用是同中有异、异中有同的现象，也是你中有我、我中有你的现象。"国语"在发展的过程中，一直从方言中吸收成分来充实自己，使"国语"成为一种全民主导的沟通工具。詹伯慧先生还指出，新词的产生是共同语发展的一个重要元素，大陆每年发行一册《汉语新词语》，反映了共同语新词的衍生和变化，台湾地区也由"国语"会进行收集新词的工作，这些新词经过约定俗成之后，又成为共同语规范的重要依据。这个现象跟詹伯慧先生所强调的"汉语规范是动态的、发展的，而不是静止的、一成不变的"的观点完全符合。

  詹伯慧先生在语言研究上另外一项重大的贡献，就是对方言和共同语问题的探讨。在这个课题上，詹先生强调了对两岸闽南方言调查研究的看法，认为需要两岸充分的分工合作，收集资料，然后进行归纳统计。例如台湾学者董同龢对于四个闽南方言的研究，就是一个很好的里程碑。此外，詹伯慧先生也强调了闽南文化的多姿多彩，所以结合历史文化的背景来探讨更有意义，这项呼吁也正是目前台湾努力的目标。詹先生也指出，由于经济的发展，地区间交流往来加强，于是，方言和共同语的接触、融合越来越显著，使得近20多年来，南方方言的词汇大量进入共同语，在台湾目前通行的"国语"中，就可以看到大量的闽南语词汇。例如，粉丝又名冬粉，豆浆又名豆奶，水烧开了通常说成水滚了，自行车说成脚踏车，车子轮胎打气叫作灌风。再如量词的使用，"记一支大过""买一尾鱼""唱一条歌"，这些都显示了闽南方言在台湾的强势地位。詹伯慧先生还提出，方言研究必须兼顾共时研究和历时研究，台湾地区闽南语的研究虽风气兴盛，但是一般比较欠缺的，是对语音史的了解，因此，必须使声韵学成为未来方言学研究的主要方向，这样才有可能深化方言研究，而不仅仅是浮萍式的描述而已。詹伯慧先生一再提及，方言与共同语不是相互排斥、相互对立的，而是相互吸收、相互补充的，这种观点，在台湾地区也逐渐获得了共识，因为人们也都体验到一个进步发达的社会，不能没有一套有效的沟通工具，"国语"在台湾的多元社会和社会发展进步上，发挥了重大的作用。人们也体验到，方言不可能因为共同语的推行而在社会中消失，方言和共同语是并存并用、相辅相成的。这种认知和詹伯慧先生所说的"以共同语作为社会公共交际工具和公务往来的语言，以地方方言作为乡亲交往、亲朋叙旧的语言"是完全吻合的。

詹伯慧先生另外一项重大的贡献，是对方言史问题的研究。这一方面，詹先生在毕生的方言研究过程中，累积了丰富的经验，他强调了"语言特征"是方言分区的重要考虑因素，有些方言分布辽阔，或分隔在不同的地区，我们却能够知道，它们同属一个方言，正是通过对"语言特征"的了解而下的结论，这些"语言特征"包含了语音、词汇、语法各方面，这样才有可能归纳出客观的结论。此外，更重要的是联系汉语历史发展、联系古音演变，也就是拿切韵音系和方言音系进行比较，这才是方言研究的正确途径。詹伯慧先生的这项呼吁正好是台湾近年来方言研究的方向。例如，台湾学者丁邦新先生在讨论到方言分区问题时，就充分考虑切韵音系的来源。丁先生建构了方言的历史音韵条件，又提出了"特字"的概念，用来作为方言分析的判断依据。这正是詹伯慧先生所强调的"像人称代词，南北各地就很不一致。随着方言研究的不断深入，'特征判断法'还有不少可供区分方言的潜在条件有待发掘"，举个例子来说，第三人称北方方言用"他"和"她"，南方方言用"伊"和"渠"。这里可以看出两岸学者研究方向和思考概念上的相互影响。

六、结论

综合上面的讨论，我们认为，詹伯慧先生不仅在汉语方言的研究上取得了重大的成就，提出了许多有价值的论点，启发了继起研究者的思维方向，同时，在两岸学术交流的过程中，詹伯慧先生也有着重大的影响。这种影响既包含了方言和共同语的定位问题，也包含了语言规范的问题，以及方言史研究的问题，这些都为台湾地区的历史语言研究和方言研究提供了很好的参考。在庆祝詹伯慧先生八十华诞的今日，我们认为，更应该提出来，对詹先生所做出的卓越贡献，表达我们最高的敬意。

詹伯慧： 一生献给方言学

江一河　江丽芝

八十岁的老教授，身体健朗，骑一辆半旧的自行车在校道上穿行，车把上晃荡着一个黑色公文包，风雨无阻，詹伯慧已经是古老的暨南大学校园里一道珍贵的人文风景。

尽管已退休许多年，文学院一直为他保留着一间办公室，里面几大排柜里满满全是书，还有一台电脑。只要不是外出讲学，詹教授都坚持经常来这儿工作，几十年如一日。他说："我可以'退'，但不能'休'，在学术上还要'从头越'。"

最近，他正忙着接收世界各地寄来的贺信与文章，因为"詹伯慧教授八十华诞暨从教五十八周年国际学术研讨会"即将于今年6月举行，这是学术界很高的荣誉。

家学："岭南词宗"之子

詹伯慧1931年7月出生在广东省潮州市，祖籍饶平县新丰镇。祖父詹辉琼是悬壶济世的老中医，算得上当地名士。父亲詹安泰是中山大学中文系教授，著名古典诗词研究家、文学史家和书法艺术家，尤精于诗词的创作和研究，他的诗词作品及词学论著在海内外有相当的影响，有"当代四大词家之一""南詹北夏""岭南词宗"之誉。

詹伯慧是长子，父亲对他寄予厚望。五岁的时候，父亲就开始教他背诵唐诗名篇；稍长以后，父亲叫他临摹碑帖。父亲和朋友们评论诗词、读史解经时，他经常跟在身边，从小接受国学的熏陶。在家里，父亲讲的是客家话，母亲是潮安枫溪人，讲的是潮州话，自然而然，詹伯慧从小就是一个典型的双语应用者，他经常分别用客家话和潮州话与父母交谈。抗日

---

① 原载《中国社会科学报》2011年2月24日第2版。

战争之后,他随父亲辗转到粤北坪石和广州上小学和高中,使用的都是粤方言。丰富多彩的语言环境使詹伯慧产生了学习和研究语言的浓厚兴趣,也培养了他区分、辨析各地方言的初步能力。

1949年,詹伯慧以优异的成绩如愿考上了当时全国唯一的语言学系——中山大学语言学系,师从中国语言学"泰斗"王力老师,开始了长达50多年的、至今仍未辍耕的语言学园地的耕耘。

汉语方言学界的"詹家军"

从珞珈山到暨南园,詹伯慧从教58年（1953—2011年）来,已刊著作逾30部,发表论文300多篇,在汉语方言、汉语辞书、汉语应用和汉语规范等领域做了大量的研究、教学工作,取得了许多令人瞩目的成就,在海内外学术界享有盛誉。

詹伯慧1955年到北京大学进修,师从汉语方言学大家袁家骅教授,期间参加由袁家骅教授主持的《汉语方言概要》的编写工作,负责编写粤方言和闽南方言两章,这两章约占全书50万字中的1/3。此书为中国历史上第一部全面论述汉语方言的著作,在海内外学术界影响很大。

进入21世纪以来,由詹伯慧主编的我国第一部方言正音字典《广州话正音字典》于2002年出版,受到学术界的高度赞赏。同年还出版了他主编的《广东粤方言概要》,此书于2005年5月荣获广东省首届社会科学优秀成果一等奖（政府奖）,这是广东语言学科大量著作中获此殊荣的唯一著作。

近期,即届八十华诞的詹伯慧正负责主编《中国语言文字大词典》中的汉语方言卷（约300万字）,此书为我国历来最大型的方言及方言学大词典,预计两三年内便可完成。

从教58年里,詹伯慧为暨南大学的汉语方言研究和学科建设倾注了大量的心血,做出了巨大的贡献,为广东省语言学事业的繁荣和发展发挥了无可替代的作用,也为我国汉语方言学的建设做出了重要贡献。他1983年从武汉大学调入暨南大学任教授,1985年任暨南大学复办后首任文学院院长,1990年被国务院学位办评为博士研究生导师,在暨南大学中文系建立第一个博士点——现代汉语博士点。1991年开始招收攻读汉语方言学的博士研究生。迄今詹教授已培养毕业博士研究生29人,硕士研究生 9 人，其中包括来自港澳台的博士生 5 人、硕士生 2 人。1994 年，我国首批 5 名攻读汉语方言学的博士研究生毕业，获授博士学位，其中出自詹伯慧门下的就占了 4 位。如今詹伯慧的门生都已成为汉语方言学界的骨干力量。语言学界把这支富有活力的汉语方言研究团队戏称为"詹家军"。

语言学研究的至善境界

作为一名语言学家，詹伯慧具有强烈的敬业精神和历史使命感，他呼吁大家要正确对待方言与共同语的关系，既要大力推广社会通用的普通话，也要充分发挥各地方言在地域文化建设中的作用；他认为方言与普通话并非水火不容，而是可以共存并用的，不应有所偏废。基于这一理念，无论是研究方言还是推广普通话，他都尽心尽力，把工作做细做好。

詹伯慧不仅仅是一个语言学大师，还是一位值得尊敬和钦佩的人文学者。由于深厚的家学传统加之长年在世界各地游学、讲学，他真正做到了学贯中西——既对中国国学有坚实的基础，又对西方的文史哲即人文科学有极深刻的领会。

受过他言传身教的许多学生对他的人文学养及治学理念都有深刻的体会。"他尊重人的价值，培养并训练人的技能——科学的技能和艺术的技能，还常常带着教人愉快的幽默感。""他对于语言中的新事物、新现象、新用法的包容与鼓励是令人钦佩的，他对于方言以及方言应用中出现的混乱现象的规范问题也做了大量工作，这些都拓宽了语言研究和应用的范围，值得进一步深入和加强。"

"他有着广阔的视野作背景，而且绝不把自己禁锢在传统的知识范围。他研究语言现象和语言规律，是从改造语言文字的远大理想和目标出发的。这正是我们这些从事语言学研究的人心向往之，希望达到的至善境界，这些东西的生命力能够伴随我们研究的始终。"詹老的学生、暨南大学汉语方言研究中心刘新中副教授说。